协和医学院系列规划教材
医院领导力及管理系列教材

医院战略管理

（供卫生管理、医疗管理专业使用）

主　编　王炳龙　余　波
副主编　刘　鹏　曾艺鹏
编　者　（以姓氏笔画为序）

王炳龙（北京协和医学院卫生健康管理政策学院）
方文莉（上海市长宁区妇幼保健院）
叶志东（中日友好医院）
冯文瑞（南方科技大学第三附属医院）
刘　鹏（中日友好医院）
刘盛东（复旦大学附属中山医院）
孙　湛（复旦大学附属中山医院）
吴晓君（复旦大学附属浦东医院）
余　波（复旦大学附属浦东医院）
张智国（华润健康学科建设与创新部）
赵列宾（上海交通大学医学院附属新华医院）
郝宏恕（清华大学医院管理研究院）
柯冬阁（南方科技大学第三附属医院）
袁加俊（上海交通大学医学院附属上海儿童医学中心）
徐　辉（上海市长宁区妇幼保健院）
童兴海（上海市长宁区妇幼保健院）
曾艺鹏（复旦大学附属浦东医院）

中国协和医科大学出版社
北　京

内容简介

本教材是“医院领导力及管理系列教材”之一，共分为六篇十三章。教材内容涵盖医院战略管理概论与理论、医院战略要素与环境分析、医院战略形成、医院战略执行、医院战略评估与控制、医院战略管理案例应用几大方面，对医院战略管理相关内容进行了全面完整的介绍及精准系统的分析，使教材内容具有实务可操作性。本教材主要供卫生管理、医疗管理专业教学使用，也可供临床及相关专业人员参考使用。

图书在版编目（CIP）数据

医院战略管理 / 王炳龙，余波主编. —北京：中国协和医科大学出版社，2022.7
（医院领导力及管理系列教材）
ISBN 978-7-5679-1929-7

Ⅰ. ①医…　Ⅱ. ①王… ②余…　Ⅲ. ①医院－战略管理－教材　Ⅳ. ①R197.32

中国版本图书馆CIP数据核字（2022）第112516号

医院领导力及管理系列教材
医院战略管理

主　　编： 王炳龙　余　波
责任编辑： 魏亚萌
封面设计： 许晓晨
责任校对： 张　麓
责任印制： 张　岱

出版发行： 中国协和医科大学出版社
（北京市东城区东单三条9号　邮编100730　电话010-65260431）
网　　址： www.pumcp.com
经　　销： 新华书店总店北京发行所
印　　刷： 三河市龙大印装有限公司

开　　本： 787mm×1092mm　1/16
印　　张： 19.5
字　　数： 360千字
版　　次： 2022年7月第1版
印　　次： 2022年7月第1次印刷
定　　价： 89.00元

ISBN 978-7-5679-1929-7

医院领导力及管理系列教材

建设指导委员会

Introduction

出版说明

随着我国医药卫生体制改革的深入，卫生事业对医院的要求在不断提高。医疗管理工作是医院建立正常医疗秩序、提高医疗服务质量的重要保证。医院的管理系统非常复杂，发展极其迅速，且面临不断深化的改革要求，这对医疗管理人才提出了更高的要求。目前，我国医院的管理干部，大部分为医务人员转型而来，虽具有精深的专业知识，但仍缺乏系统、全面的管理知识。随着公立医院整体进入转型发展期，我国亟须培养高素质的职业化卫生管理及医疗管理人才队伍。

教材作为承载知识的重要载体，对于培养高素质人才发挥着重要作用。党的十八大以来，党中央高度重视和关心教材建设。在我国高等教育体系中，教材建设是提高高校教学水平、丰富教学内容以及促进教学方法改革的基础性工作；是发展高等教育，培养综合型人才、创新型人才的基础。

为适应卫生管理及医疗管理的新要求，培养适应新时代卫生管理及医疗管理的相关人才，中国协和医科大学出版社深入贯彻《关于推动公立医院高质量发展的意见》《关于建立现代医院管理制度的指导意见》及《关于加强公立医院运营管理的指导意见》等文件精神，在中国医学科学院北京协和医学院的支持下，开创性地组织了本套医院领导力及管理系列教材的编写工作。编委会集结了二百余名业内知名专家、学者、教授及一线教学老师，在鲜可借鉴同专业方向教材编写经验的情况下，对医疗管理理论、方法、人才培养机制等进行探索研究，悉心编撰。

本套教材涵盖卫生管理、医疗管理专业课程共计17门，定位清晰、特色鲜明，具有如下特点：

一、建设成体系的卫生管理、医疗管理专业教材，引领学科发展步伐

本套教材作为成体系的卫生管理、医疗管理专业教材，充分研究论证相关专业方向人才素质要求、学科体系构成、课程体系设计和教材体系规划，代表了卫生管理、医疗管理学科的发展方向。

二、引入国际最新理念和方法，与时俱进

教材紧密结合卫生管理及医疗管理专业培养目标、高等医学教育教学改革的需要和卫生管理及医疗管理专业人才的需求，引入国际最新医院管理理念及方法，内容与时俱进、开拓创新。

三、融入经典管理案例，突出实践性教学

教材内容对接医疗管理职业标准和岗位要求，将国际最新案例融入其中，重视培养学生理论联系实际、实践操作和独立思考的能力。

四、纸数融合，使学习更便捷更轻松

教材采用纸数融合形式出版，即在纸质教材内容之上，配套数字化资源，通过图片、动画、视频、课件等多种媒体形式将内容进行呈现，以优化教学内容，丰富教学资源。读者可以直接扫描书中二维码，阅读与教材内容相关联的课程资源，从而丰富学习体验，使学习更加便捷。

希望本套教材的出版，能够推进高质量卫生管理及医疗管理专业人才的培养，促进我国卫生管理、医疗管理学科或领域的教材建设与教育发展，为引领我国医疗卫生机构管理走向科学化、规范化、标准化与现代化作出积极贡献。

Preface
前　言

医院正在面对外部环境的快速变迁、国内医疗政策与法规越趋严谨、医疗保险DRGs实施费用管控、医疗市场竞争激烈等内外在因素，而医院战略管理有助于医院管理者精确评价外部环境的危机与机遇，精准系统地分析医院战略内外在环境，借助医院战略管理框架与过程分析的科学方法，明确界定不同层次的战略决策。这些具体的战略决策项目，可以帮助医院管理者面对具体的战略议题与项目时作出正确的抉择，而不是停留在空泛的理念陈述或目标绩效的追求上。因此，医院战略管理的重要性与日俱增。

本教材具有以下4点特色：①全。教材全面完整地介绍了医院战略管理理论，以严谨的方式比较了战略管理理论学派观点的异同，强调医院战略管理文化以及社会责任的道德价值，并详细说明了战略管理领导力的观念，将学理中重要而实用的部分融会整合至每一章节。②精。教材精准系统地分析了医院战略的内外在环境，透过医院战略管理框架与过程分析科学方法，用来明确界定不同层次的战略决策。这些具体的战略决策项目，可以帮助医院管理者在面对具体的战略议题与项目时作出抉择。③实。教材内容具有确实的实务可操作性，其总结学界与实务经验，将战略管理理论与个案或实务研讨相结合，并得到了具有实务经验的医院管理者的验证。这些医院管理者在战略实务上的思考与决策方式为本教材亮点之一。④优。教材纳入优质医院战略管理实践案例，针对目前医院价值链的上下游相关医药行业，借由医院水平和垂直战略案例分享，有助于医院战略分析及实践应用。

本教材共六篇。第一篇围绕医院战略管理概论与理论进行介绍；第二篇介绍了医院战略要素与环境分析；第三篇介绍了医院战略形成；第四篇介绍了医院战略执行；第五篇介绍了医院战略评估与控制；第六篇就医院战略管理案例进行了阐释。

本教材的编写得到了北京协和医学院卫生健康管理政策学院、中国协和医科大学出版社及编委所在单位的大力支持，在此表示诚挚的谢意！同时，本教材的编写参考了大量著作、教案和相关文献，引用并吸收诸多专家、学者的观点和研究成果，在此一并表示由衷的感谢！教材内容难免有疏漏之处，敬请大家批评指正！

编　者

2022年5月

Contents

目 录

第一篇 医院战略管理概论与理论

第二篇　医院战略要素与环境分析

第四篇 医院战略执行

第五篇　医院战略评估与控制

第一篇

医院战略管理概论与理论

Part 1

第一章　医院战略管理概论

第二章　医院战略管理理论

第一章　医院战略管理概论

学习目标

1. 掌握　战略管理的定义。
2. 熟悉　战略管理的沿革。
3. 了解　医院战略管理的发展和重要性；战略管理框架。

案例讨论

【案例】随着国家经济增长、快速的人口老龄化，我国未来的健康需求也将会更大幅度地提升。2019年全国卫生总费用比2018年的57 998.3亿元增长了12.4%，这一增速在2018年为10.2%。因此在医保支付方式改革方面，2019年全国97.5%的统筹区实行了医保付费总额控制制度，并同时实施了许多不同的支付制度，如按项目、按床日、按人头、按次均定额、按病种［包括单病种、点数法、病种分值、按疾病诊断相关分组（DRGs）等］，对医院运营及患者的就医行为，将带来重大的影响。

为了提升医疗质量、降低医疗费用，未来政府将会不断地出台新的医保支付制度，无论外部环境如何变化，其都会对政治、经济、社会、科技，以及医院骨干、一线医务人员和患者产生重大影响。在医院的战略思考、战略实施以及后续评估等方面，无不体现了医疗战略的重要性。

【讨论】

1. 新医保政策对患者的就医行为有何影响？
2. 新医保政策对医院运营有何影响？
3. 新医保政策对医院的长期战略有哪些影响？

第一节 战略管理的定义

战略（strategy）一词源于希腊语strategos，意为军事将领、地方行政长官。后来演变成军事术语，指军事将领指挥军队作战的谋略，并且有“领导”与“军队”的含义。战略一词早期运用于军事作战，后来很多军事战略也应用在企业管理上。军事战略与企业管理战略有许多共同点，两者都是以达到胜利为目标。他们仍有不同之处。军事战略的本质是消灭敌人、赢得战争，但企业的战略较少如此激进，大部分的企业是寻求与竞争者竞合共存，而不一定消灭对手。公元579年，罗马皇帝毛莱斯用拉丁文写了一本名为*Stratajicon*的书，被认为是西方第一本战略著作。在中国，战略一词历史久远，“战”指战争，“略”指“谋略”。公元前6世纪，孙武的《孙子兵法》被认为是中国最早对战略进行全局筹划的著作，早于西方国家1094年之久。公元3世纪末，晋代司马彪所著《战略》一书，指出战略是指战争作战的谋略。《牛津词典》（1928年）定义战略为规划和指挥大规模军事行动和参与战斗的艺术。在现代，“战略”一词被引申至政治、经济、社会及医疗等各领域，其含义演变为泛指整体性、全面性、左右胜败的谋略、方案和对策。军事战略在管理学上同样有用，所谓商场如战场，商场首先要树立战略的意识。《不列颠百科全书》定义战略意识在一定程度上就是长远意识。作为企业的领导者一定要从长远角度为组织企业制定计划，其中包括管理战略、经济战略、信息战略等。拥有战略意识可帮助组织在未来的路上占领先机。《中国大百科全书》对战略的定义是指导战争全局的方略，即领导者为达成战争的政治目的，依据战争规律所制定或采取的准备和实施战争的方针、策略与方法。

知识拓展

《孙子兵法》军事战略开宗明义地声明：“多算胜，少算不胜，而况于无算乎！”字面上的含义是，在战场上，多谋算者胜算大，少谋算者胜算小，如果没有任何谋算者岂有胜算的机会呢？此乃指开战前必须推演各种可能的状况并分析对策，如同两者对弈必先思维对手的棋路与招数，并事前拟订对应之策，方有胜出的可能。这与战略管理所强调的凡事谋定而后动，对随时动态的变化需有完善的思维与通透的考虑具有同样意思。所谓知己知彼，百战不殆，屡战屡胜的将领，通常已经有十足的把握或九成的胜算才会出兵求战，除非被迫应战而不得不战，否则战前应该做足万全的准备。

现代管理学之父彼得·德鲁克（Peter F. Drucker）对战略的定义如下：一开始就要做正确的事，而不是还过得去的事。Do the right thing right（订定对的方向，将对的事情做对），就管理而言，无论是董事会或是决策者，首要是找到对的人，其次是做对的事，这与把事做对一样重要。对企业或是医院而言，就是find the right person to do the right thing right，即找到对的人，订定对的方向，将对的事情做对，这就是战略管理（strategy management）。钱德勒（Chandler）的著作*Strategy and Structure*在1962年出版之后，“战略”在企业管理领域之中逐渐受到重视。迄今，有关“战略”一词的定义，各学派、学者略有不同，但是其精神与本质大同小异。

2006年，亚洲管理大师、日本战略管理专家大前研一指出，与竞争对手相比，战略管理是改变公司实力的最有效方法。大前研一认为战略是竞争优势，战略规划的唯一目的是让企业能够有效率地获得超越竞争对手的持续性优势。罗宾斯（1990年）认为，战略是决定及实行基本和长期目标及目的的过程，或是为了实现目标所需资源的配置行为。“战略”是确定公司从A点如何到达B点。明茨伯格（1987年）倡导战略5P，5P战略是一种计划以及未来行动的指导，5P包括计划（Plan）、计策（Ploy）、模式（Pattern）、定位（Position）和观念（Perspective）。奎因（1980年）把战略定义为企业是做什么事业，或即将做什么事业；战略是整合主要目标、政策和行动顺序，成为一个有结合力的整体计划。哈佛大学战略管理教授迈克尔·波特（2007年）指出，战略就是进行一连串不同的活动，创造独特而有价值的定位，如果世上真的只有一个最理想的定位，就不需要战略，企业面对的规则也很简单，就是发掘并抢占那个最理想的定位。近年来，《蓝海战略》作者金伟灿和勒妮·莫博涅（2005年）指出，战略是指今天尚未出现的所有产业，即未经开掘、未为竞争所染指的未知市场空间。它就像蓝色的大海，深邃且威力无穷，代表着机遇和获利性的增长。在《平衡计分卡》一书中，作者卡普兰和诺顿（2010年）指出，战略是一套从4个方面对公司战略的绩效进行财务与非财务综合评价的评分卡片。战略定义一览表，如表1-1所示。

表1-1　战略定义一览表

来源	时间	战略定义
《孙子兵法》	公元前6世纪	知彼知己，百战不殆，不战而屈人之兵 简而言之：战略是了解你自己和你的敌人
罗马皇帝毛莱斯	公元579年	战略指军事将领指挥军队作战的谋略
《牛津词典》	1928年	战略是规划和指挥大规模军事行动和参与战斗的艺术
彼得·德鲁克（Peter F. Drucker）	1954年	战略是设定正确的方向，并正确地执行正确的事情
钱德勒（Chandler）	1962年	通过采用战略和确定长期目标，来实现预期目标
安德鲁斯（Andrews）	1971年	战略是一种目标模式，是实现目标的主要政策和计划
奎因（Quinn）	1980年	战略是整合组织主要目标、政策和行动顺序，成为一个有整合力的整体计划
大前研一（Kenichi Ohmae）	1983年	战略就是竞争优势。战略规划的唯一目的，是让企业能够有效率地获得超越竞争对手的持续性优势
明茨伯格（Mintzberg）	1987年	战略是未来行动的计划和指南
罗宾斯（Robbins）	1990年	战略是确定和实施长期目标，或为实现这些目标所需资源分配的过程
司徒达贤	1995年	战略思想有8种类型：①代表重点的选择。②界定企业在环境内的生存空间。③指导功能性政策的方向。④建立长期的竞争优势。⑤维持与外界资源的平衡以及不平衡关系。⑥对资源与行动的长期承诺。⑦策略雄心与落实执行是必要条件。⑧策略制定是组织领导责无旁贷的工作
汤明哲	2003年	战略是确定公司的长期目标，采取行动并分配资源以实现这些目标
金伟灿和勒妮·莫博涅	2005年	蓝海战略指今天尚未出现的所有产业，即未经开掘、未为竞争所染指的未知市场空间。它就像蓝色的大海，深邃且威力无穷，代表着机遇和获利性的增长
迈克尔·波特（Michael Porter）	2007年	战略是开展一系列不同的活动，以创造一个独特而有价值的定位，找到并获得最理想的定位
卡普兰和诺顿	2010年	平衡计分卡是一套从4个方面对公司战略管理的绩效进行财务与非财务综合评价的评分卡片

第二节　战略管理的沿革

一、战略管理的历史沿革

自古以来，人类就在军事、农业、工业、商业和服务业中采取战略思维和谋生行动。公元前515年至公元前512年，中国春秋末年齐人孙武著书《孙子兵法》，是中国最早对战略进行全局筹划的著作。《孙子兵法》言："多算胜，少算不胜，而况于无算乎！"是指开战前必须推演各种可能的状况并分析对策，如同两者对弈必先思维对手的棋路与招数，并事前拟订对应之策，方有胜出的可能。其中蕴含了许多战略管理的思维。《孙子兵法》又云："经之以五事，校之以计，而索其情"。这句话的意思就是，从"道天地将法"五个方面去考虑考察，通过敌我双方在五个方面的比较计算，从而探索出双方的实际情况。五个方面即道（政治意义上的道义）；天（特定时间段形成的机遇机会）；地（战争开展的有利地形）；将（管理人才的水平）；法（执行力的保障）。这部兵法在世界被奉为兵家经典与圭臬。《孙子兵法》除对中国的军事学发展影响深远外，还被翻译成多种语言，在世界军事史上具有重要的地位，而其衍生的战略思想也已超越军事，充分应用在博弈、政治、经济、企业管理，以及其他各行各业的战略管理中，当然也包含医院战略管理。在现代，战略管理的含义演变为泛指整体性的、全局性的、左右胜败的谋略、方案和对策。

战略管理大师格兰德表示，战略管理的演进一直是由组织或企业在实务上的需求所推动，而不是由战略本身发展而成。在20世纪50—60年代，各型组织或企业日渐趋向大型与复杂化，管理者面临了复杂的内控与决策问题，于是发展出"投资规划"，以提供基本的控制机制。然而，资本投资比年度预算规划的范围更广，因此，20世纪60年代战略管理着重长期"企业规划"，让企业在稳定扩张的环境下，达成投资规划的协调与一致性；最典型的形式是企业会做一个详细描述目标、销售预测、营收与利润估算的3~5年企业长远规划。到了1970年早期，企业追求成长，"多元化战略"成为主流。"战略规划"（planning）演变成"战略制定"（strategy making），重点移转到市场定位、追求利润极大化。1990年后，战略的演进从"企业规划"（strategic planning）转变到"战略管理"（strategic management），强调竞争是商业环境的主要特征，寻求竞争优势是战略的主要目的。

现代西方商业世界中战略的演变，强调战略管理的思想始于计划。第一次将战略概念引入商业世界的是1944年冯·诺依曼（Neumann）与奥斯卡·摩根斯特恩（Morgenstern）提出的"博弈论"（Game Theory）。随着对环境假定的不同、规划层次的提升，组织管理焦点逐渐由控制走向战略规划管理。战略管理发展的沿革随着不同国家政治环境的变迁与社会经济结构的不同，经历了几个重要发展阶段。

二、战略管理的重要发展阶段

（一）1900年

财务预算控制制度（financial budgeting-controlling system），其所强调的是对财务

差异现象的管理，主要应用于政府组织对财务预算的编列与控制。

（二）1950年

以长期战略规划（long-term range planning）为重点。

（三）1960年

以科学的逻辑和系统的方法为主，组织或企业为适应不断变化的外部环境，开始采用战略规划管理工具和方法来应对瞬息万变的竞争。战略规划现在基于使用科学的主客观的变化，逻辑和系统的方法，寻找最佳应对战略。

（四）1970年

基于战略规划（strategic planning）概念扩展到战略管理（strategic management）。战略规划是因应内部和外部环境的变迁，组织继续改革和创新。例如，著名的管理大师彼得·德鲁克强调企业或组织的战略就是创新，如果企业不这样做，企业会被消灭。战略是系统化、现代化、充满活力的，为了应对变化的影响作出反应，组织需要通过在思考过程中产生战略转折点之前作出准确和正确的决策。

（五）2000年

2000年以后，战略管理以新经济及创新为主，通过战略创新获得竞争优势，适应互联网连接的新经济，以及强调组织灵活性和响应速度，并通过知识管理与组织学习达到组织战略管理目标。

（六）2010年以后

2010年以后，战略管理以平衡计分卡（BSC）作为战略评估与控制的工具，通过绩效评估将抽象的战略制度转化为一套定义明确的绩效指标，并衡量和管理战略实践。战略管理沿革，如表1-2。

表1-2　战略管理沿革

时期	主题	重要问题	概念和技能
1950年	财务预算管理	通过财务预算管理和项目评估	①预算管理。②项目评估
1960年	企业计划	成长计划	成长预测模型
1970年	企业战略	多元化运营与投资规划	①综效。②战略性运营单位。③投资组合规划
1980年	产业分析与竞争分析	行业选择与定位、市场细分	①经验曲线。②市场占有率。③产业结构分析。④竞争对手分析
1990年	追求竞争优势	内部的竞争优势	①资源分析。②核心竞争力分析

续　表

时期	主题	重要问题	概念和技能
2000年	战略创新与新经济	①通过战略创新获得竞争优势。②适应互联网连接的新经济	①组织灵活性和响应速度。②知识管理与组织学习
2010年后	平衡计分卡（BSC）	①抽象的制度战略可以转化为一套定义明确的绩效指标。②衡量和管理战略实施	战略绩效指标： ①学习与成长。②内部过程。③客户关系。④财务指标

第三节　医院战略管理的重要性与功能

一、医院战略管理的重要性

医院的战略是评估医院现有资源和核心竞争力，在最有利的环境中与竞争对手竞争，以实践医院长期可持续的运营目标。医院战略管理的含义是：通过环境分析来制定整个医院未来运营方向，以及评估战略的决策及管理效益。战略管理越来越受到重视，其对医院的主要重要性在于以下几点。

（一）建立核心基本价值观

医院使命、愿景与基本价值观对于战略概念指导至关重要，也就是说，在医院的运营过程中，医院面临的决策过程必须具有核心的基本价值观。医院常见的战略问题，如医院是否需要升级，是否需要外包，是否需要扩大规模，如何选择医疗科研的重点，如何打造核心竞争力，如何提升高质量发展等，这些都是医院战略的主要考虑因素。大型医院需要如何实施多元化、国际化战略，多元化或国际化后如何协调组织和系统？医院领导面临着如何在不同的成长过程中，保持不同方面竞争能力的平衡和发展，如何制定不同部门的行动方案等。

（二）关注内外部环境变化

外部医疗环境变化迅速，诸如国内医疗保险变化、经济水平提升、人口老龄化趋势、科技日新月异、医疗费用逐年高涨、社会资本进入，市场化与国际化的浪潮，为广大的公立和私立医院带来严峻的挑战与无限的机会。医院内部医疗质量的提升，医疗的分科越来越细化，医疗产业快速地成长，使医院领导必须更深入地思考医院的未来发展方向。社会环境、法律环境以及讯息化科技普及应用所带来的快速变化，使许多医院的运营与管理方式发生变化。这些趋势与变化，使医院越来越重视战略管理，以便及早发现问题、解决问题。

（三）注重决策优先顺序

医院领导在决定要“如何做好一件事”之前，必须先决定“哪一件事才是真正值得投入的重点”，即所谓“做对的事情”（do the right thing）、“将事情做对”（do the thing right）。而唯有借助清晰的战略指导，才能知道当前最亟待处理的“将对的事情做对”（do the right thing right）是什么。医院资源有限，因此，资源必须针对当前的重点运用。例如，有些中型医院在获得初步成功以后，一方面扩充规模，另一方面又想多元化与国际化，结果往往分散心力，未能有效运用资源，甚至因而分散资源导致运营危机。了解医院在此阶段，究竟应该如何配合有限的资源来选择重点，就是战略分析所欲达到的目的之一。医院或医疗集团若采取多元化运营，未来应朝哪些方向发展？有限的资源应集中发展哪些技术？这些都是医院战略管理优先决策及重点选择的问题。

（四）认识医院竞争与合作关系

随着医院的规模越来越大，竞争将越来越严重，在谋求医院自身的生存之时，医院又该如何共存？医院应该与谁建立战略联盟？什么时候应该和平共处？什么时候应该面对它？这些都是战略问题。战略管理是医院管理的一部分，但与营销管理、生产管理等职能管理不同，战略管理是与每个职能管理相关联的，而不是它们的总和。可以从几个角度讨论这些基本思想：医院战略有什么作用？战略运营的原则是什么？战略的实施和责任问题。这些基本概念有助于读者理解战略管理的意义和作用。

（五）指导医院的战略方向

医院职能管理是指医疗质量管理、人力资源管理、财务管理、科研管理、信息管理、营销管理等职能领域的管理和决策。这些领域涉及很多所谓的“政策决策”，比如选人政策、育人政策、用人政策、技术服务政策、定价政策、渠道政策、自制或外包政策、财务杠杆的依赖，以及研发重点的原则。这些政策性决策的特性之一，在于“就决策本身而言，无法判定其正确性”。换言之，做这些决策时，必须考虑与其他政策性决策的配合。例如，技术服务的选择，究竟是要更普及型，还是要更具专一性？这个决策必须要考虑医院服务项目的特性及目标市场的定位，而服务项目特性与目标市场又需和研究发展的重点或技术政策相配合。总而言之，这许多决策之间并非互相独立，而是需要互相呼应、彼此配合，层级愈高的管理者，愈能体会这种功能决策间互动互赖的现象，管理层级越高，这种职能决策之间相互依赖的现象就越能实践。

（六）重视科研创新发展

科研开发战略是指医院在技术发展预测和环境分析的基础上，对医院科学研究和技术开发的方向、重点、发展目标和实现手段等所做的总体策划，医疗科技是医学进步的动力，也是医院竞争的实力，没有科研的组织，就没有未来的发展。因此，科研在医院的战略管理中占有越来越重要的地位。

（七）与内外部环境互利共生

医院管理大致可以分为“内部”管理和“外部”管理两大类，医院战略主要关注“外部”问题。“外部”问题是指战略管理如何在环境中选择和创造自己未来的生存空间，如何依赖生存，如何与外部机构和资源提供者保持平衡互利的关系，指的是做事的方法。通过对医院内外运营环境的长期观察发现，很多医院的成功并不完全与内控水平有关。有些是因为抓住了机会，有些是因为获得了一些重要资源。依靠强大的机构建立互利共生的关系，才能充分利用有限的条件。这些不是传统的管理问题，但它们是许多医院成功运营的关键因素。其中一些因素纯属机会性因素，有些是战略长期规划和努力的结果。如何系统地进行战略规划和针对这些运营领域开展工作是战略管理中需要考虑的一个领域。

进一步分析，上面介绍的这些做法是为了医院“与外部环境保持互利共生的关系”“确定医院在环境中的相对位置”。一般来讲，医院的成功与它们“生存”的环境有关。因此，战略是与医院“生存空间”和“生存模式”相关的决策，这些决策对医院的长期绩效有着广泛且重大的影响。

（八）建立共识基础、实现共同目标

医院战略计划通常包括诸如提高质量、降低成本、提升形象、加强职工关系和加强运营网络等行动。这需要在当前的外部环境和医院的内部条件下给予战略性的重视。严格来说，这些是医院都可以整体实施的综合做法。医院的战略管理不仅要指出医院应该瞄准的方向和资源投入的重点，还要明确指出医院不应该投资、不应该前进的方向。每家医院为了达成医院本身的运营目标都制定了许多管理制度或政策，要将这些制度或政策完成则需要明确的战略。从这个意义上说，战略起到了指导的作用。通过此战略指导过程，可以在所有部门和组织的所有级别的所有决策中实施战略概念。往往，职能部门之间的协调步骤和观点各不相同，其原因可能是对未来战略方向缺乏一个中心思想，或者是各个部门对未来战略的看法不同。对于这样的问题，解决的办法不是建立团队合作，也不是提高沟通技巧，而是大家对未来的战略达成共识，并以此战略共识为基础，可以建立彼此努力的方向和步伐。

知识拓展

国务院发布了《关于进一步深化基本医疗保险支付方式改革的指导意见》，主要目标在于全面推行按病种付费的多元复合支付方式，未来中国医保体系将从数量付费转向质量付费。伴随人口老龄化趋势，医疗成本势必愈来愈高，医保支付改革即是医疗业的去杠杆行动。为了调整医疗服务与控制医保基金不合理的支出，政府已经采取了积极措施取消药品加成，医院减少的收入由调整医疗服务价格、增加政府补助、降低医院运行成本等多方来承担。

在新的改革后，政府选择部分地区开展按疾病诊断相关分组（DRGs）付费试点。2020年，全国范围内普遍实施适应不同疾病、不同服务特点的多元复合式医保支付方式，按项目付费占比明显下降。在医药供给侧改革的过程中，整个产业成长速度放缓势必成为常态，但结构也将随之改变，因此，医保政策与财务结构对医院未来的战略发展起了决定性的影响。

二、医院战略管理的功能

医院战略管理的主要功能是医院各级管理者的战略性、系统性、批判性，逻辑综合思维、分析和运用、判断，以作出决策。换言之，医院战略管理的主要功能包括培养各级医院人员的以下能力：①内外部环境分析。②系统性思维能力。③批判性思维能力。④逻辑性思维能力。⑤沟通和执行技能。⑥识别优先事项能力。⑦评估和管理技能。⑧应对突发事件能力。⑨决策能力。⑩评价与管制能力。

第四节　医院战略管理的框架

战略管理是医院管理的核心领域。从长远来看，战略决策影响医院的成败，显示了它的重要性和中心地位。医院战略管理应强调“系统”和“长远”的角度，使每个职能领域（如人力资源、市场、质量、研发、财务、信息等）都归属于战略层面。医院战略决策的概念和计划强调系统性和未来性，未来医疗环境的不确定性使各种行为的因果关系复杂化。因此，战略管理需要依赖一个非常广泛的理论基础，而且，由于战略管理思维接近实践，不仅要从经验中汲取智慧和归纳原则，而且要不断面对实践的挑战和考验。

医院的战略管理是对医院的综合分析、规划、执行和评价，包括四个主要项目——环境分析、战略形成、战略执行、战略控制，形成动态循环。图1-1简要介绍了战略管理框架。

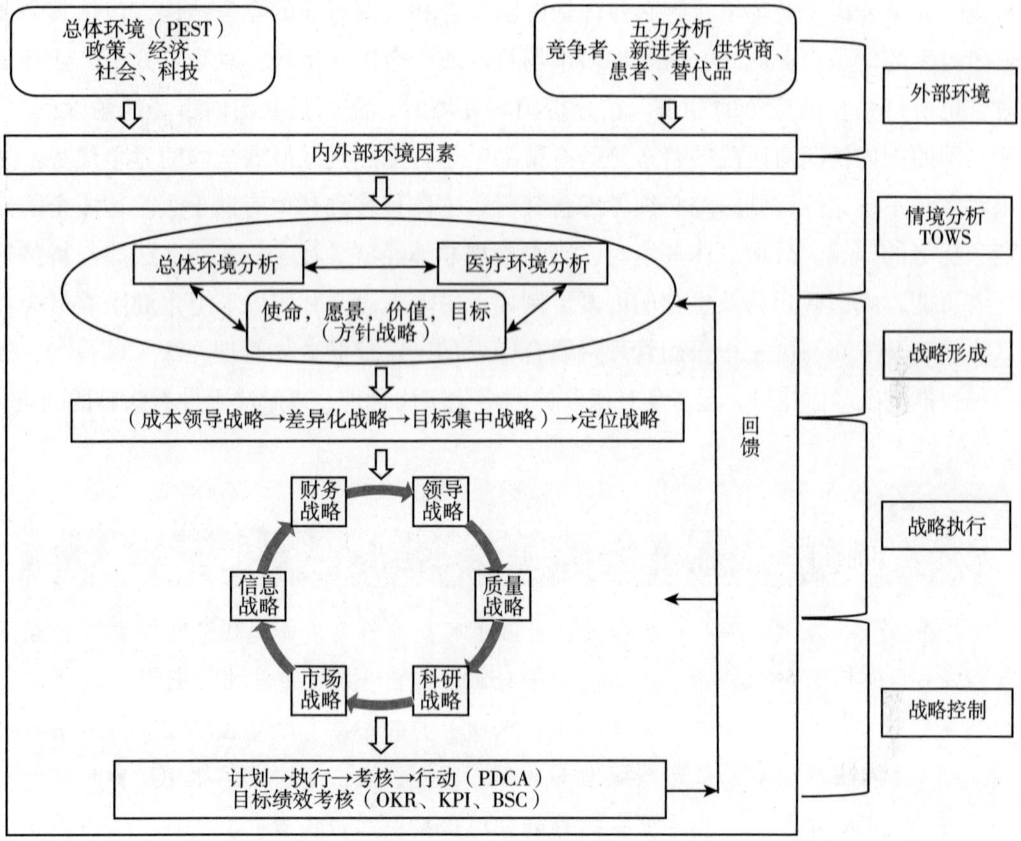

图1-1 医院战略管理框架

一、战略环境分析

战略环境分析是战略管理框架的第一步，也是最重要的一步。只有进行准确的战略规划和分析，医院才能按顺序实施正确的战略管理框架。外部威胁（threats）、机会（opportunities）、内部劣势（weaknesses）以及优势（strengths），这种威胁、机会、劣势、优势的比较，通常称为TOWS分析，产生一系列的战略理念。TOWS分析的目的在于寻找能够使医院资源与潜能可以和市场现况相配合的战略。以医院特有的竞争优势与核心能力，根据不同的战略分析，在竞争市场中为达成医院目标，拟订正确的战略方向。

（一）外部环境分析

外部环境分析的目的是识别医院运营环境中影响医院使命的机会和威胁。在这个阶段，需要了解三个相互关联的环境：医院运营的环境、国内环境、更大范围的总体环境。为了分析产业环境，有必要评估医院本身和医院行业的竞争结构，包括其主要竞争对手的竞争力。此外，由于许多市场目前属于全国化市场，意味着分析产业环境时，也要评估全国竞争的冲击。在分析国内环境时，需评估就国内市场的角度而言，所在国的国内情况对医院的营运是否有帮助？是否能达到区域或全国的竞争优势？如果答案是不确定的，则医院必须考虑将其营运主体移转到其他有助于医院达成全国性竞争优势的区域。分析总体环境时，则需检视总体经济、社会、政治、法律与科技等所有可能影响医院运营及生存的因素。例如，中华人民共和国国家卫生健康委员会在其官网公开发布与国家中医药管理局联合印发的《医疗联合体管理办法（试行）》，提出加快推进医联体建设，逐步实现医联体网格化布局管理，以解决百姓看病难的问题。

知识链接

2020年7月，中华人民共和国国家卫生健康委员会发布与国家中医药管理局联合印发的《医疗联合体管理办法（试行）》，提出加快推进医联体建设，逐步实现医联体网格化布局管理。医联体是指区域医疗联合体，包括但不限于城市医疗集团、县城医疗共同体、专科联盟和远程医疗协作网，是将同一个区域内的医疗资源整合在一起，通常由一个区域内的三级医院与二级医院、社区医院、村卫生室组成一个医疗联合体；目的是为了解决百姓看病难的问题，发烧、感冒等小病就不用再“挤”进三级医院，在小医院也能解决，从解决看病难的问题，实现人民满意、政府满意、职工满意的预期目标。医共体重点探索以“县区公立医院为龙头，乡镇卫生院为枢纽，村卫生室为基础”的县乡一体化管理，构建县、乡、村三级联动的县域医疗服务体系。

（二）内部环境分析

内部环境分析旨在找出与竞争者对比，自身医院的优势和劣势，例如，发现医院可用资源的质量和数量，盘点拥有的核心能力与竞争优势。内部环境分析探索医院如何创造竞争优势，建立和保持医院竞争优势方面的独特能力、资源和功用等，例如，医院具有更好的效率、质量管理、创新服务和患者满意等，医院的优势使其在高质量绩效方面表现突出，劣势使其在绩效方面表现不佳。

（三）政策与战略

医院完成对外部和内部环境的分析后，医院领导可以根据分析结果制定医院的政策和战略。战略即医院高层管理团队或首席执行官（CEO）的最高决策，包括医院实现其目标的愿景、使命和价值。政策和战略的形成产生了医院的使命、价值观、愿景和目标，医院完成了战略分析的步骤，根据政策和战略的方向，使医院能够在战略管理框架中迈出下一步。

二、战略形成

战略形成是战略管理框架的第二步。在医院的政策具体制定后，医院可以根据政策和战略进行战略制定步骤。医院战略形成是通过三个层次来创建的：总体战略（corporate-level strategies）、经营单位战略（business unit-level strategies）和作业性战略（operational-level strategies）。由上述三种不同层级可拟订出不同种类的战略，包含作业战略、定位战略、进入市场战略与调适战略，当战略定位被确定后，医院方能进行战略管理架构下一步的战略执行。

三、战略执行

战略执行是战略管理框架的第三步，也是战略分析之后的第二重要步骤。正确的战略执行对于战略的成功或失败很重要。战略执行需要针对不同级别的医院制定不同的战略和战略计划。一般来说，不同医院层级都可能包含以下四种战略的拟订，分别是成本领导战略、差异化战略、目标集中战略及定位战略。但多数定位战略与目标集中进入市场战略主要由医院层级或单位层级来拟订，而成本领导战略与差异化战略则多半出现在作业层级。

医院不同层级所拟订出的战略方案意涵不同，譬如同属于定位战略，医院领导层级与科部单位层级或作业层级所拟订出的运营战略可能有所不同，但唯一相同的是都必须对应到医院最高层级的方针战略。战略执行必须考虑的除了不同层级所拟订的战略必须采用不同方式来执行之外，还须考虑医院的特性、管理风格与内在结构，包括领导者特质、医院结构与内部控制、管理风格与医院文化，以及医院价值观，共四项重要的指标。

战略的形成和战略制定属于第二阶段，而作为第三阶段的战略执行关系到战略的成败。如果有一个好的战略，但不能有效地执行它，战略最终不会成功。医院制定战略要考虑不同层次、不同类型，以及医院内不同管理文化和结构问题，尤其是组织职能战略，包含领导、人资、科研、市场、信息、财务、质量等。战略的形成和执行是一个PDCA动态闭环的关系，两者密不可分，战略管理亦可以说是一种领导艺术，考验着医院领导或执行者的智慧、勇气与毅力。

四、战略控制

战略控制是战略管理框架中的最后一个过程步骤，是通过战略的执行而产生的。医院通常需要通过战略有效性评估来实现战略控制。最常用的方法就是使用平衡计分卡和战略地图，以及关键绩效指标（KPI）进行评价。确认战略实施的有效性，实现医院内部控制，即所谓的战略控制。一旦医院完成战略控制评估、分析和审查，结果需要反馈给战略分析。这是因为好的战略在实施后会改变内部和外部环境，并且必须在环境发生时重复。分析医院内外部环境，形成下一个战略管理方案和良性闭环。

上述为战略管理框架图中的战略分析、战略形成、战略执行和战略控制的框架和步骤。战略管理框架可以说是战略管理初期最重要的部分。战略的成败取决于对医院清晰准确的目标和战略管理架构的实施。本书后续章节将详细讨论战略管理框架图的细节和案例。

第五节　应用案例

案例：21世纪全球发生了严重的传染病大流行，给医院带来了四大挑战：第三方互联网医疗挑战、“以医疗为中心”的挑战、广泛的医院管理粗放式管理挑战和智慧医疗信息化建设的挑战。这种传播速度快、感染范围广、防控难度大的重大突发公共卫生事件对患者就医行为的具体影响为：提高自我保健意识、启动在线医疗、过度治疗的状态下降。此病不仅对医院的带来重大的冲击和影响，例如，医院患者就诊量大幅下降、医院收入、医院效益、医院绩效下降，防控成本和运营成本也出现下降的情形，也影响和改变了患者的就医行为。医院管理必须提前规划和实施医院战略，及时因应外部环境变化，才能够实现长期可持续的目标。

讨论：①重大突发公共卫生事件导致患者就诊量大幅下降的原因为何？是患者少生病？还是患者分流了？还是医疗消费需求被抑制了？还是原来医疗消费有些过度？②患者就医行为的变化是否会影响医院？

本章小结

通过战略管理制定清晰准确的目标，实践完整战略管理架构，能够达成医院的使命、愿景与核心价值观。本章介绍战略管理的定义与沿革，说明战略管理的基本概念及其对医院的影响、医院战略管理的历史沿革，并综合整理了完整的医院战略管理框架，此框架展示了医院制定战略管理的过程，包含环境分析、战略执行和评估方法，是制定医院战略管理决策时的重要参考。

（王炳龙）

第二章　医院战略管理理论

学习目标

1. 掌握　战略管理学派与理论；战略管理文化与伦理。
2. 熟悉　战略管理的社会责任及道德价值；战略管理领导力。
3. 了解　应用案例。

案例讨论

【案例】某三甲医院过去具备辉煌的历史，近年来随着医疗环境瞬息万变，医院面临极大的冲击，包括医保制度与医院评审、卫生政策变化、民众意识抬头、医事成本高涨及互联网等科技快速发展等问题，再加上部分民营医院的扩展战略，相较之下，公立医院发展受到许多限制。

虽然三甲医院暂时没有生存的危机，且进入40岁壮年后的患者量依旧满载，医院职工无变革的急迫感，但三甲医院历任领导人却洞察先机，看出三甲医院需要变革，绝不能原地不动，否则会失去竞争优势。引导变革，事实上是对医院领导人最大的考验，领导人必须排除内部阻碍，推动改造行动，在组织中制度化。当然，变革一定会有阻力，组织中抗拒改变的声音，可能是基层职工，也可能是高阶主管，他们可能反对同一个改革计划，却往往是出于不同理由。因此，领导人应认清面临的是何种抵抗，再视情境结合不同策略来克服。要想变革成功，需要的不只是管理，更需要领导。如同领导力专家约翰·科特（John P. Kotter）所说，领导与管理大不相同，好的管理能维持产品质量及获利能力，维持日常营运体系，变革却需要创造全新的流程，开创崭新的做法。这只有具备杰出的变革领导能力的领导人，才能带领企业，达到这些成就。因此可说领导人的能力在于设定变革行动，并且校准体系职工朝共同愿景而努力。与许多变革成功的组织一样，启动三甲医院变革的引擎，是高层领导发挥影响力。除了启动原组织架构来推展变革行动，同时也要发动灵活迅速的变革项目，由具变革热情的职工投入，因此，三甲医院的高层领导需积极寻找与培育各层级的变革领导者。这些人投入变革项目，定期于院长主持会议中报告规划，设定预期目标与执行进度，寻求领导的授权与全院职工支持。

【讨论】

1. 医院运营正常，为何需要变革？
2. 医院领导如何启动变革行动，并应注意哪些事项？
3. 医院院长如何培养卓越的领导力？

第一节　战略管理学派与理论

战略管理理论起源于20世纪的美国，萌芽于20年代，形成于60年代，在70年代得到大力发展。从20世纪60年代到80年代，名家辈出，形成了古典战略理论的十大学派，进入20世纪80年代之后，逐渐形成以谋求竞争优势为主的行业机构、核心能力学派和资源学派。

一、古典战略理论的十大学派

（一）设计学派

设计学派以哈佛商学院的安德鲁斯（Kenneth Andrews）教授为代表。1971年以安德鲁斯教授为首的美国哈佛大学商学院教授们，基于钱德勒（Alfred Chandier，Jr.）1962年的著作《战略与结构：企业历史的篇章》（*Strategy and Structure*: *Chapters in the History of the Industrial Enterprise*）以及菲利普·史利兹尼克（Philip Selznick）1957年提出的“结合企业外部资源与内部资源”的概念基础上，共同提出了著名的SWOT分析方法（SWOT analysis）。设计学派认为，在制订战略的过程中要分析组织的优势与劣势、环境所带来的机会与造成的威胁。这一学派将战略形成看作是一个概念作用的过程，认为组织外部环境对组织战略形成有着重大影响，战略的形成过程实际上是把组织内部条件与组织外部环境进行匹配的过程，这种匹配能够使组织内部的强项和弱项与组织外部的机会和威胁相协调。设计学派还建立了著名的SWOT的战略分析模型，这一模型也是设计学派的重要基础，该模型考察了组织面临的威胁和机会（外部评价）以及组织本身的优势和劣势（内部评价），充分体现了组织内外部关系对制定战略的重要性。设计学派十分重视领导能力，组织战略的形成必须由组织高层领导负责，而且战略的形成应当是一个精心设计的过程，它既不是一个直觉思维的过程，也不是一个规范分析的过程，战略应当清晰、简明，易于理解和贯彻实施。

（二）计划学派

计划学派以安索夫（Igor Ansoff）为代表，这一学派将战略形成看作是一个规划的过程。计划学派认为组织在制定战略时，首先必须明确自己的运营性质，战略的形成是一个受到控制的、有意识的、规范的过程，原则上主要由领导承担整个过程的责任，但在实践中则由计划人员负责实施，因此，组织战略应当详细、具体，包括组织目标、资金预算、执行步骤等实施计划，以保证组织战略的顺利实现。同设计学派相似，计划学派也把市场环境、定位和内部资源能力视为制定战略的出发点。但它认为组织战略的制定过程应该是一个条理化的计划过程，不应该只停留在经验和概念的水平上，比如，组织应采用什么方法去评价自己和外部环境，以保证对SWOT的分析是客观的；哪些优势、劣势、机会和威胁对组织最具有战略意义等。基于这样的理念，计划学派引进了许多数学、决策科学的方法，提出了许多复杂的战略计划模型。

（三）定位学派

20世纪80年代初，以哈佛大学商学院的迈克尔·波特为代表的竞争战略理论取得了战略管理理论的主流地位。波特认为，组织战略的核心是获取竞争优势，而影响竞争优势的因素有两个：一是组织所处产业的盈利能力，即产业的吸引力；二是组织在产业中的相对竞争地位。因此，竞争战略的选择应基于以下两点考虑：①选择有吸引力的、高潜在利润的产业。不同产业所具有的吸引力以及带来的持续盈利机会是不同的，组织选择一个朝阳产业，要比选择夕阳产业更有利于提高自己的获利能力。②在已选择的产业中确定自己的优势竞争地位。在一个产业中，不管它的吸引力以及提供的盈利机会如何，处于竞争优势地位的组织要比劣势组织具有更大的盈利可能性。而要正确选择有吸引力的产业以及给自己的竞争优势定位，必须对将要进入的一个或几个产业结构状况和竞争环境进行分析。

概括起来，波特的竞争战略理论的基本逻辑是：①产业结构是决定组织盈利能力的关键因素。②组织可以通过选择和执行一种基本战略影响产业中的五种作用力量（即产业结构五力分析），以改善和加强组织的相对竞争地位，获取市场竞争优势（低成本或差异化）。③价值链活动是竞争优势的来源，组织可以通过价值链活动和价值链关系（包括一条价值链内的活动之间及两条或多条价值链之间的关系）的调整来实施其基本战略。迈克尔·波特所提出的行业竞争结构分析理论在过去20年里受到组织战略管理学界的普遍认同，并且成为进行外部环境分析和激发战略选择最为重要和广泛使用的模型。

（四）企业家学派

这一学派将战略看作是一个预测的过程，研究的重点是企业的高层管理者，这一点与设计学派极为相似，但与设计学派不同和与计划学派完全相反的是，它从根本上认为战略的形成过程是一个直觉思维、寻找灵感的过程，这使得战略从精妙的设计、周密的计划，或者准确的定位转为某种隐约可见的“愿景”，为了让人理解，企业家学派常通过暗喻从某种意义上阐释其观点。

企业家学派认为，具有战略洞察力的企业家是企业成功的关键，许多成功企业没有系统的、成文的战略，但它们同样运营得很好，这与管理者对企业基本价值以及存在原因的信念是息息相关的。企业家学派的最大特征在于强调领导的积极性和战略直觉的重要性。它一方面将战略制定归功于个人直觉；另一方面认为不存在规范的战略制定过程，能使一个企业在某个环境中获得成功的领导，并不一定在另一个企业和另一个环境中也能取得同样的成功。如果一个企业遇到了运营困难，最好的办法就是换一个新的具有直觉力的领导。

企业家学派比较适用于新建企业和处于转变时期的企业，因为在这两种情况下，格外需要强有力的和具有敏锐直觉的领导者来决定企业的方向和活动范围。

（五）认识学派

认识学派又称认知学派，这一学派将战略的形成看作是一个心理过程。研究者关心战略是如何产生的问题。假如战略是通过诸如结构、模式、图形、概念或纲要等因素产生于人们的意识，那么怎样理解这些心理过程？认识学派从认知心理的角度出发，认为战略制定不仅是一个理性思维的过程，而且也包括一定的非理性思维，而后者常常更为重要。因而，战略的形成是一个精神活动过程。从20世纪80年代开始，认知学派得到了持续稳定的发展，其影响也越来越大。认知学派认为，战略的形成是基于处理信息、获得知识和建立概念的认知过程，其中后者是战略产生的最直接、最重要的因素，而在哪一阶段取得进展并不重要。同时，在另一方面，这一学派另一新的分支接受了战略形成过程的更加具有主观解释性的或结构主义者的观点，即认识是通过对企业组织内外环境条件的理解，借助于所掌握的方法和手段，来构造具有创造性解释功能的战略。

了解认识学派研究结果的意义在于，认识学派探讨了认知过程和认知特征对战略形成的作用。战略实质上是一种直觉和概念，战略的制定过程实质上是战略者的认知过程；由于战略者所处的环境是复杂的，这种复杂性限制了他们的认知能力；更何况面对大量真假难辨的信息和有限的时间，战略过程也可能被歪曲。由于战略很大程度上依赖于个人的认识，所以，不同战略者在战略风格上差异会很大。

（六）学习学派

学习学派将战略的形成看作是一个应急的过程。由于组织外部环境变化的不可预测性和组织本身所固有的适应性，一些通过严格程序制定的战略并未得到实现，而一些未经正式制定的、自然显现的战略却得以实现。因此，一些学者开始把研究的重点转向组织在各种不可预测的环境因素约束下的战略形成上，从而产生了学习学派。学习学派与以往学派的不同之处在于，它认为战略是通过渐进学习、自然选择形成的，可以在组织上下出现，并且战略的形成与贯彻是相互交织在一起的。

学习学派的研究告诉我们，设计学派、计划学派和定位学派研究的静态战略制定过程不适用于实际战略制定所处的复杂、变化的环境。但是，如果战略制定者们不依靠静态的程序和方法，除了依靠直觉，他们如何制定战略呢？学习学派的回答是：通过学习过程。战略的形成与发展就是思想与行动、控制与学习、稳定与改变相结合的艺术性过程。由于战略的过程导向，在此过程中不仅单个的领导需要学习，作为整体的领导系统都必须学习；领导的作用不再是预先决定战略，而是组织战略学习的过程。

此学派代表者及其著作分别为：1963年理查德·M. 赛尔特（Richard M.Cyert）和詹姆斯·G. 马奇（James G. March）《公司行为理论》、1990年彼得·圣吉（P. Senge）《第五项修炼》、1980年大前研一（Kenichi Ohmae）《无国界的世界》。

（七）权力学派

这一学派将战略的形成看作是一个协商的过程。权力学派认为整个战略制定的过程实际上是各种正式和非正式的利益团体运用权力、施加影响和不断谈判的过程。对战略制定发生作用的不再是某个人（如设计学派中的企业主管、计划学派中的计划者、定位学派中的分析家和企业家学派中的企业家），而是一群人。这一群人利用自己的权势既争权夺势又妥协合作，使得战略制定过程成为谈判和讨价还价的过程，这时组织的活动不再受某一共同利益的驱使，而是受一些局部利益的驱使。在这种情况下，总是存在对战略认识的争议，不存在共同认可的战略意图，很难形成统一的战略和对战略的执行活动。

权力学派把权力看成是战略形成不可缺少的基础，认为战略的形成是一个组织内部权力与权力之间政治斗争的结果。权力学派之所以强调权力，是因为在组织战略制定过程中，战略形成不仅要受到“经济”因素的影响，而且还要受到“政治”因素的影响。权力学派主要有两种不同的观点。微观权力观把组织的战略制定看作是一种实质上的政治活动，是组织内部各种正式和非正式利益团体运用权力、施加影响，进行讨价还价、游说、妥协，最后在各派权力之间达成一致的过程。宏观权力观则把组织看作是一个整体，这个整体运用其力量作用于其他各种相关的利益团体，包括竞争者、同盟者、合作者以及其他涉及企业战略利益的网络关系等。因此，权力学派认为，战略制定不仅要注意行业环境、竞争力量等经济因素，而且还要注意利益团体权力分享等政治因素。

（八）文化学派

这一学派将战略的形成看作是一个集体思维的过程。文化学派将战略制定视为观念形态的形成和维持过程。由于日本企业运营的成功，对文化，特别是组织文化的研究在20世纪80年代形成一个高潮。文化学派认为，战略制定过程是集体行为的过程，建立在由组织成员共同拥有的信仰和价值观之上；战略采取了观念的形式，以组织成员的意愿为基础，表现为有意识的行为方式；由于存在共同的信仰，组织内的协调和控制基本上是规范的；战略的变化不会超出或违背组织的总体战略观点和现存文化。

（九）环境学派

这一学派将战略的形成看作是一个反应的过程。同其他学派相比，环境学派没有将战略的制定归结为组织内部的某个成分，而是将注意力转移到组织外部，重点研究组织所处外部环境对战略制定的影响。在他们的研究中，组织和领导成为被动成分，战略源于组织受环境影响的被动反应。组织必须适应环境，并在适应环境的过程中寻找自己生存和发展的位置。这个学派认为，事实上并不存在组织内部的战略者，也不存在任何内部的战略过程和战略领导；环境迫使组织进入特定的生态位置，从而影响战略，拒绝适应环境的组织终将死亡。

（十）结构学派

这一学派将战略的形成看作是一个转变的过程，认为组织战略制定过程是一个典型的由一系列因素构成的集合的形成过程。在此过程中，某一特定类型的组织在某一特定时期内，采取了某一特定行为，恰好与某一特定类型的环境相吻合。战略制定过程可以仅仅是一个概念设计的过程（设计学派），也可以是一个正规计划的过程（计划学派），或是系统分析的过程（定位学派），或是知觉认识的过程（认识学派）；战略制定过程可以是组织中某一个人的认识过程（企业家学派），也可以是一个集体的学习过程（学习学派），或是权力作用的过程（权力学派）；战略制定过程可以由个别领导所推动（设计学派、计划学派、定位学派、企业家学派等），也可以受组织文化所推动（文化学派），还可以受外部环境所推动（环境学派）。上述种种选择都必须与组织所处的时期和条件相适应。

结构学派是一种比较特殊的学派，它博采众长，集各种学派观点之大成，同时，它更加注意学术性和描述性。因此，结构学派也更像是一个混合体，它把组织看成是一种结构，即由一系列行为和特征组成的有机体；把战略制定看成是一种整合，即由其他各种学派的观点综合而成的体系。实际上，几乎每一学派都可以在结构学派观点中找到自身的影子。譬如，面对相对稳定的环境，在组织战略形成过程中计划学派就占有重要地位；而面对比较动态的环境，企业家学派对企业制定战略起着更大的作用。但如果企业组织可以用“状态”来描述，组织环境的变化就一定可以用更富戏剧性的“转型”来描述。所谓“转型”，即从一种状态跳跃到另一种状态。当组织处于某种“状态”时，战略就应该能够反映并适应相应的“转型”。

二、竞争战略理论

在企业战略理论的发展过程中，十种战略学派都曾在一定时期内发挥过一定作用，但随着企业战略理论和企业运营实践的发展，企业战略理论的研究重点逐步转移到企业竞争方面，特别是20世纪80年代以来，西方经济学界和管理学界一直将企业竞争战略理论置于学术研究的前沿地位，从而有力地推动了企业竞争战略理论的发展。近20年来的发展历程中，企业竞争战略理论涌现出了三大主要战略学派：行业结构学派、核心能力学派和战略资源学派。

（一）行业结构学派

行业结构学派的主要代表人物是迈克尔·波特，由于受梅森和贝恩为代表的产业组织学派影响，波特致力于将产业组织理论应用于企业竞争战略的研究。波特实现了产业组织理论和企业竞争战略理论的创新性兼容，并达成了战略制定和实施这两个过程的有机统一。他认为，构成企业环境的关键部分就是企业投入竞争的一个或几个行业，行业结构极大地影响着竞争规则的确立以及可供企业选择的竞争战略。因此，行业结构分析是确立竞争战略的基石，理解行业结构是战略制定的起点。波特还指出企业需要做好的另一项工作是在已决定进入的行业中进行自我定位，并且提出了5种竞争力量分析模型。

（二）核心能力学派

以普拉哈拉德和哈默尔的《企业核心能力》一文为代表。该学派认为，所谓核心能力，就是所有能力中最核心、最根本的部分，可以通过向外辐射，作用于其他各种能力，影响着其他能力的发挥和效果。现代市场竞争与其说是基于产品的竞争，不如说是基于核心能力的竞争。企业的运营能否成功，已经不再取决于企业的产品、市场的结构，而取决于其行动反应能力，即对市场趋势的预测和对变化中的顾客需求的快速反应。因此，企业战略的目标就在于识别和开发竞争对手难以模仿的核心能力。只有具备了这种核心能力，企业才能快速适应市场的变化，满足顾客的需求，才能在顾客心目中将企业与竞争对手区分开来。另外，企业要获得和保持持续的竞争优势，就必须在核心能力、核心产品和最终产品三个层面上参与竞争。在核心能力层面上，企业的目标应是在产品性能的特殊设计与开发方面建立起领导地位，以保证企业在产品制造和销售方面的独特优势。

（三）战略资源学派

该学派认为，企业战略的主要内容是如何培育企业独特的战略资源，以及最大限度地优化配置这种战略资源的能力。在企业竞争实践中，每个企业的资源和能力是各不相同的，这样，企业战略资源和运用这种战略资源的能力方面的差异，就成为企业竞争优势的源泉。20世纪80年代，库尔和申德尔通过对制药业若干个企业的研究，进一步确定了企业的特殊能力是造成它们业绩差异的重要原因。1990年，普拉哈拉德和哈默尔在对世界上优秀公司的经验进行研究的基础上提出，竞争优势的真正源泉在于“管理层将公司范围内的技术和生产技能合并为使各业务可以迅速适应变化机会的能力”。

战略资源学派认为，每个组织都是独特的资源和能力的结合体，这一结合体形成了企业竞争战略的基础。因此，企业竞争战略的选择必须最大限度地有利于培植和发展企业的战略资源，而战略管理的主要工作就是培植和发展企业对自身拥有的战略资源的独特运用能力，即核心能力，而核心能力的形成需要企业不断地积累战略制定所需的各种资源，需要企业不断学习、不断创新、不断超越。只有在核心能力达到一定水平后，企业才能通过一系列组合和整合形成自己独特的，不易被人模仿、替代和占有的战略资源，才能获得和保持持续的竞争优势。

第二节　战略管理——医院管理文化与伦理

一、医院管理文化

医院管理文化是指将一个医院的全体人员结合在一起的标准和行为方式。医院管理文化代表医院的目标、信念、哲学伦理及价值观，是管理精神中最核心、最本质的成分，是一种思想、也是一种哲学。医院管理文化包括价值标准、运营哲学、管理制度、行为准则、道德规范、风俗习惯等方面。将管理从技术、经济层面上升到文化层面，是管理思想发展史上的创举，作为在管理理论基础上发展起来的企业文化理论，是对原有管理理论的总结创新而成的。它从一个全新的视角来思考和分析企业这个经济医院的运行，把企业管理和文化之间的联系视为企业发展的生命线，它的核心是使职工关心企业，给企业管理理念和实践带来生机和活力。企业管理文化的内涵，体现为将文化渗透于企业的决策、组织、激励及领导等管理过程中，提供文化与管理匹配的最佳模式。管理文化是基于企业管理而形成的核心价值观、行为准则、精神和理念。企业管理文化包含三个方面的内容，即完整的管理规章制度（制度文化）、高效的执行力和行政效率（执行文化）、融洽的团队管理队伍（团队文化）。如果企业抓好了这三个方面的内容，就能形成优秀的管理文化，促进企业管理水平的不断提高。完整的管理规章制度是形成管理文化的前提和基础。高效的执行力和行政效率是形成管理文化的关键。融洽的团队管理队伍是管理文化形成的保证。管理文化内容可细分为管理理念、管理制度、团队协作、行为规范、资金成本管理、生产现场、技术创新、生产运行、物流管理、营销管理、项目管理、物业后勤、安全管理和时空管理等。当前对管理文化的研究范围逐渐明确，不再泛化为整个的企业文化，而是作为企业文化建设中的一种子文化，和安全文化、廉洁文化、诚信文化、创新文化等并列。一般都是把管理文化作为企业文化的核心来研究，将管理与文化融合，以管理来提升企业文化。

例如，医疗服务要强调以患者为导向，以患者为中心，医院讲诚信就能让患者体会到以患者利益为出发点，真正贯彻好“以患者为中心”的服务宗旨，将诚信理念融入各科室的发展战略规划之中，从而直接、明显地影响到医院的就诊率和医院收益，对医院的科室发展、员工队伍建设、医院形象与品牌的提升皆具有重要作用。

二、医院管理伦理

（一）医院伦理学内容

医院伦理学是运用伦理学的理论、方法研究医院领域中人与人、人与社会、人与自然关系解决医疗卫生实践和医学发展过程中的道德问题的一门学科。患者求医时一般要依赖医务人员的专业知识和技能，并常常不能判断医疗的质量；患者常要把自己的一些隐私告诉医务人员，这意味着患者要信任医务人员。这就给医务人员带来一种特殊的道德义务：把患者的利益放在首位，采取相应的行动使自己值得和保持住患者的信任。

医院伦理有着悠久的历史，早在公元前4世纪的《希波克拉底誓言》就指出医生应根据自己的“能力和判断”采取有利于患者的措施，保守患者的秘密。1948年的《日内瓦宣言》和1949年的《医学伦理学法典》，都延续了《希波克拉底誓言》的精神，明确指出患者的健康是医务人员要首先关心、具有头等重要地位的问题，医务人员应无例外地保守患者的隐私，对同事如兄弟，坚持医疗事业光荣而崇高的传统。而在公元7世纪，我国的孙思邈在其《大医精诚》一文中也写有医者行为的准则，如“若有疾厄来求救者，不得问其贵贱贫富，长幼妍媸，怨亲善友，华夷愚智，普同一等，皆如至亲之想；亦不得瞻前顾后，自虑吉凶，护惜身命”等。传统的医学伦理学都含有美德论和义务论两个内容。美德论讨论医务人员应具备哪些美德、哪些品质；义务论讨论医务人员应做什么，不应做什么。但由于医疗卫生事业的发展，医院已经从医生与患者间一对一的私人关系发展为以医患关系为核心的社会性事业。作为一种社会性事业，现代的医院伦理要考虑收益和负担的分配以及分配是否公正的问题，尤其是卫生资源的公正分配和尽可能利用这些资源使最大多数人得到最佳医疗服务等，这涉及卫生政策、体制和发展战略的问题。

（二）医院伦理学原则

医院伦理有三个最基本的伦理学原则：患者利益第一原则、尊重患者原则、公正原则。

1. 患者利益第一原则　患者利益第一这个原则要求医务人员不仅在主观上、动机上，而且在客观上、行动效果上对患者确有帮助，又不伤害患者，即有义务不去有意地或因疏忽大意而伤害患者。但医疗行为难免会给患者或第三者带来有害的后果，对此可以采用双重效应原则，即这些有害的后果不是直接的有意的效应，而是间接的可预见的但无法避免的效应。如化学疗法可抑制肿瘤（直接的有意的有利效应），但有副作用（间接的可预见的不利效应）。

2. 尊重患者原则　尊重患者首先是尊重患者的自主权利（有权利就关于自己的医疗问题作出决定）。医务人员或研究人员应在检验前或检查前取得患者的知情同意。受试者在作出接受检验或检查的决定前，应知道检验或检查的性质、持续时间和目的、方法和手段；可能发生的不方便和危害，以及对他的健康和个人可能产生的影响。

3. 公正原则　公正原则在讨论医疗卫生资源的宏观分配和微观分配时十分重要。医疗卫生资源的宏观分配指在国家能得到的全部资源中应该把多少分配给卫生保健，分配给卫生保健的资源在医疗卫生各部门之间如何分配，如癌症研究应分多少，预防医学应分多少，基础医学应分多少等。宏观分配还必须解决如下问题：政府是否应负责医疗卫生事业，还是把医疗事业留给市场，如果政府应负责，则应将多少预算用于医疗卫生；如何最有效地使用分配给医疗卫生事业的预算，哪些疾病应优先得到资源的分配；为改变个人行为模式和生活方式（如吸烟），政府应投入多少资源等。资源的微观分配指医务人员和医疗行政单位根据什么原则把卫生资源分配给患者，怎样分配才算公正合理。当涉及稀有资源时，哪些患者可优先获得资源（如有两个患者都需要肾移植，但只有一个肾源可供移植时）。为了进行微观分配，首先需要规定一些规则和程序来决定哪些人可以得到这种资源，即根据适应证、年龄、治疗成功的可能和希望、预期寿命和生命质量等主要是医学的标准进行初筛，然后再规定一些规则和程序从这范围中最后决定哪些人得到这种资源。

第三节　医院战略管理的社会责任及道德价值

随着经济和社会发展，企业面临的挑战也越来越多、越来越大。这种情况下，对企业社会责任战略的管理和实施就显得尤为重要，只有通过良好的战略管理和实施才能够让企业在市场竞争中保持自身的竞争力，让企业在不断发展的同时完善自我。

一、医院的社会责任

企业社会责任（corporate social responsibility，简称CSR）是指企业在创造利润、对股东承担法律责任的同时，还要承担对职工、消费者、社区和环境的责任。企业社会责任已经成为当今管理研究的一个热门话题。在传统企业看来，股东权益是他们最大的责任，而社会责任只会为企业带来经济上的负担，对企业发展和股东权益的保护都没有帮助，这就造成了很多企业不愿意承担社会责任。但是，随着社会的不断发展，人们的社会意识也在不断提高，人们开始意识到可持续发展对社会的重要意义，并且随着资源的匮乏和环境的逐渐恶化，越来越多的人开始要求企业去承担更多的社会责任，这就为企业提出了一个新的运行模式。

企业要想持续发展必须要有社会责任感，现在企业的衡量标准中，除了创造价值、企业规模之外，一项重要的标准就是该企业是否具有社会责任感，能否保持可持续发展。在这样的趋势下，企业在发展中不仅需要关注自身的利润大小，同时还需要将目光更多地投向周围的环境和对社会的贡献。对于现代企业来说，真正优秀的企业是在保证自己获益的同时也能造福于社会。然而，很多企业认为社会责任与企业的运营没有直接的关系，企业只需要对自己的股东负责，并不需要对社会负责，所以，社会责任对企业来说是一个没有必要的负担。另外，有管理者认为，在企业履行社会责任时，会对企业的发展产生影响，这样会降低企业的利润，不利于企业的发展。有的企业觉得自己刚刚起步，企业的利润不是很多，因此没有对社会负责的必要，只有等到企业做到一定的规模时才需要对社会负责。这些都是错误与片面的，社会责任的履行不仅不会对企业造成影响，而且会为企业带来良好的发展环境，让企业能够更好地发展。从目前的情况来看，社会需要企业敢于担当，及时担负起自己应负的责任，企业要做到盈利和负责任两者之间的统一，然后根据自身的企业特点和文化制定出符合自身发展的企业社会责任战略。企业的运行就是为了盈利，而企业盈利的同时不能将社会道德置之度外，在创造利润的同时，企业需要对社会负有责任，只有平衡了企业和社会的关系之后，企业才能够获得全面迅速的发展，而一旦企业放弃了这方面的责任，就会在发展的过程中逐渐被社会淘汰，这是一个必然的过程。因此，企业在追求利润的同时，需要负起自己的社会责任，这样才能够在保证社会和谐的同时，让自己有更好的发展。

医院承担着什么样的社会责任？医院不能解决社会问题，但很多的社会矛盾最后都会在医院以不同形式显现。比如人受伤、遭遇事故、车祸、食物中毒、精神崩溃等，最后都要到医院里来治疗。急诊24小时有医生值班，处理最紧急、最需要处理的患者，医院24小时收治患者就是在承担社会责任。医院的工作人员24小时轮班，遇到需要抢救的患者，凌晨也要赶回医院进行救治，这就是在承担社会责任。

二、医院的道德价值

现代企业的战略管理之所以需要道德价值，不只是因为现代企业的经济运行面临诸多伦理困境与道德风险，更不是因为伦理道德作为有效的文化工具可以帮助企业更好地达到经济目的。最根本的是，伦理道德是现代企业的核心价值构件，具有特殊的管理意义和文明意义。德国古典哲学家黑格尔说过:“德是一种伦理上的造诣”。企业不仅是一个经济实体，也是一个伦理实体。在医院的战略管理中，伦理的要义就是个人作为“组织人”或作为医院的成员而行动。伦理的真谛展现个人单一性与集体普遍性的一致，财富创造是一种道德行为，因此现代企业与医院的战略管理都应是“道德管理”，不仅要把遵守道德规范视作组织获取利益的一种手段，更要把其视作组织的一项责任；不仅应从组织自身角度，更应从社会整体角度看问题。尊重“所有者”以外的利益相关者的利益，善于处理组织与利益相关者的关系，也善于处理管理者与一般职工，以及一般职工之间（组织内部）的关系。带有道德价值的战略管理是企业的重要活动之一，不仅把人看作手段，更把人看作目的，以组织的价值观作为行为导向并具有自律的特征。企业的价值借由管理者的价值观体现而影响到管理者的决策。

相较于企业的战略管理，医院战略管理更重视“道德”。例如，医务人员要树立起良好的医德、医风，就要对患者承担道德上的责任和义务，这种道德责任就会促进医务人员自己热爱本职工作，处处以患者利益为重，在工作中更加主动积极。对于一个医院来说，良好的道德价值会促使医务人员更加自觉地维护各项规章制度，并在执行规章制度时表现出主动性，使规章制度不断完善。

第四节 医院战略领导力

一、医院战略领导力的定义

医院战略领导力是作为战略家的领导者所具备的领导能力的总和，目前无论是学术界还是现实中的领导者对医院战略领导力的概念都尚未达成共识。有以下5种典型的医院战略领导力定义。

（1）霍斯基森、爱尔兰和希特指出：战略领导力是一种可以进行预期、想象、保持灵魂性并且促使他人创造所需要的战略改变的能力。战略领导力包括以下内容：①决定战略方向；②探索和维护核心竞争力；③发展人力资本；④维持有效的组织文化；⑤强调理论实践；⑥平衡组织控制。

（2）美国纽约州立大学索西克（J. J. Sosik）等认为，战略领导力是一个连续的过程，领导者通过有效地整合人员、技术、工作流程和商业机会，为股东、社会和职工创造经济、社会和智力价值。

（3）奥地利因斯布鲁克大学教授海因特哈伯（H. H. Hin-terhuber）和弗里德里希（S. A. Friderich）认为，战略领导力是领导者确立愿景、塑造榜样并为公司创造价值的能力，是把愿景转化为结果的艺术和科学。

（4）英国韦士敦大学教授克罗斯安（M. Crossan）、美国休斯敦大学教授维拉（D. Vera）和加拿大咨询师南加德（L. Nanjad）认为，在不确定性不断增加的动态环境中，战略领导力等同于卓越领导力（transcendent leadership），一个卓越领导者就是能够实现自我领导、领导他人和领导组织的战略领导者。

（5）美国《规划评论》杂志的高级编辑雷曼（B. C. Reimann）认为，战略领导力就是驱动变化和获得结果。

二、医院战略领导力的特点及表现

医院战略领导力更加强调愿景这样的长远目标；医院战略领导力更注重组织的整

体平衡；医院战略领导力更加强调领导者自身的榜样作用；医院战略领导力更加关注结果而不是过程；医院战略领导力更加强调对情境的控制而非对被领导者的影响。医院战略领导力主要表现为以下几个方面。

第一，对事物发展具有整体掌控能力，战略领导人首先必须站在全局，着眼和着力于全局观察处理问题，要有明确的认识全局、把握全局、掌控全局、使局部服从和服务全局的意识、眼光和能力。所谓整合力，就是能否有效地将组织内部和外部的各种意见、资源调动整合起来，形成合力，为一定的全局服务。这是医院战略领导力的本质要求与基本价值定位。因此，战略领导人的素质应该具有四种特点：一是全局性，即认识处理问题具有全局的高度；二是包容性，即为人要有气度，在社会多样化、多元化条件下，包容性对于战略领导人来说，不仅是一种涵养，更是一种领导能力和领导智慧，他们必须包容种种意见，包容各种人才，能容天下难容之事，才能从容应对各种复杂事物；三是坚韧性，即处事要有忍耐度，能勇于承担种种责任，忍受各种困难和磨炼，甚至承受种种责难、误解和委曲；四是睿智性，即观察处理问题表现出不同于常人的聪慧，有对事物反映的敏锐性和处理问题的独到之处。

第二，前瞻性与预见力。战略研究总是未来取向的。所谓“人无远虑，必有近忧”，战略领导者应该努力做到深谋远虑，想得深，看得远，善于把握事物的发展趋势，才能引领组织和团队发展进步。前瞻性和预见力，是医院战略领导力的基础和前提，因为战略构想和战略制定要以它为基础。

第三，主动性与创造力。当今时代，对于领导者的责任与使命已基本形成共识，即领导的责任就是“顺应潮流、引导历史”，特别在全球化背景下和转型时代，领导者的使命，就是“适应变化，引领变革”。所谓引导或引领，讲的是主动性，战略研究的根本目的是为了争取全局上的主动。一个处处被动的领导者，没有资格谈论战略。主动性是战略成功的关键和核心，也是战略领导者的基本素养与核心能力。而领导者的创造力，则是获得战略主动性的根本保证，如何才能掌握主动权？关键靠创造。机会只给予有准备的人，主动去发现、把握的人，化被动为主动的人，这一切，都需要创造和创造力。领导者，尤其是战略领导者的创造能力，包括观念的创新、思路的创新、体制与机制的创新，以及创新型人才的培养和创新文化环境的营造等。第四，可行性与执行力。战略构想、战略设计再好，如果不可行、不执行或执行不力，仍然难以成功。可行性包括现实性，即具有现实针对性，不脱离实际，方案符合实际情况；可执行性，即具有可操作性，可以获得相应的各种资源支持，如财务支持、人力资源支持、获得关键人物或相关部门的认同支持；灵活性，即方案具有适应变化的弹性。可行性与执行力十分重要，它们是战略构想与规划落实的保证与支持，是医院战略领导力的重要内涵。

三、医院战略领导力的提升

医院战略领导力包括三个层次：一是战略领导人的自身素质，包括经验、知识、创造力和文化道德修养等；二是战略领导人与被领导者及其团队的互动能力；三是组织领导力，即战略领导人对于组织结构、机制及其文化对于组织成员和社会环境的影响力。上述这些素质和能力，主要体现在战略领导人的5项任务上：一是理念创新与目标定位，即正确地确立组织愿景和使命，要求领导者具有相应的形势预测与判断、客观情况与资源配置分析、组织定位与发展理念创新等领导力；二是战略决策与指挥执行，要求领导者具备相应的制定工作目标、设计战略规划、组织实施动员与具体指挥执行等领导力；三是培养忠诚团队，要求领导者具有相应的建设高层领导团队，培养专业业务骨干，增强团队的整体凝聚力，包括思想价值与工作目标的认同以及团队执行能力的培训提升等领导力；四是塑造组织文化，要求领导者具有创新或改造组织核心价值观，建构组织架构、运行机制，制定行为规范，改善人际关系，营造组织文化氛围等相关能力；五是加强自我管理，要求领导者具有较强的认识自我、改变自我和超越自我的能力，包括正确总结经验，反思自己，不断增强自己对于工作目标和环境的适应性，保持思想的创造活力，提升自己的创造力，不断创造新业绩等。

医院的各科室是开展医疗服务的主体，也是医院管理的关键环节，科主任身为医院的中层干部，又是医院的骨干力量，在承上启下、纵横协调中发挥着重要作用。所以，医院应该重视科室管理，重视科主任的管理能力和实践能力，增强医院的骨干力量，进而增强医院的综合力量。

医院应该增强骨干力量，培养科主任的管理技能，重视骨干力量实践能力的培养、营造学习氛围、鼓励持续创新。第一，管理是一门学问，需要学习与培训，医院应该培养中层管理团队的管理技能。医院应定期组织培训，传递医院管理的科学理论，创造探讨成功的管理方法、学习新颖的管理工具的机会，提升中层管理团队的管理技能，提升管理工作的效率，促进科室精细化管理。第二，重视实践能力。临床工作是干出来的，医院应重视医生的实践能力，重视医生临床经验的积累。技术对医院起着非常重要的作用。强大的实用技术在规模较大的医院中是一个起着非常重要的作用的竞争力。医院只有在日常的工作中，长久而且持续地进行科技方面的创新，对最新的技术进行开发与探究，通过不停地实践，才能不断创造出具有高服务性质的、高存在价值的最新仪器和治疗科技，从而给医院带来一个强大的、可以继续发展的机会。科主任不是培训出来的，而是实践出来的，医院在中层管理团队培养体系中，应该从目标管理、绩效管理和战略管理切入，提倡中层夯实基础，有针对性地提高专业技能，落实医院发展战略，加强团队绩效管理工作。另外，医院还应该提倡中层领导在团队医疗服务、医疗质量、人才管理、学科专业技能、医疗政策等方面上，结合医院发展需求，由己及人地进行提高。第三，医院应提倡与营造团队的学习氛围，调动员工的积极性，科主任应以身作则，带头学习，向先进的医院科室和管理者学习，经常参与医院管理的讨论。科主任应集思广益，倾听员工的想法。第四，医院应积极鼓励科室创新，创新利于科室发展，医院应支持科室开展新技术、购买新设备，鼓励科室开展学术活动，创造影响力。对于有所创新的科室进行表彰、奖励。第五，注重科室宣传，既重视电视、报纸等传统媒体宣传，也重视新媒体宣传。第六，医院在市场的活动中，需要有很快的对市场的识别，需要抓紧了解其需求，寻找相关的设备、需求者、竞争者信息等因素。市场的响应能力必须在充分了解消费者现在和未来的需求基础之上，发现这些需求真正的影响因素，并根据这些具体的影响因素作出相应的调整。

在当前医疗改革的大环境下，大多数医院忙于业务运营，缺乏具有系统性、长远性、前瞻性的一系列战略规划。医院内部科室和部门繁多，科室之间发展不均衡，发展前瞻性不够，整合和协调效率不高，这种现象与医院各科室发展战略不明晰、战略管理不到位有着直接关系。正确的科室战略管理，可以使各科室各部门有目的地选择适合自己的发展政策、发展能力和发展环境，从而集中整个部门的力量，实现最终的战略目标。同时，也可以让医院的愿景、使命和价值观更加明确，即医院的定位更加明晰。

知识拓展

主诊医师负责制是指由一名主诊医师带领若干名主治医师和住院医师组成一个医疗组，全面负责并实施患者的门诊、住院、手术，以及出院和出院后随访等一系列诊疗活动的医疗管理模式，实现了院－科－组三级管理，能较好地解决岗位能级管理、精细化管理等问题。主诊医师负责制的核心在于能明确医疗责任主体。主诊医师承担临床医疗、组内教学、科研工作职责以及组内的医疗管理职责。主诊医师负责制有以下优点：①体现以患者为中心的医疗服务。②破除医师的职务、职称终身制，体现“多劳多得”，最大限度提高每个人的工作积极性。③打破分配制度大锅饭，提升科室收益和各项指标，益于专业组发展。④提高医院运行效率、医疗服务质量。

第五节　应用案例

案例：近几年，随着医改政策的深入，提倡社会积极办医，以及各行业加速投资医疗行业，刺激了医疗行业的发展，也促进了医疗行业竞争趋向白炽化，这使许多医院的部分科室的就诊量逐年降低，同时由于医院普遍存在人员结构的不合理，所以常出现人浮于事的状况。

讨论：①医院的部分科室的就诊量逐年降低，医院从管理者角度出发，需要如何应对？②医院普遍存在人员结构的不合理，常出现人浮于事的状况，医院从管理者角度出发，需要如何应对？

本章小结

随着医院管理水平与服务能力的不断提高，医疗市场的激烈竞争，使医院从粗放式管理向精细化管理的转变成为必然。基于上述现状，医院需要更加适应市场经济的大环境，既要注重人力资源的培养，培养一支强有力的人才队伍，选择一个好的科室带头人，优化人才配置，改变医院人员结构不合理，充分调动各级医师积极性，实现有序良好的岗位能级管理，也要从制度上进行探索、创新，促进医院全面发展，以此提高医疗效率及医疗质量，这是当前医院管理者需要考虑改革的重点。

（刘　鹏　叶志东）

第二篇

医院战略要素与环境分析

Part 2

第三章 医院战略要素

学习目标

1. 掌握 医院使命和愿景的定义；使命、愿景和目标在战略管理中的特殊作用。

2. 熟悉 医院使命与愿景的区别与陈述方法；确定使命、愿景和目标方法。

3. 了解 医院战略方针与构成要素；战略方案的基本内容与构成。

案例讨论

【案例】北京协和医院是集医疗、教学、科研于一体的现代化综合三级甲等医院，是中华人民共和国国家卫生健康委员会指定的全国疑难重症诊治指导中心，最早承担高干保健和外宾医疗任务的医院之一，也是高等医学教育和住院医师规范化培训国家级示范基地，临床医学研究和技术创新的国家级核心基地，以学科齐全、技术力量雄厚、特色专科突出、多学科综合优势强大享誉海内外。在国家三级公立医院绩效考核中两次排名第一，在复旦大学医院管理研究所公布的“中国医院排行榜”中连续11年名列榜首。

北京协和医院建成于1921年，建院之初，就志在“建成亚洲最好的医学中心”。一百年来，形成了“严谨、求精、勤奋、奉献”的协和精神和兼容并蓄的特色文化风格，创立了“三基”“三严”的现代医学教育理念，形成了以“教授、病案、图书馆”著称的协和“三宝”，培养了张孝骞、林巧稚等一代医学大师和多位中国现代医学的领军人物。在总结百年发展经验的基础上，医院创新性提出了“待患者如亲人，提高患者满意度；待同事如家人，提高职工幸福感”的办院理念；提炼出了“学术、品质、人文”的百年协和内涵；贯彻落实十九届四中全会精神，深入推进医疗服务体系、人才培养体系、科技创新体系、精细管理体系、开放协作体系、党建文化体系“六大体系”建设。

协和人以执着的医志、高尚的医德、精湛的医术和严谨的学风书写了辉煌的历史。今天的协和人在迈向百年的新征程中，将始终秉承“以人民为中心，一切为了患者”的办院方向，不忘初心，砥砺前行，向着建设“中国特色、世界一流医院”的宏伟目标奋进。

（资料来源：https：//www.pumch.cn/research/gudie.html）

【讨论】

1. 北京协和医院向职工陈述的医院愿景是什么？
2. 北京协和医院有怎样的使命与任务？
3. 北京协和医院构建了怎样的价值体系？

第一节　医院战略方针与构成要素

战略管理是指战略制定和战略实施的过程。一般来说，医院的战略方针决定了医院发展方向、基本任务、长期目标以及具体战略方案的制定、选择和确定。医院战略管理过程可分解成若干行动步骤和基本环节，包含了四个关键要素：战略分析、战略选择、战略实施、战略评价和调整。在医院战略管理过程中，需建立和发现战略行动的约束条件，评价有关战略及战略组合，对已确定的战略付诸行动，并对战略实施的各种状况、因素和绩效进行控制，使战略管理不断修正，聚焦于战略目标达成的方向进行改变。

一、战略方针

医院战略方针是指实现战略目标的总的战略、总的原则，是规范组织战略实施与发展的行动指南，是最高级别的战略，亦即医院高层领导或高层运营管理团队的最高决策，包含医院希望达成的愿景（vision）、使命（mission）、价值（value）和目标（objectives）。

医院战略方针受到若干因素影响，其中一个重要因素是国家与地方政府的战略布局、相关的政策法规、自身的历史、传统和早期事件、环境状况与发展目标。健康中国战略为实现全面健康指明了奋斗目标，其核心原则是“以人民健康为中心”，强调要“树立大卫生、大健康”的观念，把“以治病为中心”转变为“以人民健康为中心”的价值理念，并以此作为指引健康中国战略总方针，对医院战略管理具有指导意义。

医院战略方针为战略目标服务，战略方针的制定有助于确保组织内部各单元按照相同的基本准则来行动，有助于组织内部各单元之间的协调和信息沟通。战略方针越具体，对指导战略的实施越有利。根据内容和范围的不同，医院战略方针又可以分为运营方针和质量方针。

（1）运营方针：是医院最基本的战略方针，它涵盖了基本文化、行业政策、人事政策等基本政策，以及医院历经漫长时间也未改变的事业政策，并对此加以说明。运营方针是指根据运营目的要求所确定的带有指导性的整个医院的行动指南，是贯彻运营思想、实现运营目标的基本途径和指导规范，它包括了医院的“人”“物”“资源”“资金”等方方面面的工作。

（2）质量方针：又称为质量政策。对医院来说，质量方针是医院质量行为的指导准则，反映了最高管理者的质量意识，也反映了质量运营目的和质量文化。质量方针指由医院的最高管理者正式发布的组织总的质量宗旨和方向。质量管理原则可以作为制定质量方针的基础，医院质量方针决定了某个特定时期内在医疗服务质量方面所确定的发展方向。

二、战略构成要素

医院战略方针在医院战略管理过程中，发挥引领和指导作用。医院的战略分析、战略选择、战略实施、战略评价与调整过程构成了战略管理过程四个关键要素，应整合运营方针和质量方针作为指导原则，聚焦于医院运营质量和医疗服务质量，实现医院运营的可持续发展，如图3-1。

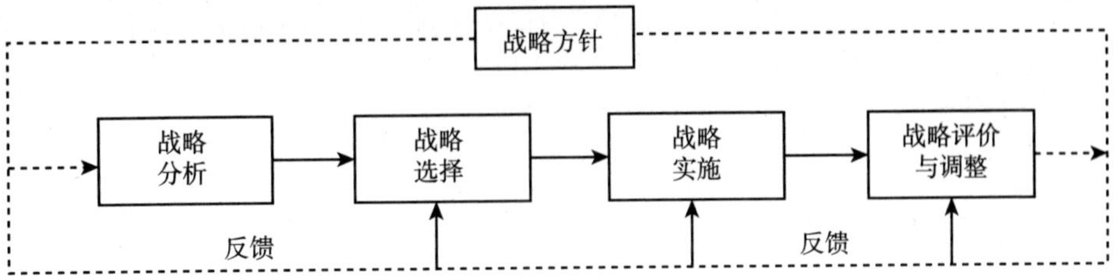

图3-1　医院战略构成要素

（一）战略分析

战略分析的主要目的是评价医院当前以及今后发展的关键因素，并确定在战略选择步骤中的具体影响因素，了解组织所处的环境和相对竞争地位。对医院而言，战略分析包括以下两个主要方面。

1. 确定医院愿景、使命和目标 它们是医院战略制定和评估的依据。由于医院的愿景和使命一般要长期坚持，直接决定了医院选择何种战略，对医院的发展而言是系统性的、长期的。我国医院按照所有制形式可以分为公立医院和非公立医院，公立医院与生俱来将公益性办医作为第一优先原则，其必须首先承担起公共的社会责任，战略分析所必须识别的最基本的利益相关方与非公立医院有所不同。医院的愿景、使命既是战略分析的结果，也是战略分析、制定的依据。

2. 医院所处的外部环境和内部环境因素 医院找到能对未来发展起决定性作用的环境因素，包括医院所处的外部环境和内部环境因素。在相同的愿景、使命条件下，如果环境因素变化，最适宜的战略行动方案也会有所变化。通常使用态势分析方法（SWOT分析法）进行环境分析，态势分析方法包括了四个战略因素的组合：优势（strength）、劣势（weakness）、机会（opportunity）和威胁（threat）。

（1）外部环境分析：外部环境包括了存在于医院外部的各种变量，这些变量在短期内不受医院自身所控制，但它们是医院存在的基础。这些外部环境的变量中有些是一般性因素或趋势，构成了医院发展的社会环境。战略分析要了解医院所处的环境（包括宏观、微观环境）正在发生哪些变化，这些变化将给医院带来更多的机会还是更多的威胁。

（2）内部环境分析：内部环境包括了存在于医院内部的各种变量，这些变量在短期内而言，可以受医院自身所控制，它们构成了医院工作开展的基础。战略分析还要了解医院自身所处的相对地位，具有哪些资源以及战略能力；需要了解与医院有关的利益和相关者的利益期望，在战略制定、评价和实施过程中，这些利益相关者会有哪些反应，这些反应又会对组织行为产生怎样的影响和制约。内部环境包括了组织结构、文化、资源和能力，特别是核心能力，核心能力构成了医院可以用来获得竞争优势的专长。

（二）战略选择

战略选择是战略制定、评价和选择过程，是指根据医院战略分析所获得的结果，即在已建立和发现的特定约束条件下，制订和选择有效的管理环境机会和环境威胁的战略计划和行动，并避免重大的战略决策失误，以保障医院的可持续性发展。战略分析阶段明确了“医院的目前状况”，战略选择阶段所要回答的问题是“医院走向何处”。战略选择的步骤包括：

1. 制定战略选择方案 在制定战略的过程中，可供选择的方案越多越好。医院可以从对医院整体目标的保障、中下层管理人员的积极性发挥以及各部门战略方案的协调等多个角度考虑，选择自上而下的方法、自下而上的方法或上下结合的方法来制定战略方案。

2. 评估战略备选方案　结合医院愿景、使命，内外部环境分析结果，先拟定多个备选方案。评估备选方案通常使用两个标准：一是考虑选择的战略是否发挥了医院的优势，克服劣势，是否利用了机会，将威胁削弱到最低程度；二是考虑选择的战略能否被医院利益相关者所接受。需要指出的是，实际上并不存在最佳的选择标准，管理层和利益相关团体的价值观和期望在很大程度上影响着战略的选择。此外，对战略的评估最终还要落实到战略收益、风险和可行性分析的财务指标上。

3. 选择战略　即最终的战略决策，确定准备实施的战略。医院的资源是有限的，在可供选择的战略方案中，医院战略制定者应了解第一种战略方案的长处和局限，根据战略备选方案评估结果，综合判断并选择战略。如果由于用多个指标对多个战略方案的评价产生不一致时，最终的战略选择可以考虑使用以下几种方法：

（1）根据医院目标选择战略：医院目标是医院使命的具体体现，因而选择对实现医院目标最有利的战略方案。

（2）聘请外部机构：聘请外部咨询专家进行战略选择工作，因专家们具有广博和丰富的经验，能够提供较客观的看法。

（3）提交上级管理部门审批：将中下层机构的战略方案提交上级管理部门审批能够使最终选择的方案更加符合医院的整体战略目标。

（4）战略政策和计划：制定有关研究与开发、资本资源需求和人力资源方面的政策和计划。

（三）战略实施

战略实施是指采取措施发挥战略作用的过程，战略实施将战略转化为行动，即通过规划、预算和程序将战略方案和政策付诸行动。这一过程涉及分解战略目标、资源配置以及整个医院文化、组织结构、内部治理体系和人员调整等诸多问题，具体包括：

（1）如何在医院内部各部门和各层次之间分配及使用现有的资源；为了实现医院目标，还需要获得哪些外部资源以及如何使用。

（2）为了实现既定的战略目标，需要对组织结构做哪些调整。战略实施一般由中层和基层管理者来领导和施行，高层管理者主要负责战略决策并对战略执行情况进行督查。

（3）如何处理可能出现的利益再分配与医院文化的适应问题，如何进行医院文化管理，以保证医院战略的成功实施等。

（四）战略评价与调整

战略评价和调整，也称为战略控制，是将战略实施过程中反馈回来的成效结果与战略目标进行比较，评估两者的偏差度，并采取相应的纠正措施，以确保战略目标的完成。战略评价和调整用于检验战略的有效性。

战略评价就是通过评价医院的运营业绩和质量水平，审视战略的科学性和有效性，是医院高层对战略活动的评价，它不同于中层与基层员工的日常工作业务和工作效率评价。战略调整就是根据医院情况的发展变化，即参照实际的运营事实、质量标准、变化的运营环境、新的思维和新的机会，及时对所制定的战略进行调整，以保证战略对医院运营管理进行指导的有效性。包括调整医院的战略展望、长期发展方向、目标体系、职能策略以及战略执行等内容。

医院战略方针要在服从和服务于社会主义市场经济，指导医院运营规模、内涵质量的发展，同时也应该关注到医院的公益性和社会责任，实现社会公平，保障好人民群众的基本医疗需求。一个良好的战略仅是战略成功的前提，有效的战略管理才是医院战略目标顺利实现的保证。实践表明，战略制定很重要，战略实施也同样重要。如果医院没能完善地制定出合适的战略，但是在战略实施中，能够克服原有战略的不足之处，那最终也有可能促使战略的完善与成功；当然，如果对于一个不完善的战略选择，在实施中又不能将其回归到正确的轨道上，就只有失败的结果。

知识拓展

为什么要坚持公共医疗卫生的公益性?

第一，从医疗卫生本身看，它是一种向全社会每一位成员提供健康需求的特殊服务。医疗卫生服务性质的本身决定其必须为全社会的健康服务，因而是一种公益性的事业。特别是在社会主义制度下，国家医疗卫生服务的对象是全体人民，不是仅仅为一部分特殊阶层服务。

第二，从政府公共服务看，医疗卫生涉及公共卫生、疾病预防、医疗保障等多方面，这些都是政府公共服务的重要内容。我国政府是人民的政府，其更加重视公共服务和社会管理，发展医疗卫生事业政府责无旁贷。

第三，从社会发展看，衡量一个国家社会文明进步程度的重要标志之一就是看其医疗卫生事业的发展程度。发展医疗卫生事业，提高人民健康水平，是与科技、教育、文化、体育并列的社会事业不可或缺的组成部分，是我们党全心全意为人民服务宗旨的具体体现，是全面建设小康社会、构建社会主义和谐社会的内在要求。

第二节　医院的使命与任务

使命是医院战略管理的起点，是明确医院负担的社会责任、从事的业务在社会进步和社会经济发展中应该担当的角色和责任。使命是医院战略管理者为医院确定的较长时期内运营的总方向、总目的、总特征和总的指导思想。医院使命的确定从总体上会引起医院发展方向、发展道路的改变。健康中国战略是我国发展的重大战略，健康中国战略提出了坚持中国特色卫生与健康发展道路，实现全民健康，全人群、全方位、全周期覆盖以实现人民健康长寿为目标，并作为国家富强、民族振兴的重要标志，这是全国各族人民的共同愿望，也是新时期医疗卫生工作最基本的任务。

一、使命的定义

医院使命是对医院“存在理由”的宣言，从根本上说是要回答“我们是谁？我们要干什么？我们为什么在这？”等关键问题。医院使命，有时又称为医院宗旨、医院任务、医院发展纲领、医院目的和运营服务原则等。医院使命解释了医院形成和存在的根本目的、发展的基本任务，以及完成任务的基本行为规范和原则，是医院之所以存在的理由与所追求的价值，没有使命，医院可能丧失存在的意义。

医院使命的确定首先会从总体上指引医院运营方向和发展道路，使医院知道自己在干什么；其次，医院使命的确定为医院构筑了明确的目标和方向，既为医院成员理解医院的各种活动提供依据，确保医院内部对医院目标达成共识，也为医院外部公众树立了良好的医院形象，以使医院获得发展的信心和必要的支持和帮助。医院使命的构成体系如图3-2所示。

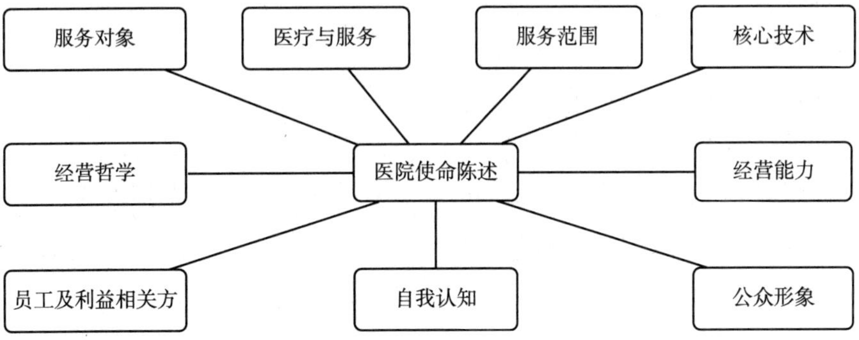

图3-2　医院使命构成体系

为了使医院使命的内涵能够清楚明确地传达给医院内外的相关人士，有效的医院使命应该符合适用性、目的性和易记性三条原则。

（一）适用性原则

使命为医院的发展指明了方向，是为医院的长期奋斗而设立的范围，指导、激励甚至约束医院的运营管理实践。

（二）目的性原则

使命是医院深层次的目的，医院使命的形成是一个历史过程，在医院发展初级阶段，使命比较模糊或简单，随着医院的发展和运营体验，使命逐步成熟和完善，从而发现医院真实存在的社会价值。

（三）易记性原则

使命应该容易理解、便于记忆；使用含义具体的字眼，表达明确信息，言简意赅地表述出医院的使命。

二、使命的作用

每家医院都有其独特的医院文化。医院文化是指在一定的社会经济条件下，通过社会实践形成的并为全体成员遵循的共同意识、价值观念、职业道德、行为规范和准则的总和。医院的使命确定了医院哲学和医院宗旨两个方面的内容：医院哲学是以医院文化为主导的医院核心群体对医院如何生存和发展的哲理性思考；医院宗旨确定了医院现在和将来应从事什么样的业务活动，以及成为什么性质的医院和组织类型。医院使命在医院战略管理过程中起着重要作用。医院的使命存在于少数运营决策者的意识之中，公开的使命陈述可以看作是医院成功运营的起点，用文字表达的使命有以下作用：

（一）导向作用

医院使命指明了医院未来的发展方向，为有效分配和使用资源提供了一个基本的行为框架，是医院战略制定的前提。

首先，医院使命是确定医院战略目标的前提。只有明确地对医院使命进行定位，才能正确地树立起医院的各项战略目标。其次，医院使命是战略方案制定和选择的依据。医院在制定战略过程中要根据医院使命来确定自己的基本方针、战略活动的关键领域及其行动顺序等。

（二）协调作用

明确的医院使命能使利益相关主体了解医院运营的宗旨和方向，有利于协调各主体之间的关系，使大家的思想行动得到统一，形成整体力量，取得整体大于部分和战略协调的效应。

医院使命是医院战略的行动基础。医院使命是有效分配和使用医院资源的基础，为医院战略的实施提供激励。首先，医院使命是有效分配和使用医院资源的基础，有了明确的医院使命，医院才能正确合理地把有限的资源分配在能保证实现医院使命的运营事业和运营活动上。其次，医院使命通过医院存在的目的、运营哲学、医院形象三方面的定位明确医院运营方向、树立医院形象、营造医院文化，从而为医院战略的实施提供激励。

（三）界定作用

医院管理的指导思想是医院在提供医疗保健服务活动中所持有的基本信念、价值观念和行为准则。这些思想来源于医院领导人对医院管理过程中各种关系的认识和态度。医院使命界定了医院管理指导思想，并对医院战略管理方向与过程起着决定性作用。

1. 界定医院的运营领域　医院开展战略环境分析，界定了医院的运营范围，包括对医院在相当长的时期内主要从事的业务，医院设置的科目、提供的服务、现有的顾客、医院评价标准等问题的分析与预测，确定医院的主要技术与服务，主要的市场及应该采用的技术与生产方式。

2. 界定医院发展方向和规模水平　医院使命是医院确定战略目标的前提和选择战略方案的依据。医院发展方向是指随着医院外部环境和内部条件的变化，对运营活动方向所做的指导性预测。主要包括对旧的医疗服务结构进行调整，开发新的医疗服务项目和新市场，改造和淘汰落后的技术与设备。使医院运营结构更加合理，能适应各种变化，保持竞争优势，促进医院不断发展。

3. 界定医院的目的　明确医院使命有利于界定医院自身形象，加深利益相关方对医院的辨识。与企业不一样，医院不是一个纯经济组织，属于公益性组织，虽然也有生存、发展的目的，但更应该考虑社会利益和承担的社会义务。

三、使命与任务

“使命”古时指使者奉命而出行，后引申为肩负着重大的责任和任务。“任务”指在担当使命的过程中，在某个特定时期所需要完成的任务。在战略管理中，医院领导层首先应该充分了解为达使命的具体任务要求，才可能肩负起使命的责任。任务不明则方向不清，使命就会成为空洞的口号，难以形成战略管理的合力。

使命通过不同时期、不同阶段的任务来实现，任务的完成评价必须是对具体的战略目标完成情况的评价。健康中国战略具化为三阶段具体任务，形成三步走战略目标：到2020年，建立覆盖城乡的中国特色基本医疗卫生制度，主要健康指标居于中高收入国家前列；到2030年，促进全面健康的制度体系更加完善，主要健康指标进入高收入国家行列；到2050年，建成与社会主义现代化国家相适应的健康国家。

由此可见，使命通过任务体现，任务通过战略目标达成来实现，战略目标具体指明了在实现使命过程中所需追求的最终结果。所谓“千斤重担人人挑，人人有目标”，使命只有具体化成任务，才可使责任具体化，任务分解成目标，才可以使任务完成情况得到评价，进而可进一步评价战略管理情况。因此，在战略管理中，使命是战略管理的起点，任务是战略管理的过程实现，目标是战略管理的终点，三者间相互作用，相互依存，使得随机不一致的战略过程，通过任务目标的修正，变成系统一致的管理过程，构成了战略管理过程体系。战略管理过程与医院使命、任务的关系如图3-3所示。

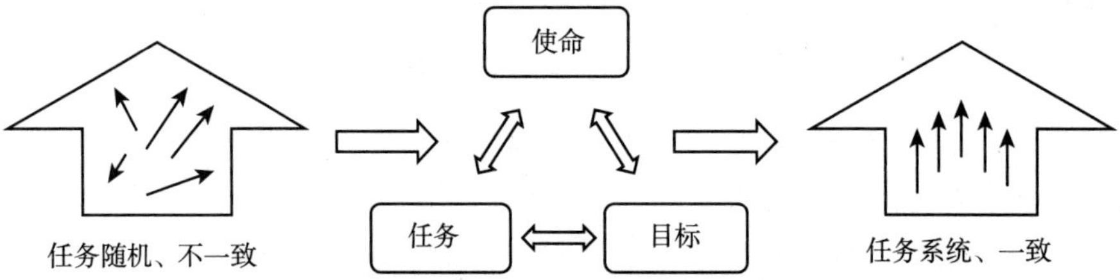

图3-3　战略管理过程与使命、任务的关系

第三节　医院的愿景与价值

医院只有具备明确的使命和目的，才可能制定明确和现实的目标。医院愿景是对医院前景与发展方向的一个高度概括的描述，由核心理念和未来展望组成；愿景是医院的抱负志向和发展方向，能起到集聚资源、指挥行动、激励员工的作用，进而推动医院取得出色业绩。战略管理就是要明确和设计清晰的医院愿景。医院愿景、使命和目标为战略分析、战略选择和战略控制提供了依据。使命、愿景和目标的确定在战略管理中具有十分重要的地位。

一、愿景的定义

医院愿景是医院对未来的期待、展望、追求与梦想。愿景的概念有广义和狭义之分：广义的愿景包括了使命；狭义的愿景不包括使命。我国学者多数采用狭义愿景概念。

狭义愿景是医院根据目前所处的状况确定未来发展目标而描述的理想蓝图。它综合了医院使命、发展规划、实现目标途径的认识结果，是医院管理者用来统一员工思想和行动的宣言，也是管理层用来回答“我们代表什么”“我们在未来想成为什么样医院”的承诺。

医院愿景包含两层意思：第一，愿景是发自内心的，渴望实现的愿望；第二，愿景要建立具体、生动、可以看见的景象。医院愿景由两个方面的核心内容组成：

（一）核心运营理念

核心运营理念确立了医院长期的价值取向与价值追求，界定了医院的主张是什么以及医院为什么存在。

（二）生动的未来前景

生动的未来前景是对医院未来想要达到的长期目标做的一个生动形象的描述。一方面，它传递了具体有形的信息，即一些可见的、生动的、真实的东西；另一方面，它包括了还没有到来的愿景，诸如梦想、希望和渴求。生动的未来前景包括两个部分：大胆的目标和生动的描述。“生动的未来前景”可激发人们的热情和动力，促使人们为达成美好的前景而不断地促成战略变革，改变现状，开拓、进取与创造未来。

医院愿景可以看作是医院追求的自身形象，即医院期望的以其医疗服务给社会大众和医院员工所留下的印象。愿景是以最简单的语言描述实现的状态和梦想，通常用生动、大胆的语言清楚地说明医院想要实现的目标。

良好的医院形象意味着医院在社会公众心目中留下了长期的信誉，是吸引现在和将来顾客的重要因素，也是形成医院内部凝聚力的重要原因。在塑造医院形象时，由于医院的服务对象与人群不同，影响医院形象的主要因素也不同，所以要特别注意根据医院所处的行业特征来开展医院形象工程。如上海市浦东医院愿景为建设成高品质高安全国际化研究型医学中心；四川大学华西医院愿景为让西部人民就近获得和东部发达地区同样优质的医疗服务。

二、愿景的作用

医院有效的愿景具有可想象性、鼓舞人心、可行性、聚集性、灵活性、可沟通性等特点。有效的愿景从不同的侧面和角度阐述了医院存在的状态和本质，是医院未来的一幅前进蓝图，是医院前进的方向，意欲取得的业务位置、社会位置以及计划发展的能力，它具有塑造战略框架、指导管理决策的作用。

（一）明确发展方向

有效的愿景明确了医院的发展方向，用于指导医院战略决策。当医院在战略性问题上出现分歧，或者对某项战略行动必要性上感到困惑与怀疑时，有效的愿景可以使这些问题迎刃而解。有效的愿景有利于建立清晰的战略方向，及时发现与终止不合适的战略行动，从而在资源上投入到符合愿景的战略行动中。

（二）协调相关利益

有效的愿景可协调相关利益关系，指引医院面对和应对危机。医院与利益相关者之间是一种互动共生关系。识别各种各样的利益相关者，通过愿景加以反映的协调是医院高层管理者的重要任务。

（三）凝聚人心激励工作

有效的愿景可凝聚人心并给人们以希望，激励人们高效地开展工作。愿景是对医院未来的美好憧憬，可以帮助人们克服内在的惰性，激励人们采取行动，以实现战略成功。

三、愿景与使命的关系

愿景和使命都是对医院未来的发展方向和目标的构想和设计，两者之间的内涵非常接近：医院愿景侧重于从医院自身角度出发，描绘医院未来希望达到的一种境界；而使命更侧重于从医院所从事的运营活动内容和性质出发，关注医院运营的总方向和总目的，以及如何满足顾客需求的总体原则和运营思想。

愿景和使命都是医院长期承诺和价值驱动型战略的表达和传播形式，两者之间有其共性，也有一定的差别：

（1）愿景描述医院将要做成什么样子，强调其在未来应该成为怎样的医院；而使命更多地描述医院是做什么的，强调的是医院在当前最想做的事情。

（2）愿景突出的是医院未来的发展方向，描述的时间更为长远；使命强调的是医院现实的运营特点，描述的时间相对较近。

（3）从战略管理角度看，医院愿景和使命是两个极其重要的概念。愿景侧重于目标陈述，使命侧重于任务陈述；若医院仅有使命、没有愿景，则不能有效地界定出所希望达到的、最终可以评估的目标是什么；若医院仅有愿景、没有使命，则不能把使命转变为真正富有意义的预期结果，并指导组织如何分配时间、精力和资源。

医院愿景与使命的比较，如表3-1所示。

表3-1　医院愿景和医院使命的比较

比较项目	愿景	使命
出发点	医院自身	利益相关者，如患者
关注焦点	未来的理想状态	试图满足顾客需求和相关者的潜在利益
涉及时间	相对较长的时间段	漫长的时间段
强调重点	充满激情、有创新	明晰方向、激发士气
设计效果	可望也可及的理想	可望而不可及的梦想

四、愿景与价值

价值观是指导支配人应该做什么、要什么和选择什么，发现事物对自己的意义，确定并实现奋斗目标的心理倾向系统。其具有主观性、选择性、稳定性和社会历史性。医院核心价值观是医院的灵魂。核心价值观的灵魂作用是通过对组织四个方向的牵引、制约、指导而发挥作用的。组织从一开始就要回答的四个关键问题如下：

（1）医院在追寻什么，即追寻一个大家希望共同创造的未来景象。

（2）为什么追寻，即关于组织存在根源的问题。

（3）如何追寻，组织战略层需要回答的方法战略问题。

（4）依靠什么规则来追寻，组织制度保障层需要回答的问题。

对医院文化进行改造，分别看一看核心层价值观如何渗透、影响外化层的四个方面，外化层的四个方面又是如何在核心价值观的指引下建立起来的，它遵循什么原则和方法，参照什么过程。

愿景的价值决定了在做战略决策时什么最重要，以及哪些需要奖励和加强。在医院内部，完善的价值观在医疗道德伦理的实际应用过程中，可以为各级人员提供决策指导。价值观通过回答“我们代表什么”的基本问题来帮助医院确定其目的。

价值观是医院运行需遵循的简单而基本的原则，道德准则提供了更为明确的行为准则。当医院利益相关者发生冲突时，医院的道德观和道德准则可以帮助医院解决道德困境。经济社会发展过程中，医院在实现愿景过程中常会遇到有限的医疗资源分配、患者救治优先级、医学伦理和科研伦理问题。医学作为一门特殊职业，从一开始就确定了“健康所系，性命相托”的最基本的价值理念，这一点会随着医院愿景的实现过程而得到强化。

中华人民共和国医学生誓词提及："我决心竭尽全力除人类之病痛，助健康之完美，维护医术的圣洁和荣誉。救死扶伤，不辞艰辛，执着追求，为祖国医药卫生事业的发展和人类身心健康奋斗终生。"

由于愿景是建立在价值观、信仰的基础之上，受个人价值观和信仰的影响，而个人价值观不仅同个人的阅历、知识有关，更同整个社会的发展潮流、文化动态息息相关，所以共同愿景的达成是一个相当繁琐的过程，通行的方法就是通过一个分析和设计过程来训练参与者建立愿景，并通过价值观来指导员工及利益相关方的行为。

战略管理过程与愿景、价值的关系，如图3-4所示。

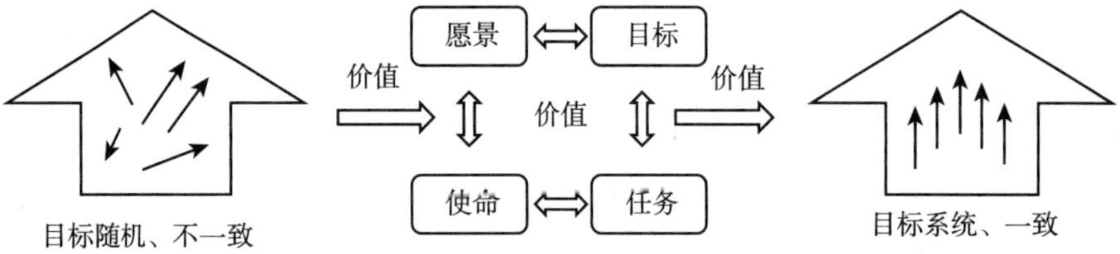

图3-4 战略管理过程与愿景、价值的关系

知识拓展

2006年美国迈克尔·波特提出：价值医疗是在一定医疗费用下追求治疗效益最大化，或在既定的治疗效益下追求费用最小化，追求最高性价比的医疗。有别于以医疗机构为中心的传统医疗服务模式，价值医疗强调以患者为中心，为患者提供连续性服务，创造更优的就医体验，同时加强费用管理。

价值医疗从成本控制、治疗效果和患者需求三方面出发，旨在降低患者治疗总成本、满足患者预期治疗效果以及照护患者生命与身心康复。

（1）成本控制：治疗总成本不仅包括医疗费用等直接成本，还包括时间成本、精神成本、交通食宿陪护等间接成本。总成本控制是综合概念，要考虑直接与间接成本、货币与非货币成本。

（2）治疗效果：预期治疗效果不仅是患者对诊疗过程、医疗行为及治疗结果的感受，还包含安全感、舒适感和尊严感的提升。

（3）患者需求：不仅关注身体疾病的诊治，也给予精神慰藉，缓解心理压力，照护患者身心康复。

（参考资料：《价值医疗在中国》白皮书）

第四节　医院战略目标与方案

确定医院战略目标是选择战略方案的基础，在制定战略之前，首先要明确医院的战略目标。医院使命描述了医院存在的理由，愿景描绘了医院未来蓝图，价值说明了通往未来的行为方式与道德准绳，使命通过任务而具体化，任务通过目标得以实现。医院战略目标具体指明了在实现使命的过程中所需追求的最终结果。

一、目标定义

战略目标是指医院根据内外部条件、使命和愿景设定的在一定时期内预期要达到的成果。战略目标是使命和愿景的具体化，通过将愿景转化为具体可测量的明确的结果或绩效指标，可以引导、跟踪和衡量医院的运营活动，最终使得愿景得以实现。目标管理是一个以目标、结果为导向，以人为中心的现代化运营理念，促进组织和个人战略目标和性能的提高。很多医院都将战略目标分解到部门，明确了责任，形成了有责任感的运营体制，对医院的运营和医疗服务的提高起到了很好的作用。

在战略管理过程中，医院各层级员工需要“各司其职、各尽所能”。为实现医院战略目标，一个优秀的管理团队必须将大的组织目标分解成一系列的子目标，并把这个目标细化到每一个员工的心里去，落实到每一个员工的行为中去，这就是目标管理的过程。目标管理的核心，是建立一个医院内的目标体系，使全体员工立足岗位，尽其所能地推进组织目标的达成。在一个医院的目标体系中，高层领导的目标、职能部门的目标、各业务群组的目标，都是完全不同的，但却具有一个共同点，即都和医院整体目标息息相关。只有各个部门的目标顺利实现了，才能保证医院目标的实现。

目标管理与传统管理方式相比有其鲜明的特点，可概括如下。

（一）突出工作成果

工作成果是人事考核和奖评的依据，也是评定目标完成程度的标准，还是评价管理工作绩效的唯一标志。在目标管理制度下，监督的成分很少，上级并不过多干预完成目标的具体过程、途径和方法，更多的则是起到控制目标的作用。

（二）重视人的因素

目标管理强调的是参与、民主、自我控制，力图将个人需求与组织目标结合起来。在这一制度下，上级与下级的关系是平等、尊重、依赖和支持的，下级在承诺目标和被授权之后是自觉、自主和自治的。

（三）建立目标体系

目标管理通过专门设计的过程，将组织的整体目标逐级分解，转换为各单位、各员工的分目标。在目标分解过程中，权、责、利三者已经明确，而且相互对称。这些目标方向一致、环环相扣、相互配合，形成了协调统一的目标体系。只有每位员工完成了自己的分目标，整个医院的总目标才有完成的希望。

实现有效的组织目标管理有两种基本的方法：

（1）采用指导式的方法，自上而下地实施组织目标。这种方法是传统的目标管理方式，它的优点是在管理比较简单和容易衡量的目标时会有很高的效率，缺点是无法管理复杂的目标体系。

（2）采用参与式的方法，让组织中所有人，包括管理者和普通员工共同参与目标的制定和实施，使组织目标成为组织成员、部门和组织三者妥协或协调的产物，将组织的整体目标化为个人的小目标。这种目标管理方式可以有效地减少目标冲突的现象，适用于管理比较复杂和困难的目标。

二、目标体系

战略目标使医院的使命与愿景具体化。一方面，医院所属各部门需要有自己的目标，从不同侧面反映医院自我定位的发展方向；另一方面，目标取决于医院不同的战略。因此，医院战略目标是多元化的，包括了经济目标，也包括了非经济目标；有定性目标，也有定量目标。在使命与任务定位的基础上，医院战略目标可以按以下内容展开。

（一）目标内容结构体系

医院基于使命与愿景需要，一般需要在以下若干领域建立相互平衡和匹配的目标。

1. 社会责任目标 在我国医院中，公立医院是医院的主体地位，医院首要的是保持其公益性，承担相应的社会责任，医院需保持好与政府关系，在公共卫生领域、防病救灾领域、公益事业领域保持其社会责任和公众形象。

2. 质量安全目标 在医院管理系统中，患者安全是医疗质量的基础，医疗安全、生产安全服务于患者安全，质量安全目标是医院社会责任目标的补充，代表良好的社会形象和优秀的医疗品质口碑。

3. 经济运营目标 虽然医院以公益性为主体，但现代医院也是一个经济组织，也必须获得一定的经济效益，并以此作为医院生存与发展的必要条件。医院的经济运营目标达成取决于医院资源的配置效率及利用效率。同时，医院在制定战略时，也要决策在经济运营市场上取得一定的市场份额，保持持续盈利能力，提升医疗服务过程的效能，提高患者满意度。

4. 创新发展目标　创新作为医院战略目标，使得医院获得生存和发展的生机与活力。在医院创新发展中，存在三种创新：技术创新、制度创新和管理创新。当前医疗体制改革需要在管理与制度上不断谋求创新突破；同时新材料、新工艺和新技术的发展，使得医院技术能力不断突破，对医院的经济发展带来深刻变化。

（二）目标层次结构体系

按照目标的主体层次，战略目标可以分为医院层目标、职能层目标和业务层目标。这些不同层次的战略目标有着紧密的相互关系。医院层目标是要保持医院的社会责任目标与经济运营目标的双平衡，决定了医院战略目标管理相关决策，并监督医院战略目标管理绩效；职能层目标是需要为业务层提供充分支撑；业务层目标需要为决策层目标提供充分支撑。医院战略目标层次体系，如图3-5所示。

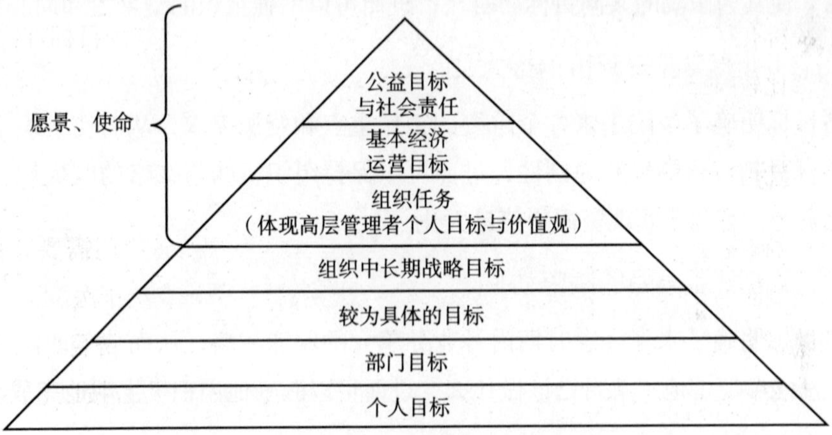

图3-5　医院战略目标层次体系

（三）目标时间序列体系

按照目标的预期实现时间，医院战略目标可以分为长期目标、中期目标和短期目标。长期目标是涉及时间跨度在5年和5年以上的目标，长期目标是医院根本的、全局性的战略目标；短期目标一般为涉及时间跨度为1年或1年以下的目标，重点关注医院短期内具体的工作任务和应取得的成就；中期目标位于两者之间，涉及时间跨度一年以上、5年以下，既有一定的任务，也体现出综合性和战略性。医院一般需要根据短期目标的实现情况修正长期目标。

（四）目标因果关系体系

按照目标的因果关系，目标有价值目标和非价值目标；在实施平衡计分卡的医院管理中，有的把价值目标定义为医院所实现的财务结果目标。平衡计分卡的四个维度——财务目标、顾客目标、过程目标及学习成长目标，构建成医院发展短期与长期目标、财务与非财务目标、内部与外部目标、结果与过程目标指标的动态平衡。

三、目标的作用

战略目标对于医院发展而言至关重要。它确定了医院的发展方向，为战略方案的制定提供可衡量的指标体系，有助于医院及其内部的绩效评估，使得医院能够长期、稳定和协调地发展。具体而言，战略目标有如下作用：

（一）增强医院的凝聚力和向心力

战略目标描述了医院的愿景，突出了医院的使命任务，明确了医院运营和发展的重点及其所承担的社会责任，可以激励员工为医院任务而努力工作，对员工有很大的激励作用，使其为医院的共同目标而奋斗，进而可以增强组织的凝聚力和向心力。

（二）有利于实现资源价值最大化

战略目标明确了医院未来各个阶段的工作重点和资源需求，从而使组织结构设计和资源整合更具有目的性和原则性，进而可以保持组织机构与战略的匹配性，可以更好地优化资源，有利于实现资源价值最大化。

（三）促进职能层面的战略协同

战略目标明确了未来一定时期内各业务单元的职能战略，从而使各职能部门、各项目组织都能够清楚地了解自己该做什么，进而可以激励他们积极主动地完成目标。

（四）保障战略决策的协调一致

战略目标是医院制定战略的基本依据和出发点。战略目标的聚合功能，是将利益相关主体联系起来，为不同价值观的管理者制定协调一致的决策提供了基础，从而使医院在应对机遇和环境变化中，找到有利于医院改进的决策方法，提高其风险控制能力和应变能力，提升持久竞争力。

四、目标与方案

使命和任务必须转化为目标及达成目标的战略行动方案，才可以确保以目标为导向实施战略。战略方案的确定过程是指医院战略的选择过程，也是战略的制定过程。

根据医院目标层次结构体系，医院战略也可以分为医院层战略、业务层战略和职能层战略。

（一）医院层的成长战略

医院层战略决定了医院选择哪些运营业务，进入到哪一行业或领域，重点解决医院如何成长和发展的问题，也包括了在不利环境下如何趋利避害，进行收缩和巩固问题。这一层级战略统称为成长战略，它指出了医院在发展中可选择的方向。

（二）业务层的竞争战略

业务层战略主要是在医院所选择的运营领域内如何与竞争对手开展有效竞争，即主要解决竞争手段问题，这一层次的战略是基本竞争战略，是医院赖以生存和竞争发展的基本工具。

（三）职能层的战略协同

职能层战略是医院职能领域为实施医院战略而必须开展的短期活动，医院职能领域包括医疗、护理、医保、科研、教学、人力资源管理、后勤保障等。职能层战略使得医院的长期具体目标与业务层战略保持一致，发挥了重要的战略协同作用。职能战略通过组织和激活医院具体单元为战略开展日常活动，从而促进医院总体战略实施。

对医院各种战略方案进行汇总，以作为识别各种可选战略方案的向导。通过对医院的外部环境所带来的机会、威胁和自身所具有的优势、劣势进行分析，确认医院可采取哪些战略方案。图3-6为战略方案总结。

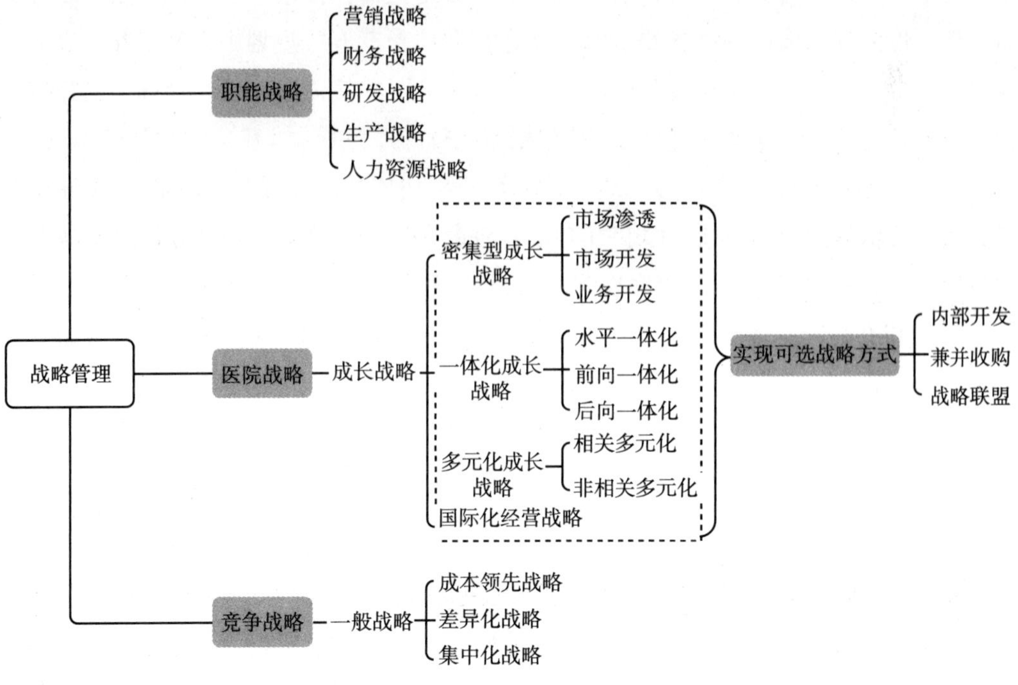

图3-6　战略方案总结

第五节 应用案例

案例：上海市某大型医院在传承、挖掘、整合、培植传统医院文化的基础上，于“十二五”规划中勾勒出了“立足浦东，辐射上海及周边地区。成为浦东南片地区的医教研中心及高地，形成专科特色突出的现代化综合性三级医院。塑造最可信赖的医院品牌和营造和谐进取精神的医院文化。员工有实力，具有时代品味和自豪感，快乐工作”的发展蓝图。

在医院“十三五”规划中，医院战略生态系统的竞争模式发生变化，正式整合提炼了医院愿景，为“建设成高品质高安全国际化研究型医学中心”。愿景宣言在“十二五”战略规划的基础上有了进一步的提升，其释义内容是“在2032年医院建院100周年时，成为高品质与高安全的国际化研究型医学中心，创建成具有一批卓越精品专科的三级甲等综合医院，塑造最可信赖的优质服务医院品牌，营造拥有共同价值观与和谐进取精神的医院文化，员工有时代品味与自豪感，快乐工作。”愿景释义定位了医院建院百年的发展梦想。

医院在“十二五”规划中，建立“以人为本、关爱生命，提供人性化高品质的医疗保健服务”使命宣言，旨在体现医者仁心，关爱生命，推崇对生命的尊重、对社会的责任，也体现了医院救死扶伤的神圣使命。在“十三五”规划中，医院在“以人为本、关爱生命，提供全过程管理医疗健康保健服务”的使命宣言中，强调了医疗健康服务的全过程管理，以患者为中心，提倡健康随行。

愿景使命目标的两次变更，可以看出在两次战略规划变革中，该医院领导层面对所有员工在设计未来发展规划时的心境、底气和斗志，也反映出医院员工战胜艰难险阻、付出努力及愈加执着而坚强的信念。使命对于该医院的员工而言，是对医院、患者和社会的一种责任，是实现公立医院公益性质、护佑一方百姓健康的一种信念。

讨论：①医院愿景的功能和特点是什么？②医院使命有何作用？确定使命需要考核哪些因素？③愿景与使命的关系是什么？如何在医院发展中变更医院愿景、使命。

本章小结

医院在制定战略之前，应先确定医院的使命，在此基础之上明确阶段性任务，并确立医院战略目标。医院的愿景为医院的发展描绘了美好蓝图，通过医院价值观的引导，激励员工肩负使命，朝着医院未来而努力。使命是员工为医院发展而努力的责任因素；愿景是员工为医院发展而努力的动力因素；实现愿景需要建立医院的价值与道德体系，使医院文化理念深入至员工的内心，是医院可持续发展的精神支柱。使命和愿景需要具化为目标以确保医院的战略行动可评估、可衡量，通过对医院层、业务层、职能层不同目标层级的分析，可以优先选择医院层战略管理的具体方案，确定业务层的具体竞争战略和发挥职能层的战略协调功能，统筹管理资源，通过阶段性短期目标完成来达成中长期战略目标任务。

（余　波　曾艺鹏　吴晓君）

第四章　医院外部环境分析

学习目标

1. 掌握　宏观环境分析的概念与方法；行业环境分析的概念与方法。

2. 熟悉　医疗市场机会与威胁的分析概念与分类；市场威胁的转移策略。

3. 了解　医院医疗市场与顾客的关系；医疗市场的特点与价值；医疗市场与顾客的需求分析。

案例讨论

【案例】受疫情影响，许多公立医院门诊量、业务量大幅下降，这已成为医院必须面对的现实。例如，南方的某三甲医院按照国家要求，从2019年1月起开始执行停诊，其一季度业务量下降了20%左右。该医院在2020年3月中旬逐渐恢复门诊后，与疫情之前不同年度、同月份相比较，患者仍旧非常少。该医院所在地区地广人稀，其虽然是当地唯一的三级甲等综合医院，也理应成为当地居民在有就医需求时的第一选择，然而因该地区经济条件不发达，加上受疫情影响，该医院无法接诊太多患者，患者也鲜来医院就诊等多重因素，致使医院医疗收入减少，医院整体运营很难维持正常。

据国家卫生健康委员会统计信息中心发布的《2020年2月全国医疗服务情况》，受疫情影响，全国医疗卫生机构诊疗人次比去年同期下降近4成，全国公立医院诊疗人次与去年同期相比锐减47.1%。受到疫情影响最大的是三级医院，诊疗人次比去年同期下降了51.8%。此外，基层医疗机构、社区卫生服务中心(站)、乡镇卫生院等医疗服务单位的诊疗人数都呈现一定程度的下降情形。

【讨论】

1. 案例中的医院可能面临的具体难题有哪些？

2. 针对这些难题，医院管理层能提出什么具体解决方案？

第一节　医疗市场的机会与威胁

西方经济学在20世纪30年代已有医疗市场一说，由医疗保健服务的组织所提供的"各种医疗与保健服务"泛称为"医疗市场"，本章提及的"市场"即是指医疗市场。我国公立医疗机构尚并未完全进入全面开放的竞争市场。公立医院作为医疗卫生事业的主体和中坚力量，享受税收优惠、各类财政补助等国家宏观政策的扶持。随着医改的不断深入，药品耗材"零加成"等政策的执行，医院也正面临从传统面向内部的单一封闭管理转型为更开放的医疗市场竞争管理。应用企业的市场管理理论和方法，有助于全面提升医院运营管理能力，改进医疗服务质量。私立医院实行市场定价，单从经济学角度上而言，其更加符合市场规律，从而获得了市场份额的主动权。

但是，医疗市场与其所处的外部环境紧密相关，通过外部环境分析，可以监测、评价来自外部环境的信息，识别医院运营环境中影响医院发展的机会和威胁（图4-1）。大量环境变革使得医院战略管理变得复杂，甚至会直接影响医院诊疗活动的正常运行。医院应及时分析当前及未来可能的形势，保持医院战略与外部环境相匹配，以维持医院发展的竞争能力。

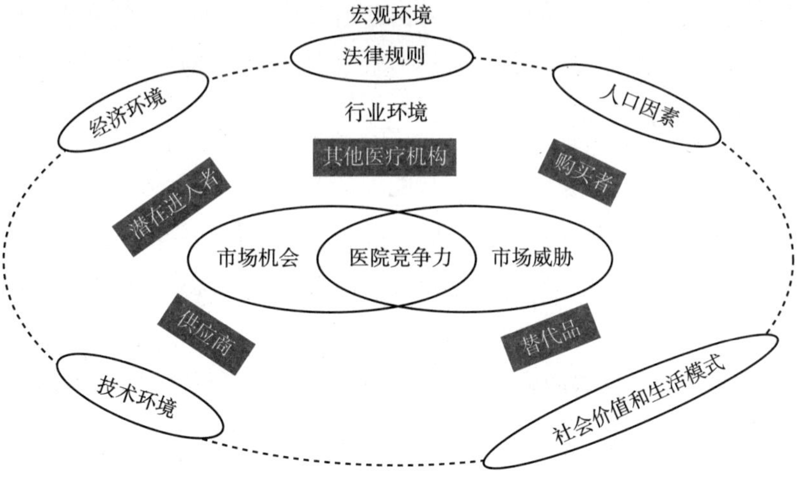

图4-1　外部环境与医疗市场示意

一、医疗市场的机会

（一）市场机会的概念

市场机会是市场上存在的未满足的需求，也称为潜在的市场，亦即客观上已经存在或即将形成，而尚未被人们认识的市场。识别市场机会是医疗市场运营管理中的第一个步骤，其目的是选择出既有发展潜力、又有比较优势的竞争发展机会。

医疗市场可从两种方式来理解，其一是作为纯粹经济关系的市场，是指技术服务交换关系的总和；其二是作为资源配置手段的市场，是指由市场主体从各自本身的利益出发，根据市场的需求，决定资源的配置方向，即决定生产什么、生产多少。

医患关系既存在医院与患者之间的经济利益关系，又有医院与政府、其他合作伙伴服务于社会效益的资源配置关系。这种关系既矛盾又统一。从矛盾走向统一的基本条件是患者受益于有效的医疗服务，政府期望的社会效益实现最大化，同时医者得利于合法的收益。

基于社会整体效益基础，保持医患双方的利益均衡，是现代医疗服务市场得以存在和发展的前提条件。这种利益关系一旦失衡，势必导致医疗服务市场的萎缩或紊乱。

医疗市场对资源配置起着基础性作用，可以体现为：①资源配置要以市场需求为出发点，即根据医疗服务市场的变动决定资源配置的方向和比例。②医院是医疗资源配置的主体。③政府通过价值规律，对医疗服务进行宏观调控，通过经济手段，运用市场机制来引导医院的市场行为。

医疗宏观环境和行业环境的变化会影响医院医疗服务市场需求的变化，同时环境变化也意味着存在大量未满足的需求，并由此所产生的市场机会的来临。医疗市场机会需要通过对医院经营的宏观环境、行业环境、医疗服务市场的分析得到。

（二）市场机会的分类

医疗市场机会是那些符合医院目标与能力，有利于发挥优势的环境市场机会；环境机会是指随着环境的变化而客观形成的各种各样未满足的需求；医院的市场经营管理部门就是要经过分析和评价环境机会来选择出合适的医院机会，并采取有效的对策加以利用。按市场机会分类，医疗市场机会还可以分为以下几类。

1. 整体市场机会与局部市场机会　整体市场机会是指在大范围市场上出现的未满足的需要；局部市场机会指在小范围市场上再现的未满足的需要。根据医院的服务范围，医院市场服务也有整体与局部之分，为整体市场服务的如省市级三甲医院，为局部市场服务的如区域医疗中心、社区服务中心。

整体市场机会是整个市场环境变化的一种普遍趋势；局部市场机会则是局部市场环境的变化有别于其他市场部分的特殊发展趋势。例如生育政策改变，有可能会使高龄产妇人群增加，同时不孕不育人群也可能增加，整体上会增加对综合能力强、抢救能力高的妇产科需求；而对于急诊而言，CT扫描仪、磁共振等技术的提升，给心脑血管病的急诊急救带来需求。相比较而言，产科市场因政策而产生变化，受影响较大，给整体市场带来机会；心、脑血管病的急诊急救，受地区发病条件限制，给局部市场带来机会。

区分这两种市场机会，对于医院具体地测定市场规模、了解需求特点，从而有针对性地开展市场经营活动是必要的。

2. 表面市场机会与潜在市场机会　在市场上，明显的没有被满足的现实需求，就是表面的市场机会；现有的医疗种类未能满足的或尚未完全为人们意识到的、隐而未见的需求，就是潜在的市场机会。

全人群的健康需求增加，使得健康体检成为各医院热衷于发展的一个部门，健康体检对健康状况的持续评估和分析，却依然没有被完全挖掘。因此，健康管理一方面立足于“以人民健康为中心”的理念，其发展迅速，规模日益扩大，已成为新兴的产业，占据了表面市场；另一方面，以健康管理为基础的全过程管理后续产生的潜在市场，包括对人群的生活方式干预、慢病筛查与防治、医院的健康管理档案等，还没有被完全挖掘。

由于表面市场机会易于被发现和识别，所以利用这种机会的医疗部门较多，有时难以取得机会效益（即先于其他医疗机构进入市场所取得的竞争优势和超额利润）。潜在的市场机会虽然不易于被发现和识别，但因为同时抓住和利用这种机会的医院较少，因此，机会效益比较高。医院应注意发现和利用潜在的市场机会。

3. 行业性市场机会与边缘性市场机会　在医疗经营领域中出现的市场机会，称为行业性市场机会；在不同行业之间的交叉或结合部分再现的市场机会，称为边缘性市场机会。由于自身生产经营条件的限制，医疗行业一般都较为重视行业性市场机会，并将其作为寻找和利用的重点。由于行业内医院之间的竞争，往往会使机会效益减弱甚至丧失，而利用行业外出现的市场机会，通常又会遇到一定的困难或较大的障碍。这种情况，促使一些医院在行业之间的交叉或结合部分寻求较为理想的市场机会。

随着全球化的科学技术进步，医疗技术也正发生着有史以来的最彻底的一次变革。如智能手机的普及，使得可以直接通过手机开展实验室检查，跟踪人体多项生理功能指标，个人也有能力操控驱动自己的健康。远程医疗、远程监控、远程会诊等，为打开边缘性市场找到机会，因边缘性市场可以发挥医院的部分优势，而且较为隐蔽，难以为大多数医院重视和发现，所以利用这种机会的医院易于取得机会效益。寻找和识别边缘性市场机会的难度较大，需要医院的市场运营人员具有丰富的想象力和较强的开拓精神。

4. 目前市场机会与未来市场机会 在环境变化中，目前市场上出现的未被满足的需求，称为目前市场机会；在目前市场上仅仅表现为一部分人的消费意向或少数人的需求，但随着环境的变化和时间的转移，在未来的市场上将发展成为大多数人的消费倾向和大量的需求，称为未来市场机会。

医院寻求和正确评价未来市场机会，提前开发产品并在机会到来时迅速将其推向市场，易于取得领先地位和竞争优势，机会效益较大，但本身也隐含着一定的风险性。

例如手术机器人，它可使外科医生可以远离手术台操纵机器进行手术，完全不同于传统的手术概念，在世界微创外科领域是当之无愧的革命性外科手术工具。未来手术机器人普及，可能成为手术患者的普遍选择，甚至于可能会改变医学生的教育成长方式。

预见未来市场机会并不意味着可以轻视目前市场机会，否则医院将失去经营的现实基础，而对未来市场机会缺乏迎接准备，对今后的发展也很不利。因此，医院应将这两种市场机会的寻找和分析工作结合起来进行。

（三）市场机会的特征

1. 公开性 市场机会是客观存在的，每个医院都有可能发现市场机会，市场机会并不会由某个医院独占。医院只要善于寻找和识别市场机会，通过努力总是可以发现的，这是市场机会的公开性。

2. 时间性 市场机会具有时间性，推迟对市场机会的发现和利用，便会因其他组织的抢先发展和利用而使机会效益减少或完全丧失，市场机会随着环境变化而产生，并随着环境变化而消失。时间性表明，医院要善于抓住并及时利用有关的市场机会，以取得最大的时间效益。

3. 理论上的平等性与实践上的不平等性 市场机会理论上的平等性是由于市场机会是公开的，任何医院都有可能发现某一市场机会并加以利用。但是，由于每个市场机会都有其特定的机会成功条件，而各个医院由于自身条件和所处环境不同，在利用某一市场机会时享有的差别利益以及能够取得的竞争优势也就有所不同，这就是市场机会实践上的不平等性。

理论上的平等性意味着医院在利用市场机会时充满着竞争；实践上的不平等性则

表明竞争结构的分布将是不平衡的。医院在分析、评价和选择市场机会时要考虑到，在市场机会的利用上存在着医院之间的激烈竞争，医院既要敢于参与竞争，同时又必须注意选择竞争结果有利于医院发展的市场机会。

判定潜在市场要求医院做好两项工作：一要深入调查研究，了解现状；二要比较准确地把握社会经济发展规律，预测未来。

（四）市场机会分析

1. 市场分析的步骤　市场机会分析可以分为四个基本步骤：

（1）宏观环境分析：通过对宏观环境中的政治、经济、文化、技术、社会几大要素的详细分析，发现新的市场机会。

（2）医疗需求人群市场定位：这样做的目的是帮助医院判断和识别出具有一定机会的市场和顾客。如果不能确定医疗需求人群的市场定位，那么也就意味着医疗服务手段难以运用，就意味着没有利润，所以这一步是非常重要的。

（3）价值分析：价值分析可以帮助医院了解各主要市场参与者之间的特点和发展趋势，重点应该放在了解医疗需求人群、供应商、医联协作单位和竞争对手之间的价值交换过程。

（4）市场机会评估：发现市场机会以后，便要对市场机会的大小和优劣进行评估。整体来说，市场机会评估包括持久竞争优势标准、财务标准、医院和品牌形象标准和协同性标准等。持久竞争优势标准包括市场占有率、医疗技术准入门槛等指标；财务标准包括投资回报率、现金流、销售额增长率等指标；医院和品牌形象标准包括医院形象的一致性；协同性标准能增加医疗附加服务品的机会等。

2. 市场分析应考虑的问题　医院在分析、评价与选择市场机会的过程中应重点考虑：

（1）分析和评价是否与医院的任务、目标及发展战略相一致：一致的时候可以初步决定利用。不一致的时候可以决定放弃，但如果这一市场机会的潜在吸引力很大也可以考虑利用，不过这会涉及医院战略计划及有关方面的适当调整问题。

（2）分析和评价差别利益：某种市场机会能否成为一个医院的组织机会，还要看医院是否具备利用这一机会、经营这项事业的条件，以及是否在利用这一机会、经营这项事业上比潜在的竞争者具有更大的优势，从而享有较大的差别利益。

医院应选择具有利用这一机会、经营这项事业的条件，与自己资源能力相一致，比潜在竞争者具有更大优势，享有较大差别利益的市场机会作为组织机会。

（3）分析和评价学科发展潜量：医院的市场经营人员还要对拟加以利用的市场机会进行市场潜量方面的分析和评价。分析和评价市场潜量，首先要深入了解谁是医疗服务的购买者、愿意花多少钱买、买多少、顾客分布在什么地方、需要什么样的宣传渠道、有哪些竞争者等方面的情况；其次分析每一种市场机会的市场规模、市场容量以及门诊、住院学科运营需求人群的增长情况；最后还要对医疗服务可能的服务人次、市场占有率等作出预测。一般来说，医院只能选择那些对本机构医疗服务具有一定顾客群体潜量的市场机会作为组织机会。

（4）进行财务可行性分析：经过上述分析评价的市场机会，医院运营、研发、财务等部门还要对其进行财务可行性分析，即估算成本、利润等，以便对其作出最后的评价和选择。

总之，医院寻找、发现、分析和评价市场机会的过程，就是通过调查研究、收集信息、分析预测等工作，结合自身条件从环境机会中选择能够与组织的战略计划相衔接并能有效地促使其实现的医院机会的过程。

二、医疗市场的威胁

（一）市场威胁的概念

市场威胁是指环境中不利于医疗运营的因素及其发展趋势对医疗形成的挑战或对医疗的市场地位构成的威胁。这种挑战可以来自于国家医疗健康政策变化，也可能来自于社会文化环境的变化，如国内外对环境保护要求的提高，某些国家实施绿色堡垒，对于某些产品完全符合新环保要求的生产无疑是一种严峻的挑战。环境变化对医院运营形成了冲击和挑战。其中，有些冲击和影响是共性的，有些冲击对不同的产业影响程度不同。即使是同处一个行业、同一环境中，由于不同的机构具有不同的抗风险能力，所以其所受的影响也不尽一致。

（二）市场威胁的分类

按照行业竞争风险，医疗市场威胁可以分为同行业竞争者的威胁、新竞争者的威胁、替代产品的威胁、购买者讨价还价能力加强的威胁，以及供应商议价能力加强的威胁五类。医院要想获得长久的发展，就必须对自身所处的行业环境有一个清醒的认识，进而制定符合自身实际情况的竞争战略。

（三）市场威胁分析与对策

1．市场威胁分析 市场威胁分析矩阵如图4-2所示：对于第Ⅱ象限的威胁，医院应处于高度警惕状态，并制定相应的措施，尽量避免损失或者使损失降到最小，因为它的潜在严重性和出现的概率很高；对于第Ⅰ、第Ⅲ象限的威胁，医院不应该掉以轻心，要给予充分的重视，制订好应变方案；对于第Ⅳ象限的威胁，医院一般应注意其变化，若有向其他象限转移的趋势时应制定对策。

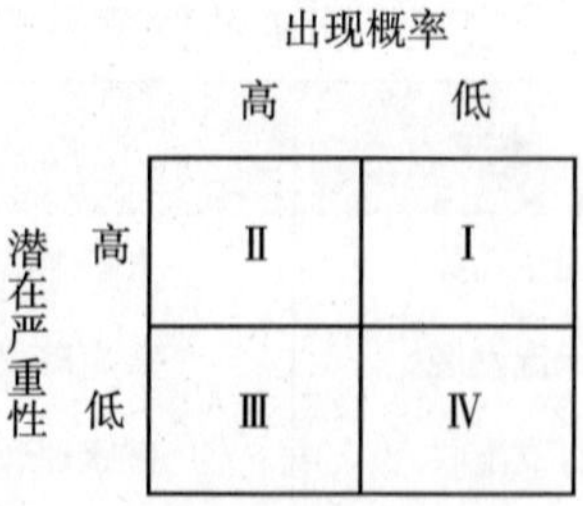

图4-2　市场威胁分析矩阵

2. 市场威胁的对策　市场威胁对于医院来说，并非全都是坏事，医院战略管理可以把环境威胁的压力变为实行改革、推动医院发展的动力，常常可以使医院获得飞跃地发展。医院应对市场威胁的对策包括：

（1）转移策略：指当医院面临环境威胁时，通过改变自己受到威胁的医疗服务范围的现有市场，或者将投资方向转移来避免环境变化对医院的威胁。该策略包括三种转移：医疗服务范围转移，即将受到威胁的产品转移到其他市场；市场转移，即将医院的经营活动转移到新的细分市场上去；行业转移，即将医院的资源转移到更有利的新行业中去。

（2）减轻策略：指当医院面临环境威胁时，力图通过调整、改变自己的营销组合策略，尽量降低环境威胁对医院的负面影响程度。

（3）对抗策略：指当医院面临环境威胁时，试图通过自己的努力，限制或扭转环境中不利因素的发展。对抗策略通常被称为积极、主动的策略。

第二节　宏观环境分析

一、宏观环境分析的概念

宏观环境是指不直接影响医院短期行为，但对医院长期决策有影响的一般社会环境变量。宏观环境分析的常用工具是PEST分析模型，P是政治（politics），E是经济（economy），S是社会（society），T是技术（technology）。宏观环境分析代表了医院所处的外部环境存在的影响因素，不受医院内部管理者的掌控，对医院可能是有利或有害的，医院管理层应充分知晓，结合医院实际，制定相应的对策，用来应对外部变化带来的机遇与挑战。表4-1列举了PEST模型分析宏观环境中的一些重要因素。

表4-1 宏观环境中的重要因素举例

政治	经济	社会	技术
医疗体制改革	公共卫生趋势	人口老龄化	信息技术发展
医疗机构分类管理	医疗保健发展	疾病谱改变	科学技术更新
政府职能转变	居民可支配收入	健康理念转变	管理职业化
社区服务改革	医疗消费型变化	消费理念转变	科研教学投入
医保制度改革	医疗服务价格	信息社会化	专利保护
医事法律政策	医疗支付制度		
医疗准入机制			

二、PEST分析模型

（一）政治环境分析

政治环境是指国家或地区的政治制度、体制、方针、政策、法律法规等方面。这些因素在一定的历史时期制约、影响医院的运营活动，尤其对医院长期的投资发展方向有影响。医疗卫生事业的优劣关乎人民群众的根本利益，也是直接影响老百姓生活质量的重要指标。随着我国综合国力的不断提升，公众的物质文化生活得到了极大的丰富，健康意识也在不断增强。

我国的医疗资源存在分布不均衡、体系不完善等现实问题，近年来，国家陆续出台了很多针对医疗行业的政策，我国的医疗改革也正逐步进入深水区。

2010年11月，国务院转发的中华人民共和国国家发展和改革委员会、中华人民共和国卫生部、中华人民共和国财政部、中华人民共和国商务部、中华人民共和国人力资源和社会保障部联合发布的《关于进一步鼓励和引导社会资本举办医疗机构的意见》中提出：鼓励社会资本举办医疗机构及参与公立医院改制，放宽社会资本举办医疗机构的准入范围，优化非公立医疗机构用人环境、外部学术环境，完善非公立医疗机构变更经营性质、退出的相关政策。

2017年5月，国务院办公厅颁布了《关于支持社会力量提供多层次多样化医疗服务的意见》（国办发〔2017〕44号），标志着我国民营医院和社会资本办医进入了一个规范化的时代，向着“能力明显增强，医疗技术、服务品质、品牌美誉度显著提高”的新时代迈进，要打造一大批有较强服务竞争力的社会办医院，形成若干具有影响力的特色健康服务产业集聚区，服务供给基本满足国内需求，逐步形成多层次多样化的医疗服务新格局。

2018年8月2日，中华人民共和国国家发展和改革委员会等九部委联合发布《关于优化社会办医疗机构跨部门审批工作的通知》（发改社会〔2018〕1147号），进一步降低了社会力量举办医院的制度性成本，激发社会力量办医的积极性，为民营医院营造了更为公平、规范的发展环境。

2018年11月9日，中华人民共和国国家卫生健康委员会发文《关于优化医疗机构和医护人员准入服务的通知》，提出将进一步简化审批流程。放开社会办医条件，降低社会办医门槛，鼓励社会资本进入医疗行业，同时潜在的行业进入者也会加剧医院的竞争。

2019年3月，中华人民共和国国家卫生健康委员会、中华人民共和国国家发展和改革委员会等八部委联合下发《关于开展医疗乱象专项整治行动的通知》（国卫医发〔2019〕36号），明确提出将严厉打击各类违法违规执业行为、医疗骗保行为，严肃查处发布违法医疗广告和虚假信息的行为，坚决查处不规范收费、乱收费、诱导消费和过度诊疗行为。

（二）经济环境分析

经济环境是指一个国家的经济制度、经济结构、产业布局、资源状况、经济发展水平以及未来的经济走势等。构成经济环境的关键要素包括GDP的变化发展趋势、利率水平、通货膨胀程度及趋势、失业率、居民可支配收入水平、汇率水平、能源供给成本、市场机制的完善程度、市场需求状况等。医院是处于宏观大环境中的微观个体，经济环境决定和影响其自身战略的制定，经济全球化还带来了国家之间经济上的相互依赖性，医院在各种战略的决策过程中还需要关注、搜索、监测、预测和评估本国以外其他国家的经济状况。

根据国家统计局数据，截至2019年末，全国共有医疗卫生机构101.4万个，其中医院3.4万个，在医院中有公立医院1.2万个，民营医院2.2万个；基层医疗卫生机构96.0万个，其中乡镇卫生院3.6万个，社区卫生服务中心（站）3.5万个，门诊部（所）26.7万个，村卫生室62.1万个；专业公共卫生机构1.7万个，其中疾病预防控制中心3456个，卫生监督所（中心）3106个。共有卫生技术人员1010万人，其中执业医师和执业助理医师382万人，注册护士443万人。医疗卫生机构床位共892万张，其中医院697万张，乡镇卫生院138万张。

全年总诊疗人次为85.2亿人次，出院人数为2.7亿人。从财政支出情况来看，增速上，医疗卫生和计生的财政支出情况与全国财政支出增长速度总体保持一致。受经济增速放缓影响，财政支出增速回落，2019—2020年医疗与计生领域财政支出同比增速降至8.12%，远低于2010年20.28%的增长水平，但当前医疗卫生事业存在短板，需财政增量支持，补充发展动力。

权重上，2020年全国公共财政支出220 904.13亿元，医疗与计生支出15 623.55亿元，占全国公共财政支出的比重有所上升，增至7.07%，比2003年3.15%的占比有了较大的提升，可见财政对于医疗卫生的支持力度有所上升，政策有所倾斜。美国2020联邦医疗保险和医疗补助总金额高达10 936.78亿美元，占联邦财政支出的26.62%。与发达国家相比，我国对医疗卫生事业的投资有较大的提升空间。

（三）社会环境分析

社会环境是指组织所在社会中成员的民族特征、文化传统、价值观念、宗教信仰、教育水平以及风俗习惯等因素。构成社会环境的要素包括人口规模、年龄结构、种族结构、收入分布、消费结构和水平、人口流动性等。其中，人口规模直接影响着一个国家或地区市场的容量，年龄结构则决定消费品的种类及推广方式。

每一个社会都有其核心价值观，它们常常具有高度的持续性，这些价值观和文化传统是历史的沉淀，通过家庭繁衍和社会教育而传播延续，因此，具有相当的稳定性。而一些次价值观是比较容易改变的。每一种文化都是由许多亚文化组成的，它们由共同语言、共同价值观念体系及共同生活经验或生活环境的群体所构成，不同的群体有不同的社会态度、爱好和行为，从而表现出不同的市场需求和不同的消费行为。

不同的国家之间有人文的差异，不同的民族之间同样有差异，我国有众多民族，虽同是中华民族，但却存在着较大的人文差异。文化对于战略的影响有时是巨大的。此外，值得附带一提的是自然环境。

自然环境是指医院业务涉及地区市场的地理、气候、资源、生态等环境。不同的地区医院由于其所处自然环境的不同，对于医院战略会有一定程度的影响。

社会环境对医院的影响越来越明显，其主要表现有两点：

（1）医疗健康意识的转变：新型冠状病毒肺炎使全世界都被笼罩在阴影之下，全人类的生命和健康都受到了严重的威胁。经济、文化、体育、娱乐等活动都被波及，其产生的深远影响将在很长一段时间后才能逐渐显露和被消化。但可以预见的是，此次中国社会在中央政府的组织带领下，所表现出的众志成城、团结协作精神，以及疫情控制成果，将极大地提升我国在国际卫生领域的影响力，直接推动国内医疗行业再上一个新台阶。

此次的疫情让整个社会学会思考到底该如何避免或降低未来潜在的疫情风险，强化了人们对医疗健康行业发展重要性的认识，积极预防的健康理念将更深入人心，也必然促使各个省份加大公共卫生基础设施建设和应急管理防疫体系等方面的投入。

（2）人口结构变化所产生的影响：我国在20世纪60年代出现了一轮生育高峰，称为“建国一代”。“建国一代”在1985—1997年进入生育年龄，带来了第二波婴儿潮，即为“建国二代”。在21世纪前10年，40~50岁人群（“建国一代”）和20~30岁（“建国二代”）人群快速增长，恰逢中国加入WTO，劳动密集型产业快速增长，推动了中国经济腾飞。20世纪90年代以来，中国的老龄化进程加快。65岁及以上老年人口从1990年的6299万增加到2000年的8811万，占总人口的比例由5.57%上升为6.96%，目前中国人口已经进入老年型。性别间的死亡差异使女性老年人成为老年人口中的绝大多数。预计到2040年，65岁及以上老年人口占总人口的比例将超过20%。同时，老年人口高龄化趋势日益明显，80岁及以上高龄老人正以每年5%的速度增加，到2040年将增加到7400条万人。由此可知，我国较为突出的人口老龄化问题将对医疗卫生事业提出更高的要求，对医疗行业来讲则意味着更大的市场容量，而我国医院需要做的是顺应这一趋势，力求为更多的病患提供医疗救助服务，为缓解我国公共卫生事业的压力，作出应有的贡献。

（四）技术环境分析

技术环境不仅包括那些引起革命性变化的发明，还包括与医疗服务有关的新技术、新工艺、新材料的出现和发展趋势以及应用前景。在过去的半个世纪里，最迅速的变化就发生在技术领域，像微软、惠普、通用电气等高技术公司的崛起改变着世界和人类的生活方式。同样，技术领先的医院、大学等非营利性组织，也比没有采用先进技术的同类组织具有更强的竞争力。

科技界取得了举世瞩目的辉煌成就，如蛟龙探海、玉兔登月，而科技成果在医疗卫生领域转化为实际应用的实例也比比皆是。尤其是在2020年新冠肺炎疫情防控中，互联网医疗、健康医疗大数据、医学人工智能等技术手段发挥了重要的作用。大部分省市通过互联网医疗手段缓解医院就诊压力，避免了不必要的交叉感染；大数据技术、人工智能技术在本次疫情防控中发挥了疫情发展态势预测、疑似患者行程追踪、辅助医师CT读片、提供快速诊断参考等作用。

强有力的科技支撑必然会引领新一轮的医疗行业技术转化热潮。优质医疗团队基本都来源于全国各地最顶尖的公立医院，这就意味着在学习和掌握新技术的成长道路上，公立医院已经先行一步，占据了得天独厚的先机，再结合其所拥有的丰富人力资源和技术储备，相信对我国公立医院来说，在高新技术的助力之下，其整体水平将上升到一个更高的层次。民营医院虽然略显滞后，但也不能怨天尤人，只有通过更加刻苦地学习，集中更多的精力奋起直追，才能弥补先天上的不足，缩小实力上的差距，争取在尽可能短的时间内，在技术领域迎头赶上公立医院。

第三节　行业分析

一、行业分析的概念

行业分析是一种结构分析，它勾勒出了一个行业的轮廓、行业的参与者及其特征。此分析过程的目标是找出某个行业的潜在利润来源，揭示那些有可能损害利润的因素，开发潜在的利润，抵御那些可能损害利润的因素以保护竞争优势，通过积极地影响这些因素来扩展竞争优势，并主动地预测行业结构的变化。

波特五力模型是迈克尔·波特（Michael Porter）于20世纪80年代初提出的。他认为行业中存在着决定竞争规模和程度的五种力量，这五种力量综合起来影响着产业的吸引力以及现有企业的竞争战略决策。五种力量分别为同行业内现有竞争者的竞争能力、潜在竞争者进入的能力、替代品的替代能力、供应商的讨价还价能力与购买者的议价能力（图4-3）。

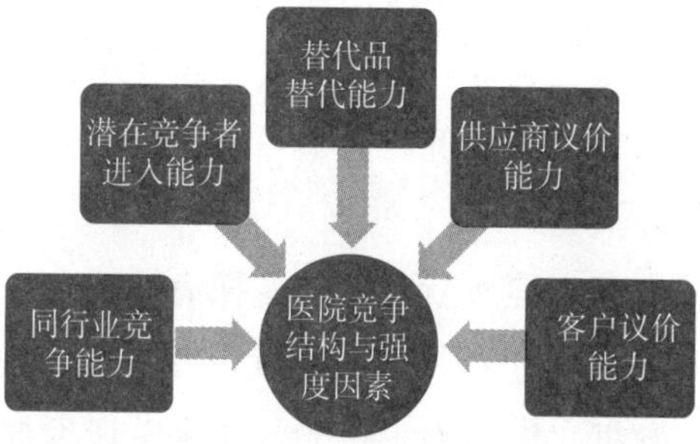

图4-3　医院竞争结构与强度因素

二、波特五力分析模型

下面将五种竞争作用力结合医疗行业实际分别论述。

1．替代品的替代能力　医疗服务和其他服务存在本质的区别，其他服务可以通过价格来调整替代品和被替代品的市场占有率，但医疗服务方面如出现替代品，则替代品就会完全取代被替代品，因为医疗服务的替代品往往是高端技术服务，具有准入门槛高、价格昂贵、操作难度大、创伤性小的特点。如超声内镜的开展，使之前需要开胸开腹的手术，直接在内镜下进行操作，但在一定区域内能开展该项技术的往往只有极少数几家综合性三甲医院或三特医院，这使其他一般医院开展常规手术的业务需求极具下降。随着科技的发展，极少数高等级医院提供的高端技术服务可替代其他医院开展的技术服务，形成天然的技术垄断。

2. 同业竞争者的竞争能力　卫生行政部门对医院采取分级管理，按其功能、任务不同，分为三级十等，同时要求各级医院之间建立与完善双向转诊制度和逐级技术指导关系。最初，患者方便就医的要求决定了医院服务的辐射范围，医疗行业先天性的经济特点决定了该行业的零散竞争格局，限制了医疗机构的发展规模和速度。但随着人民生活水平的提高、医疗期望值的提升、交通运输的便利，高等级医院的就诊量剧增，高等级医院承担了很多低等级医院的任务，这同时使少数高等级医院的规模急剧扩大。高等级医院在规模扩张的过程中，投入了巨额的固定成本和人力资本，使其在提供高端医疗技术服务的同时，仍然愿意承担中低端的医疗技术服务来消化自己前期投入的固定成本和人力资本。而医疗需求市场的增长相对缓慢，使中低等级医院的就诊量大幅度下降；同时由于医疗行业资产专用程度高，退出机制模糊等原因致使医疗机构退出壁垒高，迫使经营不善的医疗机构继续留在行业内，使其在中低端技术方面进行激烈竞争。

3. 潜在竞争者进入能力　对于医疗行业来讲，潜在竞争者进入威胁的大小主要取决于进入壁垒，进入壁垒主要反映在三个方面。

（1）规模经济：一定区域内，少数几家高等级医院可以通过自己的品牌优势，形成规模经济，有效地整合其成本，获得高额利润。例如，地区性大医院托管县里的一些医院，县医院凭借大医院的品牌优势，只需很少的投资便可获得非常可观的经济效益。

（2）客户信任度：高等级医院往往具有悠久的历史，在地区内甚至在全国都具有非常大的声誉，同时高等级医院往往以医学高等院校为背景，提高了患者对其忠诚度和信任度，使得高等级医院具有非常大的市场需求。

（3）医疗技术服务：卫生行政部门对医疗技术采取分类管理，根据技术的安全性、风险高低、资源的稀缺程度等将医疗技术分为三类。其中，二类、三类技术需要进行严格的审批，准入门槛高，很多高端医疗技术只有少数几家高等级医院能开展，其他医院根本不可能进入。从进入壁垒分析可见，少数高等级医院存在着天然的垄断。

4. 供应商的议价能力　给医疗机构提供药品、器械、设备等的生产企业数目众多，相互之间竞争激烈，没有对医疗行业形成高的转换成本，并且在产品销售上对医疗行业具有很大的依赖性，因而医疗行业对供方有强大的控制力。特别是大医院对供应商的控制力更强，甚至可以要求提供附加在产品上的其他额外服务，如免费的产品使用指导、产品特殊包装等。

5. 客户的议价能力 患者在接受医疗服务的过程中，因缺乏专业知识，在医疗服务的数量、价格、质量上都没有讨价还价的余地，这是医疗行业的独特优势，但这种优势的大小在不同等级医院中的体现是不同的。

医疗行业中的医疗机构由于具有不同的竞争地位，对患者的控制力截然不同，那些不具备竞争优势的医院对患者没有太多控制力，患者可以有比较大的选择空间。但是高等级医院提供的高端医疗服务，由于技术和数量的垄断，患者根本没有议价的能力，也没有太多选择的空间。

波特五力分析模型可以体现出医疗行业竞争的现状：医院的分级管理，将各级医院在整个行业里进行定位，促使其进行有序的竞争。但随着经济社会的发展，高等级医院的规模不断扩大，且高等级医院本身存在天然技术垄断的优势，使得一般中高等级医院被高等级医院挤压，被迫参与中小等级医院的竞争，出现中低端医疗服务竞争进一步加剧的情况。同时，由于医疗行业资产专用程度高、退出机制模糊等原因致使医疗机构退出壁垒高，迫使经营不善的医疗机构继续留在行业内，容易引发恶性竞争。

第四节　市场与顾客

一、市场与顾客的关系

我国自进行医疗体制改革以来，国外资本、民间资本纷纷进入医疗领域，医疗服务供给资源迅速增长。城镇员工实行基本医疗保险制度后，可在任何定点医院就医，人们选择就医的自主性也在增强，导致医疗市场竞争日益激烈。

医院造成顾客流失的原因78%是不了解患者需求，不能提供他们满意的服务，只有22%的原因是对手的价格更低廉、朋友口碑推荐或自然改变偏好。医院只有提供比其他竞争者更多的价值给客户，即优异的客户价值，才能在竞争中取胜。研究、分析医疗服务行业的顾客价值构成，也就成为了医院管理的重要课题。

顾客关系又称消费关系，是技术服务经济社会中最重要的关系。狭义上的顾客仅仅是指市场上生活资料的消费者，但是，顾客有更广义的内涵，它不仅包含了生活资料的消费者，也包括生产资料的购买者和消费者，还包括精神产品，如思想产品、科研成果等的购买者和消费者。

市场为顾客关系建立提供了管理机制，在医院战略管理中，实现医院战略目标的关键在于确定目标市场中顾客的需求，并且能比竞争者更有效、更有利地传送它们所期望满足的医疗服务和技术能力。

医院竞争力是指在竞争性市场条件下，医院通过培育自身资源和能力，获取外部可寻资源，并综合加以利用，在为顾客创造价值的基础上，实现自身价值的综合性能力。在竞争性的市场中，具有竞争力的医院具有能够比其他医院更有效地向市场提供产品和服务，并获得相应利润和声望。提升核心竞争力是医院获得市场顾客的必然战略手段。

在医院战略管理中，对竞争对手进行分析是医院外部环境分析的重要方面，对手分析帮助医院了解对手医院当前的经营现状和动态，对医院战略调整决策形成重要支持，分析所获得和掌握的一些关键信息，成为诊断医院内部问题的重要方法。

二、医疗市场的特点

（一）医疗服务不对称性

医疗服务作为一个技术服务，供需双方存在着严重的信息不对称；医疗服务的技术垄断和不完全竞争特点弱化了市场机制的作用；医疗服务是技术服务，也是人类基本人权，这个问题已在理论上得到根本解决。医患之间的信息不对称是绝对的，这在二者之间价格和服务质量的博弈中，造成了患者从总体上看往往是弱势群体。医疗技术的高知识、高技术性质和服务方式，决定了医院之间处于竞争需要对知识和技术的垄断性；而且，就我国的情况而言，由于长期受计划经济的束缚，加之传统观念的影响，医院并没有真正引入市场竞争机制。

生存权利和健康权利是一种人道主义的基本要求，但在市场行为中，医院为了自身生存和发展则是一种商业行为，如何从理念上认识、从社会保障管理上协调二者之间的矛盾，现在并没有很好地解决。

（二）医疗服务层次性

以Philip Kotler为首的学者使用五个层次来表述产品整体概念，即核心产品、形式产品、期望产品、延伸产品和潜在产品。这五个层次能够更深刻而准确地表述产品整体概念的含义。借鉴产品整体概念，将医疗服务分为五个层次，即核心医疗服务、形式医疗服务、期望医疗服务、延伸医疗服务、潜在医疗服务。

1. 核心医疗服务　核心医疗服务是指医院向顾客提供的基本效用或利益，也是顾客真正要购买的利益和服务。医疗服务的基本效用是为患者祛除疾病、保持健康。购买医疗服务，真正要购买的是健康。因此，医院为顾客提供的核心利益主要是与健康保健密切相关的一系列医疗服务，包括治疗效果、检查结果、诊断结果等。

2. 形式医疗服务 形式医疗服务是医疗服务的基本形式，也是医疗服务的核心效用得以实现的基本条件。医院在环境、设施、设备、药品、人员方面都需要具备一定的形式和条件。

3. 期望医疗服务 期望医疗服务是指顾客购买医疗服务时期望得到的一整套属性和条件，或指医疗服务符合目标顾客一定期望和偏好的具体特征和属性。期望医疗服务反映了一家医院的服务特色。

4. 延伸医疗服务 延伸医疗服务是指顾客购买形式的医疗服务和期望的医疗服务时，附带获得的各种利益或服务的总和。延伸医疗服务的种类和形式多种多样。

5. 潜在医疗服务 潜在医疗服务是指现有医疗服务可能发展成为未来最终服务的潜在状态服务。潜在医疗服务预示着医疗服务最终可能的所有增加和改变。现阶段我国医疗服务行业尚未开发这个层次的服务项目，潜在医疗服务是一个有待填补的空白领域。

三、顾客价值的构成

顾客价值通常被定义为感知利得与感知利失之间的权衡，在研究顾客价值的构成时，也主要从利得与利失这两个方面来进行分析。因此，需从利得与利失两个方面来探讨医疗服务行业的顾客价值构成。医疗服务的顾客价值可以看作是医疗服务的感知利得与感知利失之间的权衡。医疗服务的感知利得是指顾客感知到的从医疗服务中获得的全部利益，包括核心利益、形式利益、期望利益、延伸利益；医疗服务的感知利失是指顾客感知到的为医疗服务所付出的全部成本，包括货币成本、时间成本、生理成本、心理成本。

（一）顾客感知利益的构成

1. 核心利益 核心利益是指顾客从核心医疗服务中得到的利益，主要指顾客对治疗效果、检查结果、诊断结果的感知。顾客会根据自身的健康状况及其发展变化来评价检查和诊断结果的可靠性以及治疗效果的好坏。

2. 形式利益 形式利益是指顾客从形式医疗服务中得到的利益，具体指顾客对医院环境卫生、医院设施舒适性、医疗设备先进性、医院药品是否齐全、医护人员形象、服务态度、技术水平的感知。

3. 期望利益 期望利益是指顾客从期望医疗服务中得到的利益，具体指顾客对就医程序便利性、医疗费用透明度、隐私保护措施、选择医生的权力、选择检查项目与治疗方案的权力、医辅服务、后勤服务的感知。

4. 延伸利益 延伸利益是指顾客从延伸医疗服务中得到的利益，具体指顾客对医疗保健咨询服务、预约服务、回访服务、追踪提醒服务、建立个人健康档案、提供医务人员联系方式、VIP会员服务的感知。

（二）顾客感知利失的构成

1. 货币成本　货币成本是指顾客为了获取医疗服务所付出的金钱，包括挂号费用、门诊费用、检查化验费用、治疗费用、药物费用、住院费用等。

2. 时间成本　时间成本是指顾客为了获取医疗服务而必须处于等待状态的时间耗费和代价，包括挂号、交费、取药的窗口等待时间、门诊等待时间、检查化验等待时间、治疗等待时间、住院天数等。

3. 生理成本　生理成本是指顾客在医疗服务过程中生理上的消耗与损伤，包括体力消耗和身体损伤。体力消耗是指顾客在接受医疗服务的过程中在体力方面的耗费与支出；身体损伤是指医疗行为对人的身体器官或生理功能造成的暂时性或永久性创伤。

4. 心理成本　心理成本不是指疾病本身给患者心境带来的影响，而是指医疗服务过程给患者造成的精神负担。在医疗服务过程中，由于医疗环境、服务态度、服务质量等方面的原因，患者往往容易产生紧张、忧虑、恐惧的感觉，造成不同程度的精神负担。心理成本通常是顾客最痛苦的非货币成本，而且也是难于估计和衡量的。

值得一提的是，医疗服务的各种成本之间可以依据顾客的需求相互转化。比如货币成本与时间成本、生理成本可以相互转化。在民营医疗机构，顾客可以选择付出更多的货币来缩短医疗服务的等待时间或减少医疗可能造成的生理损耗。同时依据顾客的不同需求，顾客对各种成本的感知是不相同的。

随着医疗服务行业的发展和人们需求水平的提高，医疗市场日益呈现顾客化的趋势。只有明确了医疗服务行业的顾客价值构成，医院才能正确地制定顾客价值构成模型及指标体系，继而形成基于顾客价值的营销管理和具体策略。

四、市场与顾客分析

1. 市场定位分析　医疗市场定位指为使医院在目标患者人群中，相对于竞争医疗产品而言，占据清晰、特别和理想的位置而进行的安排。因此，医院医疗服务品牌的设计必须使产品有别于其他竞争品牌，并取得在目标市场中的最大战略优势。

针对顾客对该类产品某些特征或属性的重视程度，为医疗服务塑造与众不同的、给人印象鲜明的形象，并将这种形象生动地传递给顾客，从而使该服务在市场上确定适当的位置。

2. 顾客市场细分　顾客细分理论的原理是指每类产品的顾客群不是一个群体，根据顾客群的文化观念、消费收入、消费习俗、生活方式的不同细分新的类别，医院根据消费者的不同制定品牌推广战略和营销策略，将资源针对目标顾客集中使用。顾客市场细分包括顾客需求的异质性、医院有限的资源和有效的市场竞争。

（1）顾客需求的异质性：并不是所有顾客的需求都相同，只要存在两个以上的顾客，需求就会不同。由于顾客需求、欲望及购买行为是多元的，所以顾客需求满足呈现差异。

（2）医院有限的资源和有效的市场竞争：任何一家医院不能单凭自己的人力、财力和物力来满足整个市场的所有需求，这不仅缘于自身条件的限制，而且从经济效应方面来看也是不足取的。医院应该分辨出它能有效为之服务的最具有吸引力的细分市场，集中医院资源，制定科学的竞争策略，以取得和增强竞争优势。

顾客细分既是客户关系管理的重要理论组成部分，又是其重要管理工具。它是分门别类地研究客户、进行有效客户评估、合理分配服务资源、成功实施客户策略的基本原则之一，为医院充分获取客户价值提供理论和方法指导。

3. 目标顾客分析 医院针对自身的能力向特定的客户提供有特定内涵的产品价值，这些特定的客户就是“目标客户群体”。为了通过目标客户群体为医院带来更好的效益，医院需要从消费者的行为、态度、信仰、购买动力等各个方面来了解他们的真正需求。

（1）定量分析：对市场中消费者行为的基本概括，如产品测试、包装测试、广告文案测试等。

（2）基础性的消费者研究：主动对一个品类或者产品中消费者基本行为的了解，如业务分类研究、品牌资产调查、习惯和经验研究等。

（3）经验性的消费者研究：对消费者的深入研究，将定性和定量研究与消费者的生活联系起来进行分析。

4. 竞争对手分析 竞争对手分析是战略分析方法之一，是对竞争对手的现状和未来动向进行分析，内容包括：①识别现有的直接竞争者和潜在竞争者；②收集与竞争者有关的情报和建立数据库；③对竞争者的战略意图和各层面的战略进行分析；④识别竞争者的长处和短处；⑤洞察竞争者在未来可能采用的战略和可能作出的竞争反应。

知识拓展

卫生服务需求是指患者在一定时期内，一定价格条件下，愿意并且能够购买的卫生服务及其数量。需求的形成有两个必要条件：一是患者有购买卫生服务的愿望；二是患者有支付能力。

卫生服务供给，尽管与一般的商品或服务比较，卫生服务具有特殊性，但在其定义中仍具有一般商品或服务供给的属性。卫生服务供给也应具备一般商品或服务供给的条件，其一是提供者具有提供卫生服务的愿望；其二是提供者具有提供卫生服务的能力，如掌握提供卫生服务的技术、具有相应的辅助人员和提供卫生服务所需要的基本设施、条件等。

第五节　应用案例

案例：从1990年代初到20世纪末，上海市浦东新区浦南医院借浦东新区开发、开放的契机取得了长足的进步，医院规模和诊疗技术水平比建院初期有了较大幅度的提升。2000年前后，医院附近数家三级甲等医院和民办医院相继开设，大大小小近20家医院围拢在上海市浦东新区浦南医院的周边，医院的业务量开始逐步下滑，部分专科发展明显受到挤压，医院内部出现了消极情绪，认为前途悲观。

上级主管部门和医院领导注意到这些问题，经多次调研后，提出了“大专科、强综合”的医院发展方向，认为要树立专科特色，带动综合水平提高，创新并激活内部管理，这样才能应对严峻挑战，上海市浦东新区浦南医院才能可持续地良性发展。

2003年12月19日，浦东新区社会发展局与上海蓝十字医院管理投资有限公司，签订了上海市浦东新区浦南医院“国有民营，委托管理”的协议，并于2004年2月18日正式实施。医院改革方案明确了“医院任务不变、职工身份不变、资产性质不变和财政补贴不变”的原则，确立了医院国有资产保值增值和“大专科、强综合”的发展目标。

讨论：①利用PEST分析法，指出上海市浦东新区浦南医院的外部环境有哪些？②上海市浦东新区浦南医院如何应对外部环境挑战进行改革？③结合医院市场与顾客细分，设计如何实现上海市浦东新区浦南医院的绩效提升？

本章小结

外部环境分析是医院战略分析过程的重要环节，外部环境的种种变化会给医院带来两种性质不同的影响，一是为医院生存带来市场机会，二是带来市场威胁。

从战略分析的角度看，外部环境分析包括宏观环境分析和行业环境分析，不同医院的外部环境不一样，在战略分析过程中，需要综合医疗市场特点，对目标顾客进行分析，以在竞争环境中形成医院竞争力。

（余　波　曾艺鹏　吴晓君）

第五章　医院内部环境分析

学习目标

1. 掌握　内部竞争优势的概念与基本特征；核心竞争力的概念及其特征。

2. 熟悉　内部资源的独特性表现；模仿与创新关系。

3. 了解　态势分析方法；医院模仿与回应战略方法。

案例讨论

【案例】聚焦“四新”打造核心竞争力

山东大学齐鲁医院全面加强党的领导，深入实施“医疗立院、学科强院、人才兴院、依法治院、党建领院”五大发展战略，聚焦“四新”打造核心竞争力。

（1）医疗立院：通过优化病种结构、推广日间手术、缩短平均住院日等举措，提高疑难急危重症预防诊疗康复能力；成立专科联盟；积极落实“互联网+医疗健康”战略。

（2）学科强院：以学科建设为主线统筹推进人才引育、科技创新等；开展“医学+X”学科交叉融合研究；加强学科建设顶层设计和整体布局，形成高峰学科、优势学科、骨干学科，培育学科整体发展态势。

（3）精益管理：医院制定章程，初步形成了以医疗管理、运营管理、学科建设三大协同机制为主体的治理体系；明确了医院发展建设的时间表和路线图；规划构建“两地多院区”协同发展体系；深化运营管理协同机制，推进业财融合；以信息化建设为支撑，统筹规划电子病历、智慧服务、智慧管理“三位一体”的智慧医院建设。

（4）人民至上：围绕患者和员工，持续优化医疗服务，营造干事创业的良好氛围。开展“我爱齐鲁·做合格齐鲁人/奋进齐鲁人/卓越齐鲁人”大讨论活动；

打造“一站式”诊疗服务；开展医保业务一站式办理，上线互联网医院、院内导航系统；从改善工作环境和条件、落实带薪休假制度等方面综合施策；积极推动平安医院建设，为医生购置医疗责任险，试点配备安检设施，维护医务员工合法权益。

【讨论】

1. 医院从哪些方面形成竞争优势？
2. 医院的核心竞争力有哪些方面表现？
3. 医院内部资源有何特性？

第一节　内部竞争优势

在梅森–贝恩范式的波特竞争战略理论中，其认为企业所处的市场结构、市场机会是竞争优势的来源，但面对同样的市场结构和市场机会，各个企业所拥有的竞争优势同样存在差别。因此，从20世纪80年代开始，鲁梅尔特（R.P.Rumelt）的研究认为，企业获得超额利润的源泉是在于企业的特殊性。那么这种特殊性就在于企业内部的竞争优势。随着研究的不断深入，围绕内部竞争优势，产生了诸多理论，包括以资源为基础的企业观点、企业动态能力观点、企业能力观点、核心能力观点等。由哈默尔和普拉哈拉德提出的企业核心能力（core competence）概念在理论发展中逐步取得了主导地位，企业竞争优势的根源在于资源配置、开发与保护资源的能力。

因此，没有竞争优势的企业就不能生存；没有持续竞争优势的企业就不能持续生存；如果想要企业真正成为基业长青的百年老店，就必须在市场的每一次变化浪潮中，始终保持独特的竞争优势。没有核心竞争优势的企业，必将被市场淘汰；拥有核心竞争优势的企业，才能基业长青。对于医院而言，内部竞争优势也是其存在、发展的硬道理。

一、内部竞争优势的概念

内部竞争优势是指医院内部存在的、有利于促进医疗、教学、科研等发展的或提高医疗技术服务能力或竞争制胜的因素或资源，如学科建设基础扎实、科研力量雄厚、人才储备充分、领导有远见和活力、医院文化氛围和谐、管理机制科学合理、管理效率高等。竞争优势是相对于竞争对手拥有的可持续性优势，分为成本优势、差异优势及聚焦优势。具体内容包括：

1. 先前或已获得的资源　先前或已获得的资源是指独特的、竞争对手不具备的资源，并且竞争对手难以复制这种资源。

2. 革新能力　一些医院在革新方面比其他医院有更强的能力，这些医院理所当然具备竞争优势。革新能力是非常重要的，通过它常常能够找到获取竞争优势的真正突破点，而使竞争对手在长期的竞争中处于不利地位。

3. 真正的竞争差距　实际上，任何资源相对于竞争者来说，都存在真正的优势。仅仅强调识别出存在真正强势的资源是不够的，还必须比对手的资源更具竞争力。比如，仅仅拥有“低成本，高质量”是不够的，还必须使成本比竞争者的更低，而质量比竞争者的更高。

4. 替代能力　如果资源不能被替代，那么它通常就拥有更大的竞争力。有时独特的资源能够被全新发明的资源所代替，这种情形一旦出现，竞争优势就会消失。

5. 合适性　任何一种资源，都必须能够把它本身的优势传递给公司，而且尽量不能让竞争对手及他人获得。资源具备优势，并不意味着它的所有者将会获得这一优势，这就是合适性问题，拥有不是最重要的，最重要的是拥有而且合适。

6. 经久力　有用的资源以及其他竞争优势，必须能够持续一定的时期。不具备可持续性的资源是没有意义的。而且在未来时期内，具有竞争力的优势通常是不可再生的竞争优势。

7. 模仿力　资源如果具备竞争优势，就不易被模仿。尽管许多资源最终都会被复制，但可以通过下述途径延迟被模仿的过程：①有形的特色。一些特殊形式的差异，如一种商标，或一个特殊的地理位置，或得到专利的保护，这都将延迟被模仿的过程。②因果关系的模糊性。模糊性即不让竞争者了解是哪种资源创造了竞争力，它对于竞争对手来说是很难学到或者不易获得的。③投资障碍。当市场很有限或增长前景不明朗时，如果医院实施的新战略进行了大规模投资，就能够很好地阻止竞争者进入该市场，尤其是当推出新产品和新服务需要大量资本或进行重大的营销活动时。

二、医院竞争优势的基本特征

（一）知识与技术特征

医院内部竞争优势与医疗技术有着密不可分的关系。但并非所有医疗技术都会对医院竞争力产生影响，只有决定服务项目相对成本或区别于竞争对手的独特（核心）技术，才是医院内部竞争优势最重要的影响因素。医院开发和拥有独特（核心）医疗技术是医院内部竞争优势的重要标志，医院的竞争优势与医疗核心技术的竞争优势有着巨大的关联，有时起决定性作用。医疗核心技术通过直接影响医院生产经营过程、产品或服务的质量、服务效率、资源的耗费，致使产品或服务的相对成本、品质发生改变，形成异质化产品或服务，最终使医院的价值和效益得到提高。技术的增值性主要考察的是技术的投入与产出，包括研发费用的投入、研发团队的素质、专利及专有技术的数量、技术创新能力、科研成果或专利转化情况、产品或服务的成本水平、新产品或服务的推出周期。

（二）人力与设备资源特征

在知识经济时代，知识已成为医院的首要财富，而人才是知识的载体，是一切创新活动的源头，是医院发展的第一资源。医院的内部竞争优势最终是由人决定的，因为人力资源因素可以通过多个环节影响医院的生产要素，从而影响医院的内部竞争优势。医院若想超越现有的业绩获得持续的优势，必须关注核心人力资源的储备、构建人才评价和激励机制、加大对员工学习和成长要素的投入（培训时间、培训费用、学习环境、学习机制）。

医疗设备的先进程度及其规模是医院内部竞争优势的物质保证，引进杰出的人才、开展先进的技术、提高创新能力、发展优势学科都离不开与之配套的医疗设备等硬件设施，而设备的利用率和产出水平则决定着内部竞争优势的增值性。医疗设备的考核包括设备规模的合理性、设备有效利用率、设备更新率。

（三）医疗服务特征

医院内部竞争优势的增值性要通过产品或服务的增值性来实现。质优、价廉、功能齐全的产品或服务才能得到市场的认可，为服务对象及医院创造价值。医院的产品即医院所提供的服务项目和服务过程，包括主要服务，如诊断、治疗、护理、检查等，这是医疗机构的核心价值活动；辅助服务，如导诊、挂号、餐饮供应、保洁等。

医院的成本优势（成本领先）是指医院控制自己的经营成本，在行业中做到成本最低。这意味着拥有成本优势的医院，如果以价格为竞争武器，则会取得市场份额的领先地位。医院服务的差异性或独特性是指选择被多数患者视为重要的一种或多种服务特质，并为它选择一种特殊的定位，以满足患者的需求，因其独特的定位，医院可获得溢价报酬。如患者根据医疗技术选择医院，医院可以为患者联系全国各地的名医，并收取高于一般医院的服务价格。而患者认为这种服务为其节省了寻找成本和外地就医成本而愿意支付这种高于一般医院的服务价格，使医院获得了溢价报酬。

差异性优势的核心是为患者降低了成本或为患者增加了额外价值，而使患者愿意支付溢价。医疗服务中，患者价值是指患者从医疗服务中获得的所有价值和为此付出的成本差额。患者从医疗服务获得的价值既包括身体的康复、痛苦的消失，也包括感受到的安全、舒适、方便、快捷、满意等；为此付出的成本既包括治疗费用，也包括时间成本、体力成本、精力成本、灰色成本等。两者之差构成患者价值。患者总是选择去能够提供最大患者价值的医院就医。医院在服务过程中需要就独特性所产生的患者价值和实施独特性所付出的成本进行权衡，选择能产生最大溢价的独特性服务来实施。

医疗服务的增值性要考核医院核心业务的医疗质量、服务质量、服务成本优势系数（竞争对手某种产品成本与本医院同类产品成本的比值）、医疗核心业务的收益率（毛利率）等指标。通过这些指标判断医院服务的市场认可程度以及为服务对象带来的增值效果。

（四）资产质量特征

1. 提升内部竞争优势需要的资源与会计资产　会计资产是医院拥有或控制，并以货币及历史成本作为计量基础，可以为医院带来经济效益的静态资源总和。内部竞争优势所要求的资源不仅包括会计概念中的静态存量的资产，还包括会计报表以外的其他自然资源与社会资源。会计报表以外的资源不一定全部可以用货币进行确切计量，但它们是构建或增强医院长期内部竞争优势以及提升医院未来价值的不可或缺的部分。资产质量分析将以会计资产的分析为起点，侧重分析资产的增值性。

2. 会计资产增值性特征的表现

（1）流动资产的变现：质量和周转速度能迅速变现是流动资产增值的基础。存货、短期债权和短期投资等流动资产项目，应在获益前提下，保持畅通的变现渠道和快速的周转率。流动资产如不能及时变现，有可能转变为医院的不良资产，影响医院短期的财务状况及医院的内部竞争优势。一般而言，要使流动资产具有增值性，必须使存货周转率与短期债权（即应收账款与应收票据之和）周转率在效益不下降的前提下，处于同级医院平均水平以上，甚至是同级医院的领先水平；医院经营性流动资产循环周期（从购置存货支付现金，到存货售出、应收账款收回）在同级医院处于较短甚至是最短水平。

（2）固定资产利用效率：固定资产数量上的增长是资产增值性的一个重要方面，是医院拥有内部竞争优势的一个必要条件，但不是充分条件，它只反映资产增值性的静态情况。由于固定资产的投资会增加医院的成本，占用医院大量的流动资金，因而，固定资产的增值性更为重要的是它的利用效率及其所创造的价值。应关注固定资产的投入与使用，以及构建医院核心内部竞争优势之间的协调性。固定资产的增值性，包括其利用效率，可以用以下指标评价：①固定资产增长率。②固定资产更新率。③每百元固定资产的业务收入。④每百元固定资产的收支结余。

（3）资产重组的增值性：物理质量再好的资产如果在特定医院中不能发挥作用，就不是该医院的优质资产，而视为该医院的不良资产。但若被其他医院拥有，则有可能成为其他医院的优质资产。资产质量的相对性是医院资产重组增值的基础。在构建医院内部竞争优势的过程中，当医院内部资源不足时，医院可以通过并购、协作、托管、联盟等方式引入外部资源，经过重组整合与消化吸收，转化为医院内部的资源和能力。而对本医院无用的资源，应及时处置或置换为有用的资源。

（4）消除或控制不良资产比例：不良资产是指不能提供适当回报，或其本身发生净损失的资产。不良资产既可能通过贷款行为产生，也可能由于股市、期货和固定资产（不动产）投资而导致。贷款行为造成的不良资产属于不良贷款。医院的不良资产一方面表现为大规模的资产贬值，另一方面表现为其他应收款与待摊费用规模过大。

具有内部竞争优势的医院，应尽可能消除不良资产，或将不良资产的比例控制在适度的范围并相对稳定。医院的坏账损失或不良资产是指因债务人破产或死亡，以其财产或遗产清偿后，仍然不能收回的应收款项；或者因债务人逾期未履行偿债义务，超过三年仍然不能收回的应收款。对于坏账损失，医院财务制度规定可以按应收款账面余额的3%~5%计提坏账准备金。当医院坏账准备金的计提比例高于同期规模，且客观反映了医院资产的贬值情况，提示医院资产的增值性在恶化；当坏账准备金的计提以操控业绩为导向，不在反映医院资产的贬值程度时，过低的计提表明医院当期业绩的恶化。

过高的计提有可能是医院为未来的业绩做储备，对未来的经营前景或业务发展缺乏信心，是医院效益和竞争优势不稳定和持久的表现。如果其他应收款（指除商业债权以外的各种应收和暂付款）与待摊费用规模过大或波动剧烈，有可能成为医院的不良资产，还有可能被利用作为隐藏非法和违规资金交易的手段，增加医院的财务风险，影响相关人员对医院真实经营状况和竞争优势的判断。

第二节　内部资源的独特性

对稀缺资源进行合理配置一直以来是经济学的研究基础，作为提供健康产出的医疗资源，其通常被认为是提供医疗服务的生产要素的总称，包括医疗人员、医疗设备、技术能力等。内部资源的独特性是指医院内部能够加以控制的、与经营管理及其绩效有重要关联的因素。医院经营管理与决策不但要知彼，即客观地分析外部环境，而且还要知己，即对内部资源、能力等加以正确的估计，从而清晰地了解目前医院所具有的优势和劣势，以使医院的经营目标得以实现。内部环境是医院经营的基础，是制定经营战略的出发点、依据和条件。

一、医院内部资源配置

（一）医疗内部资源的概念

医疗内部资源是指提供医疗服务的生产要素的总称，通常包括人员、医疗费用、医疗机构、医疗床位、医疗设施和装备、知识技能和信息等。作为我国医疗卫生服务体系的重要组成部分，大型公立医院通过政府和市场途径获得了大量的资源。

资源是公立医院维持运行、获得发展的基础，对资源的获取能力、配置能力、转化能力是其核心竞争力的主要构成要素，大型公立医院对医疗资源的利用效率更是直接影响着一个地区卫生投入的水平、卫生服务系统的效率和卫生服务发展的方向。

（二）医疗内部资源配置问题

目前，医院对内部资源的配置存在不合理的成分：

（1）医院内部资源配置的现状趋利型的内部资源配置模式：医院经济运行主要依靠服务量的持续扩张和收入（特别是药品收益）的迅速增长，其对内部资源配置往往倾向经济效益好的诊疗项目而忽视了基本医疗，导致公益性不足；医院在服务项目和功能上与下级医疗机构服务存在过多交叉，造成了医疗卫生服务系统整体资源利用的低效率。

（2）医院粗放型的内部资源配置模式：多年来沿袭单纯依靠增加生产要素量的投入来实现规模扩大、经济增长的经营模式，由于内部管理体制高度行政化，且缺乏专业经营管理人才与投资论证机制、协调机制等配套机制，造成争抢有限资源、重复建设现象严重，最终使得要素利用效率不足，结构不尽合理，闲置与浪费并存，导致医疗资源配置效率与公平的“双缺失”。

（三）优化内部资源配置

医院应以重点学科建设为落脚点，调整医院内部资源配置，构建长效机制。优化内部资源配置中应注意：

（1）平衡好重点与非重点学科的关系：非重点学科也是重要的内部单位和环节，因此要具有全局眼光，依靠重点学科对全院学科起到良好的带动作用，实现全面发展；

（2）平衡好自身发展和上级部门考核的关系：重点学科中的重点病种一般是代表该学科在整个行业内诊疗能力的疑难病种，其对应的住院日、住院费用均较高，而这些指标又是上级管理部门对医院管理者进行绩效考核的关键指标，所以在病床的分配上要有前瞻性的考虑，并随实际情况的变化不断调整。

二、医院内部资源的独特性

医院内部资源的独特性主要包括基础设施、技术能力、设备条件、资金状况、人力资源和医院文化等特性。

（一）基础设施特性

医院基础设施是为满足医疗工作、患者生活以及医院运营需要而建立的各种设施。主要包括建筑及其附属设施、图书情报管理设施、实验研究设施、实验动物饲养设施、燃气和医用气体及其输配设施、给排水和污水处理设施、热源和空调及其输配设施、消防安保设施、园林绿化和环境保护设施、患者与医务人员相关生活服务设施等。基础设施是医院医疗、经营工作和患者生活服务的物质基础，是医院正常运行的基本保证。

（二）技术能力特性

技术能力是关乎医院知名度和公众信任度的主要因素，是医院核心竞争力的重要组成部分。医院的技术能力是其综合能力的核心，是其总体实力的体现。医院具有与其在医疗服务体系中层级相应的技术能力，是其保证医疗质量和服务水平，获得经营绩效的根本保证。

（三）设备条件特性

医疗设备是指分布在各个科室，直接参与疾病诊断和治疗的仪器与设备。设备对医院医疗技术项目的开展和医护人员医疗技术水平的提高具有举足轻重的作用。

（四）资金状况特性

资金是医院运营的关键要素之一。目前医院经济补偿机制正在逐步完善，政府对公立医院投入不足，财政补贴在医院补偿中的作用有限。医疗保险制度的实施，对医院医疗行为的规范，促使医院必须强化资金管理，提升资本运营和多渠道筹资能力。与此同时，要求医院管理者加强精细化管理，在保证医疗服务质量的前提下，努力降低成本，提高资金运用效率，盘活现有资本，合理融资，以满足医院合理运营需要。

（五）人力资源特性

人力资源主要包括医院各类专业技术人员、管理人员、工程技术人员等的数量、构成、比例，医疗护理技术人员与非医疗护理技术人员的比例，各层级人才的比例与结构，整个人才队伍的作用发挥和继续教育、薪酬分配等方面的情况。

（六）医院文化特性

医院文化是指医院在长期医疗服务经营活动中集体创造的、逐渐形成的并为员工所认同的群体意识。它是一所医院经过一定时间的积淀所形成的组织结构模式、经营管理信念、价值体系、行为规范、优良传统，以及员工对医院的关爱程度、依赖感、责任感和荣誉感等，也是医院长期以来形成的一种稳定的文化传统，能将医院各种力量统一于共同的指导思想和经营哲学之下，汇聚到一个共同的目标和方向上，从而促进医院的全面发展。医院的发展其实就是硬件和软件水平的提升。两者的关系是相互影响、相互促进的，只有它们协调统一地发展，医院才能稳步、健康地发展。尽管决定或影响医院的发展因素很多，但是医院文化对医院生存、发展所起的至关重要的作用不容忽视。

三、医院资源分析

通过对医院资源的分析，可以了解医院在资源上表现出来的优势和劣势，发现在资源使用上的需要而进行调整。资源分析法包括现有资源分析、资源利用分析、资源灵活性分析、资源平衡分析、战略适应性分析五个步骤。

（一）现有资源分析

现有资源分析的目的是确定医院拥有的资源量及有可能获得的资源量。经过分析，可以列出医院拥有和可以获得的资源清单，在这个基础上再进行进一步的资源评估，为制定战略提供可靠依据。资源清单至少需要包括以下内容：医院管理力量、医院员工、医疗经营服务范围、财务、医疗过程、设施和设备状况、医院的组织、医院形象、医院与外部环境的关系等。

（二）资源利用分析

资源利用分析的目的是要发现医院的生产效率，即产出与资源投入的比率，可以用利润和成本的比率表示。

（三）资源灵活性分析

资源灵活性分析的目的是要确定一旦医院内外部环境发生变化，医院在及时对资源进行重新组合和开发新资源，以满足新需要上的能力。

（四）资源平衡分析

资源平衡分析主要包括以下三个方面：业务平衡分析、现金平衡分析、医院高级管理人员的平衡分析。

（五）战略适应性分析

战略适应性分析的目的是要了解医院制定的战略对内是否符合医院的内部能力和资源拥有情况，符合医院的组织设计，符合医院长期形成的文化特征；对外是否符合医院所处的环境，并能适应环境变化。

通过上述分析步骤，医院可以找到内部资源的优势和劣势，发现自己具有哪些方面的竞争力和竞争力的来源。

第三节　核心竞争力

核心能力最早于1990年由哈默尔和普拉哈拉德在《哈佛商业评论》上发表的《企业核心能力》一文中提出，其主要观点为：企业的发展由自身所拥有的与众不同的资源决定，企业需要围绕这些资源构建自己的能力体系，以实现自己的竞争优势。因此，核心能力是企业的整体资源，是在长期生产经营过程中的知识积累和特殊的技能，以及人力、财务、服务等资源组合成的一个综合体系，是企业特别具有、有别于他人的一种能力。简而言之，即“人无我有，人有我优”。医院核心竞争力能保障医院的一项或多项关键业务达到业内一流水平，是医院竞争优势的主要来源和价值增长的重要保证。医院核心竞争力的内容和实质体现在其特征中，分析并了解医院核心竞争力的特性，是掌握并提高医院核心竞争力的前提。

一、核心竞争力的概念

核心竞争力是一个组织（人才、国家或者参与竞争的个体）能够长期获得竞争优势的能力，是组织所特有的、能够经得起时间考验的、具有延展性的，并且是竞争对手难以模仿的技术或能力。医院核心竞争力是指能够使医院在某一领域实现可持续竞争优势的一系列互补技能和知识的组合。

核心竞争力是医院竞争力中那些最基本的、能使整个医院保持长期稳定的竞争优势、获得稳定超额利润的竞争力，是将技能资产和运作机制有机融合的企业自身组织能力，是医院推行内部管理性战略和外部交易性战略的结果。现代医院的核心竞争力是一个以知识、创新为基本内核的医院某种关键资源或关键能力的组合，是能够使医院、行业和国家在一定时期内保持现实或潜在竞争优势的动态平衡系统。

二、医院核心竞争力的特征

（一）综合性

医院核心竞争力的综合性也可以称为整体性、整合性。医院核心竞争力是医院多种资源和能力，如硬件基础、仪器设备、医务人员、管理能力、专业技能、服务能力的有机融合，是多种要素的综合体。任何一个或几个因素还不足以成长为核心竞争力，只有多个要素经过长时间的相互磨合、配合、协调、发展，最终才能体现出在终端的医疗服务上优于竞争对手的明显优势。这就好比一台完美的手术，仅仅拥有医术高超的主刀医生还不够，术前的各项检查、准备，手术所需的各种仪器设备，术后的精心护理，其中的每一个环节都至关重要。

（二）差异性和独特性

不同的医院由不同的组织结构、资源规模、人员构成，甚至同一家医院在不同的发展时期，上述影响因素也不尽相同，在此基础上所形成的医院核心竞争力必定都带有各医院本身的特色，差异明显。医院核心竞争力的独特性则是来源于差异性，它是医院内外多种要素协调、整合的结果。医疗行业是以人为本的行业，也是以人为主的行业，许多先进的医疗技术需要医疗工作者自身反复不断地学习、实践、摸索和总结，最终才能使服务对象受益。这一过程或长或短，因人而异，是独一无二的，无法为他人所模仿和占有。

（三）增值性

医院核心竞争力所实现的价值具有双重性。就服务对象而言，价值是以患者为中心，解除患者的痛苦与疾患，为患者带来相对长期的关键性利益，即健康，得到患者的心理认同，并通过不断提高医疗技术水平和医疗服务质量给患者带来价值增值；就医院自身而言，医疗服务行为为医院创造了社会效益和经济效益，为医院的前进提供了资金来源和发展空间。

（四）延展性

延展性也可以称为扩散性，是指医院核心竞争力具有强大的辐射作用，医院一旦在某一方面形成核心竞争力，便可以将其扩展到相关的技术领域，使之同样处于优势地位。核心竞争力犹如一个坚实的平台，是保证医院多元化战略发展的基础。任何医疗领域，只要其要求的关键能力与医院的核心竞争力相匹配，都可以成为医院潜在的开拓领域。

（五）动态性

医院核心竞争力不是一成不变的，它也会随着科技的不断发展、政策的不断变化、竞争对手的不断进步，从核心竞争力慢慢蜕变成为一般或普通能力。此时，医院管理者必须及时作出调整或创新，或让旧的核心竞争力保持活力，或重新培育新的核心竞争力。

医院核心竞争力是资源和能力的整合，判定医院的核心竞争力有四个标准：这种能力可以很好地实现客户重视的价值；这种能力肯定是稀缺的；是无法用其他能力替代的；是独有的，竞争对手难以模仿的。符合这四个条件的才是医院真正的核心竞争力。

知识拓展

中国医院科技评价结果于2014—2020年连续发布7年，受到社会广泛关注。该评价量值以国家科技政策为导向，汇集各界对评价方案和评价结果的意见和建议，不断优化和细化评价体系。2020年度中国医院STEM（科技量值）沿用统一标准、统一来源、统一方法，从科技产出、学术影响和科技条件三个维度构建评价体系。其中，科技产出维度包括期刊论文、专利和标准，以及论文引用等方面；学术影响维度包括科技奖励以及学术任职等方面；科技条件维度包括科研项目和科研平台等方面。该项目共对我国1634家三级医院开展研究，评价结果分为两部分，一是综合科技量值，二是学科科技量值，涵盖心血管病学、呼吸病学等共31个临床医学二级学科及部分三级学科。

三、医院核心竞争力的表现

医院的每一位成员，都应该意识到医院核心竞争力战略在市场竞争中的作用，重视、关心医院核心竞争力的培养；对医院的现状进行充分的分析，对医院的优劣势进行评估，不仅如此，更要认真分析医疗市场和国家卫生政策情况，识别、挖掘出医院现有核心竞争能力并加以培养。医院内部要培育核心竞争力，有五个关键元素：

1. 医院文化 医院文化建设就是要引导员工树立起共同的信念、共同的医院价值观、共同的发展目标、共同的行为准则，进而增强医院的凝聚力、吸引力、向心力和核心竞争力。构建医院文化，发挥医院的核心竞争力，要凝练医院精神，升华医院的核心价值观；要树立个性化服务理念；要建立学习型组织；要培育团队精神；要坚持医院创新、重视学科建设；要打造良好的医院品牌。

2. 绩效管理　现如今医院面临着激烈竞争，医院的效绩管理关键在于提高管理效率和服务水平。现代医院必须建立合理、有效的绩效管理制度，激励医院员工充分发挥自己的潜能，为患者提供优质、高效的医疗服务，从而增强医院的核心竞争力。

3. 学习型医院　作为提供医疗护理服务的知识密集型机构，如果能以创建学习型医院为抓手，不仅有利于提升全员素质，有利于引领全体员工加速知识的更新，而且能够尽快地增强医院的文化底蕴和综合实力，增强医院的可持续发展，从根本上打造医院的核心竞争力。

4. 人才队伍　医院的建设与发展关键在人，特别是要拥有更多的高素质、高技术、高水平的医务人才。因此，医院只有大力推行合理的人才资源管理战略，与时俱进，积极做好人才引进、培养工作，力争打造一支高素质、高技能、高效率的人才队伍，才能使医院在激烈的竞争中立于不败之地。人才队伍的建设还要保障和维护好医务人员的利益，这样医院才能提高医疗技术和服务质量，保持前进的动力，向群众提供公平、均等、优质、价廉的医疗服务，解决群众看病难看病贵的问题。

5. 医疗技术建设　医疗技术从构成要素看，是医务人员的智慧和临床经验、医疗方法和技能、医疗仪器设备手段三大要素的有机结合。人才是医疗技术的核心，人才、技术、设备三大要素有机结合，是个有机整体，缺一不可。

（1）人才是医疗技术质量的决定因素。医院人才素质如何，直接决定医疗水平和医疗服务质量，只有加强人才队伍建设，才能提升医院核心竞争力，才能为医院的发展注入源源不断的发展后劲与生生不息的动力。

（2）医疗技术创新是提高医疗质量的重要手段。医疗技术创新当前已经成为加快医疗技术水平和提高医疗技术质量的重要手段和强大动力，重视和加强医疗技术创新，医院才能可持续发展。应大力加强科研教学能力建设，实现医教研协调发展，寻求与高等院校、科研机构长期合作，规范科研、教学管理，鼓励科学研究、科研成果，争取多个硕士研究生培养点，提升医院整体实力水平。

（3）先进的仪器设备是医疗质量得以提高的物质保障。医务人员的知识和技术水平虽然决定了医疗质量的高低，但医院的仪器设备也影响着医疗质量的好坏。引进和应用先进的仪器设备已经成为现代医院提高现代化程度不可或缺的物质条件。医院核心竞争力是个综合体，它不能单纯地建立于技术、设备或是人才上，任何割裂三者的行为都是行不通的。医院只有在获得了技术、设备或者人才后，整合于医院独特的文化中，使三者有机地结合起来，才能真正提升核心竞争力。

第四节　竞争优势的模仿与回应战略

德鲁克认为，企业的两大使命是创新和营销。这句话被企业界人士视为圭臬，但是，我们恰恰忘记了德鲁克对于“创新”的定义是创造消费者。创新并不是革命，对于大多数中国企业而言，一味地为创新而创新，成功的概率其实很小。企业并不需要成为所谓创新的英雄，企业需要的是在市场上获得最终的成功。

改革开放以来，我国通过直接引进国外先进技术，为提高自主创新能力奠定了一定的基础，但是也存在一些企业往往只重视引进技术，不注重进行消化、吸收、再创新，导致自主创新能力不足、竞争力不强。技术可以引进，而技术能力不能引进，只能通过“干中学”获得，在科技竞争激烈的大环境下，除了引进、模仿，还要消化、吸收、再创新。

一、竞争优势的模仿

（一）模仿与创新关系

生物界在模仿，医学界在模仿，国家之间在模仿，城市之间在模仿，企业之间也在模仿。模仿策略已经被许多企业在竞争中视为制胜法宝，即不需要去试探所谓“创新”的产品能不能创造出新的消费者；在先行者的基础之上，根据市场需求进行有效改进；能发挥自己所长，对先行者的软肋进行攻击。

模仿和抄袭不同，模仿是一种深度的学习，模仿是创新的一个必经阶段，大多数的创新，实则是在模仿的基础之上进行的，没有模仿，就不会创新。而创新的本质，也大多不是基于新技术，而是为了更贴近消费者，更能满足消费者的需求。

（二）竞争优势的模仿范畴

1. 模仿领域　对于模仿者来说，首先要确定模仿哪个领域。高科技行业就容易被模仿，轻工业和日用消费品也极易被模仿，具体的产品和服务也是容易被模仿的。另外，还要考虑法律的保护性如何。总之，一切都可以模仿，模仿的难易程度必须事先判断。

2. 模仿内容　模仿者应该根据战略意图、相应资源以及可以进行差异要素的潜力而选择模仿内容，还要根据公司自身情况进行变通，而不是单纯地进行显著性模仿。比如，模仿沃尔玛超市的“天天低价”。模仿前，我们必须确定目标，一旦开始模仿，就不能中途停止，更不要更换目标。

3. 模仿对象　确定要模仿的对象，可以模仿大企业，也可以模仿一些已经成功的企业。要放眼全球，挑选潜在的模仿目标。如果条件允许，就要去考察这些模型，以减少模仿成本。

4. 模仿时间　没有模仿时间的模仿，注定是失败的。就模仿时间来说，一般有三种策略，包括快速跟进者、继往开来者、异地推广者（在其他时间、其他地点，进入市场的第一人）。

（1）快速跟进者：快速跟进者需要雷厉风行，具备高度发达的模仿能力、借鉴能力、观察能力、执行能力。无论规模大小，模仿速度的提高就会导致成本的增加。在模仿的同时还要衡量后来模仿者进入市场，采取价格竞争的风险。

（2）继往开来者：这个属于后来居上。需要很多资源才可以进入。后来者会面临很大风险，要让消费者相信公司产品具有更高的价值，或者降低门槛来吸引消费者光临。

（3）异地推广者：这属于第一个进入市场的后来者，充分利用了市场的不对称性，只要模仿者没有打算取而代之，就可以尽情地做市场。不过，如果动了强大对手的领地，会被打击得很惨。碰别人的蛋糕也要小心。

5. 模仿方式　模仿方式分为六个步骤：前期准备，参考借鉴，寻找观察选择，联系实际，深度挖掘，贯彻执行。还要注意在粗略模仿和精确模仿之间作出选择。不仅要明确模仿方式，还要有详细的规划。

6. 模仿成本和模仿风险　模仿的成本客观，远远小于创新者，但是也不容小觑。在计算总成本时候，不论防御成本是否存在，都要考虑进去。模仿不是不存在风险，而是风险被取代了。最常见的就是要考虑好知识产权和名誉风险。模仿者有基础就可以快速建立战略优势。不要前怕狼后怕虎。

（三）医疗技术模仿与系统管理模仿

医院内部环境中的模仿策略，无非是两个：一个是模仿医疗技术产品，另一个是模仿医院管理模式。医疗技术模仿与系统管理模仿两者均可行，但存在一定的差异。医疗技术模仿是大多数医院渴望成功的事情，但能掌握核心技术的医院却总是好的医院。医疗技术和医院的战略、品牌定位是息息相关的，单纯的医疗技术模仿并不能造就伟大的医院，除非医院有着自己良好的内部环境因素，能够吸纳所模仿的医疗技术。

比如日间手术在大型公立医院中迅速普及开展，从手术技术而言，不同层级的医院也许都已具备，但真正的模仿难点在于医院的管理过程再造，这不仅需要会做手术的医务人员，还要有医疗设备，需要手术前、术中、术后过程的配合，以及手术团队的配合。良好的内部环境是吸纳医疗产品的强大基因。如果医院没有好的消化能力，那么手术技术在日间手术市场上就难以普及开展。

模仿者在模仿管理之时，即便是管理的缺点也可以进行模仿，这并非是简单的亦步亦趋，而是模仿者需要时间去体会什么是先行者正确的策略，什么是失败的。有时即便明知有错误，也需要进行模仿，因为在没有足够强大到有能力纠正错误之前，模仿错误比犯更大的错误也许成本会更低。

承认模仿，正是一个医院开始学习优秀竞争者的开始。事实也是如此，在高喊“创新”的时候，大多数医院实际上做的还是在模仿。这也许正是市场经济的最理性选择，也是正确的选择。成功的模仿并不比空谈创新容易，通过系统的模仿，才能真正将后起的医院带入到正确的道路上去。医院如果想成功，首先就应该成为一个好的模仿者，没有模仿，就不会有创新。

知识拓展

引进消化吸收再创新的做法。

（1）引导有条件的企业“走出去”。通过建立境外研究与开发机构，充分利用国外科技资源，跟踪学习世界先进技术，不断提高中国企业技术开发和创新能力。

（2）进一步鼓励跨国公司在华设立研发机构，提高我国整体研究开发水平。鼓励跨国公司和国内科研机构、学校、企业等展开技术研发合作，鼓励外资研发中心的技术成果在国内进行产业化，鼓励外商投资企业对国有企业和民营企业转让技术。

（3）鼓励和引导企业与跨国公司或发达国家技术先进企业建立战略联盟关系，参与跨国公司主导的技术研发活动。鼓励国内企业与外商投资企业开展技术配套，加速高新技术研发领域的国际化进程。

（4）对引进先进技术和再创新提供必要的金融支持。政策性银行和商业银行可根据国家有关法规和政策要求，积极开展技术引进和消化、吸收、再创新的贷款业务。

（5）建立技术引进工作交流与培训制度。加强企业技术引进工作的信息交流，加强对技术贸易专业人员的指导和培训，培养一支既有专业技术知识，又懂国际贸易的技术贸易骨干队伍。

（6）充分发挥企业技术引进和消化创新的主体作用。鼓励企业自主引进先进适用技术，并与科研机构、高等院校开展吸收与创新的联合研究开发，或联合建立技术开发机构；支持大型企业或企业集团利用现有资源，开展关键和共性技术的引进消化、吸收和再创新，并实现技术向中小企业的扩散。依托国家级经济技术开发区和国家级高新技术产业开发区的智力、信息、资金和政策资源，引导区内企业引进高新技术，实现技术创新。

（资料来源：https：//wiki.mbalib.com/wiki/%E5%BC%95%E8%BF%9B%E6%B6%88%E5%8C%96%E5%90%B8%E6%94%B6%E5%86%8D%E5%88%9B%E6%96%B0）

二、竞争优势的模仿回应

（一）态势分析

态势分析又称为SWOT分析，是将与研究对象密切相关的各种主要内部优势、劣势和外部的机会和威胁等，通过调查列举出来，并依照矩阵形式排列，然后用系统分析的思想，把各种因素相互匹配起来加以分析，从中得出一系列相应的结论，而结论通常带有一定的决策性。具体含义如下：

1. 优势（strengths） 是组织机构的内部因素，具体包括：有利的竞争态势；充足的财政来源；良好的企业形象；技术力量；规模经济；产品质量；市场份额；成本优势；广告攻势等。

2. 劣势（weaknesses） 是组织机构的内部因素，具体包括：设备老化；管理混乱；缺少关键技术；研究开发落后；资金短缺；经营不善；产品积压；竞争力差等。

3. 机会（opportunities） 是组织机构的外部因素，具体包括：新产品；新市场；新需求；外国市场壁垒解除；竞争对手失误等。

4. 威胁（threats） 是组织机构的外部因素，具体包括：新的竞争对手；替代产品增多；市场紧缩；行业政策变化；经济衰退；客户偏好改变；突发事件等。

对医院进行优势与劣势分析，有助于确定医院内部的竞争优势，结合外部环境中的市场机会与威胁，分析医院的核心竞争力，从而决定医院的核心战略。SWOT分析有四种不同类型的组合：优势－机会（SO）组合、劣势－机会（WO）组合、优势－威胁（ST）组合和劣势－威胁（WT）组合（见图5-1）。

劣势－机会（WO）战略是利用外部机会来弥补内部弱点，使医院改变劣势而获取优势的战略。

优势－威胁（ST）战略是指医院利用自身优势，回避或减轻外部威胁所造成的影响。

劣势－威胁（WT）战略是一种旨在克服内部劣势，回避外部环境威胁的防御性技术。

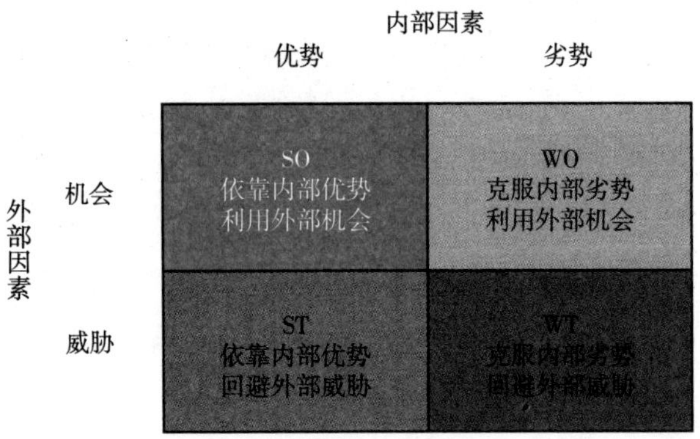

图5-1　SWOT分析法

（二）培育自主创新能力

模仿的实质是学习与借鉴的过程。模仿不等于创新，保持医院自主创新能力，引领潮流发展，是对竞争优势模仿的最好回应。自主创新发展的经济学概念：自主创新是以人为主体积极、主动、独立地进行发现、发明、创造的活动。以内容来划分，包括自主科学创新与自主技术创新；以主体来划分，包括个人自主创新、医院自主创新、国家自主创新、民族自主创新。在国家，自主创新是主体性的最高表现形式，是民族独立、国家发展的根本动力，创新精神是民族的灵魂。

自主创新是实行赶超战略、后来居上、超越发展的根本途径。自主创新是相对于技术引进、模仿而言的一种创造活动，是指通过拥有自主知识产权的独特的核心技术以及在此基础上实现新产品的价值的过程。医院保持自主创新能力，可以为医院发展提供源源动力。

（三）构建特色的医疗服务体系

通过院校合作，提升医疗服务竞争能力。医院有临床条件，学校有科研优势，医院与学校合作，可以互惠互利，达到双赢的目的。一方面，医院与学校合作的过程，也是宣传医院、学校，提升其知名度的一种方式；另一方面，医院通过与院校合作、交流、沟通，储备了人才信息，丰富了在职医生的医学理论知识和前沿科研成果信息，学校也扩大了学生就业面。

（四）建立体系管理优势

医院服务过程再造——以服务立院全面优化服务过程。医院是特殊的服务行业，要实现“以人为本”的服务新理念，必须在服务项目、服务过程、服务环境、服务意识与服务艺术等方面不断改善，不断创新，为客户提供安全、便捷、舒服、精细的优质服务。

在服务项目方面，从单一的诊疗服务拓展到诊前、诊中、诊后的综合服务。诊前开展电话咨询、医生预约、床位预定；诊中根据患者的年龄、病情、心理需求等制定治疗方案，与患者充分沟通，确定最终的详细治疗方案；诊后建立随访制度，跟踪治疗效果。

在服务过程方面，从患者盲目选择科室到医生指导、分流患者就诊。医院可将综合能力较强的医生代替问询台的一般护士，在患者挂号前对其进行初步诊断，指导患者就诊。一方面可避免患者挂错科室，来回奔波；另一方面，在患者较多的情况下，适当分流患者可减少患者的等待时间。

在服务环境方面，医院要做到环境整齐明净、标示简单明了、布局科学合理，给患者营造一种舒服、温馨的就诊环境。

在服务意识与服务艺术方面，医院应加强医务人员服务语言、行为艺术、沟通技巧等方面的培训，增强其服务意识。

（五）培养高技术水平梯队和高效管理团队

医院要尽快形成科学人才梯队，应加强学科带头人培养，建设一套如组织考核制度、民意测评制度、述职报告制度等良好的选用机制。当然，人才选用方法是多样的，既可以通过组织推荐、公开招聘的形式进行，也可以选择竞争上岗、择优录用等形式广泛招纳医疗骨干人才，着力打造人才事业发展的平台。

要加大力度对学科带头人进行临床科研方面、科研课题的选择和立项等方面的培训，同时给予人力、物力、财力各方面的支持。因为学科带头人大多肩负着自己科室的管理、医疗、教学、科研等工作，所以其必须具备较高的业务素质和较全面的科室管理艺术。在管理干部方面，对管理培训班、函授班、讲座、学术交流等活动要大力支持，使管理干部掌握更多的管理知识和技能，培养其更加敏锐的观察能力、深刻的思考能力、综合分析能力、组织协调能力、灵活应变能力等。在卫生法规方面，则要让学科带头人能抽身参加一些短期培训、专题讲座等活动来加强法规知识。

另外，学科带头人在自然科学、心理学、哲学、行为学、社会学、伦理学、经济学、文学等方面也需要加强，以符合时代的节拍，赶上时代的脚步。在培训方面可借鉴人才学专家王通讯的五个层次理论，即以更新知识为主要标志的第一深度培训；以培养能力为主要标志的第二深度培训；以变革思维为主要标志的第三深度培训；以转化观念为主要标志的第四深度培训；以调整心理为主要标志的第五深度培训。

知识拓展

学科建设是医院发展的重中之重，是医院品牌、声誉、地位的基石，是医院增进绩效、合理分配、吸引人才的基础，也是医院加强管理、提高质量、发展业务的抓手。复旦大学医院管理研究所从2010年开始，每年推出上一年度的《中国医院专科声誉排行榜》和《中国医院排行榜》。排行榜项目是一项由独立第三方的医院管理学术机构开展的公益性项目。通过排行评比，有利于为医院学科建设建立标杆，造福患者；有利于突出医院专科的国内国际声誉。考虑到区域性地引导患者就医的价值意义，推动更多医院进入民众和患者视野，研究所从2015年起增加全国七大地区的专科和医院排行。

排行榜的评审专家来自中华医学会和中国医师协会，涉及37个临床专科，向4173位专家发函，收到有效回执2657份（每年有所变动）。研究所每年4月起通过信件、电话联系专家，请专家综合考虑学科建设、临床技术与医疗质量、科研水平三方面因素，评选本专业领域内中国排名第一名到第十名的医院。各专业所有专家的投票将进行加权统计，分别形成37个专业的中国医院专科排行榜；上述结果再结合医院SCI和科研奖项，形成该年度的中国医院排行榜。同时，还邀请专家对中国七大地区评选出第一名到第五名的医院，运用上述同样方法形成该年度该地区的专科排行和医院排行。

（六）不断超越的创新激励

（1）改革薪酬制度：医院应适当调整员工待遇的标准和结构，从体制上激发员工的工作积极性，遏制不良行为的诱发因素，实施绩效管理，并结合医院实际，设置必需的岗位，并根据岗位任务工作量、技术含量、个人能力、价值创造等确定岗位绩效工资。

（2）建立科学合理的激励模式：激励方式比较多样：①物质激励，如福利房分配中优先考虑业绩突出、综合考评优秀的员工。②精神激励，如对工作积极、主动、有创造性的员工，给予通报表扬，并对其生活状况、子女上学等问题予以排忧解难，用浓浓的情感留住人才。③深造激励，对有奉献精神、有培养前途并对医院忠诚度高的员工，送高校学习深造，既增强员工的工作能力，也满足员工自我发展的需求。④环境激励，医院通过营造宽松、和谐、安定、愉悦的工作环境，一方面可增强员工与医院间的相互欣赏和尊重，另一方面也容易激发员工潜能的发挥。⑤培训，在不同阶段，员工若能感受到医院为其设计不同的培训和职业生涯谋划，其自我提高、自我发展的需求会促使员工更加努力勤奋地工作。在激励方式的选择上，既可以选择单一的方式，也可以多种激励方式混搭，综合运用，做到短期激励与长期激励相结合。

第五节　应用案例

案例：民营医疗机构南通大学附属瑞慈医院于2000年4月开始筹备，2001年2月动工兴建，2002年4月开业。医院占地260亩，投资3亿元，建筑面积7万平方米，床位650张。当时经过4年多的运作，健全了各临床一级、二级科室和医技科室，包括大内各专科、大外各专科、儿童医院、心脏中心、脑科中心、肿瘤中心、妇产、口腔、耳鼻喉、眼科、皮肤、中医、理疗康复、麻醉科、手术室、ICU、放射、检验、病理、超声、功能检查、急诊中心、体检中心与中心供应室等共30多个科室。

从品牌规划到品牌实施、品牌管理，瑞慈人走过了一条漫长的探索之路。第一，技术品牌营销。在瑞慈品牌下，打破内外科界限，重点打造了心脏中心、儿童医院、肿瘤中心、骨科中心、脑科中心、微创中心六大医疗特色中心。瑞慈心脏中心、儿童医院已在苏北、苏中地区居于领先地位，骨科中心推出了南通首家关节镜手术中心。

第二，技术在人，人才战略。医院一方面为提升医疗技术和学术品位，培养、引进某些领域的顶尖人才，牢牢掌握重点学科、重点专科的学科带头人，提高对“名医”的经营意识，积极主动地扩大其影响力，使之成为医院高举品牌大旗的生力军，保证医院发展的活力和动力。另一方面也引进、吸纳和培养各个层次的管理人才，尤其是懂管理、懂经营的复合型人才，建立最具效率的经营管理队伍，达到人力资源的优化配置。这样双管齐下，才能在激烈的市场竞争中劈风破浪，走在行业和时代的前列。

第三，差异化集中战略。医院将经营目标集中在特定的地区、特定的病种上，在竞争范围内提供专业、精良的医疗技术，建立起独特的竞争优势，达到在治疗特定病种上领先。通过举办各种学术活动，进行网络传输手术演示，广邀各级医生以多种形式交流业务，来推广瑞慈的技术品牌。

讨论：①此案例中，医院内部竞争优势有哪些？②此案例中，医院从哪些方面强化它的内部竞争优势？③结合案例，提出此案例中，案例医院转型升级的战略？

本章小结

本章介绍了医院内部环境的分析方法，医院内部环境分析包括了内部竞争优势分析、内部资源分析和核心竞争力分析。医院建立长期的竞争优势应有长期的竞争优势资源进行保障，这些资源在医院无形资产中扮演了重要角色。保持医院长期竞争优势也需依靠于医院的核心竞争力，医院核心竞争力的基础表现是医疗核心技术的掌握，但长期竞争能力构建是综合的，可表现在医院文化、绩效管理、人才队伍和医疗技术等诸多方面。

医院可以通过模仿尽快获得竞争优势，模仿是医院占据市场成本较少、风险较低的一种学习与创新方法。在竞争环境下，医院要保持持续的优势地位，可以通过态势分析方法明确发展战略，通过自主创新保持行业领先，通过构建核心技术、品牌特色、管理体系、人才梯队及激励创新机制等提升模仿困难程度，通过组织管理优势和核心技术等组合维系竞争优势，回应被模仿者超越的可能。

（余　波　曾艺鹏　吴晓君）

第三篇

医院战略形成

Part 3

第六章　医院大数据与战略规划

学习目标

1. 掌握　医院大数据的定义与重要性；医院大数据的来源。
2. 熟悉　医院战略管理规划的重要性。
3. 了解　医院战略管理的规划过程；医院运用大数据作为战略管理规划的案例。

案例讨论

【案例】2021年中国推出针对医疗机构网络数据管理的办法，内容包括保护个人资料和管控敏感健康数据出境等。“全国医疗机构网络信息安全管理办法”正在起草中，起草原因是COVID-19疫情暴发后，全球医疗健康数据频繁受到黑客攻击，中国开始重视这些数据的价值，希望通过立法、加强监管等方式提升医疗健康数据的整体安全水平。国家卫生健康委医院管理研究所表示，医疗行业关系国计民生，医疗资料一旦遭到篡改、破坏和泄露，势必对医疗机构的声誉、医患双方的隐私及健康安全构成严重威胁，甚至影响社会的和谐稳定。基于医疗健康大数据的敏感性，2016年至今，中国已陆续公布不少医疗健康数据安全政策，但即使有这么多法规，医疗健康数据安全事件仍频发，尤其是疫情后，数据安全的风险进一步加剧。医疗数据可能的风险，包括在线医疗数据、医保数据、可穿戴设备数据、临床科研数据等。

【讨论】

1. 医疗大数据有何重要性？信息来源为何？
2. 医疗大数据对医院有何影响？
3. 医疗大数据与医院战略管理的关系，医院如何运用大数据进行战略管理规划？

第一节　医疗大数据的定义和重要性

一、医疗大数据的定义

大数据无疑是近年来科技领域的一个重要概念。那么，什么是大数据？大数据在医院战略规划中的重要性是什么？值得进一步探讨。

要了解医疗大数据中的数据分析应用，我们首先需要了解“大数据”（big data）的含义。大数据根据数据特性可以定义为以下5V：①Volume（容量大）：资料量“大”。像是网页信息，在社群软件内，每天可能会产生数亿个文章以及按赞、回复信息，而日积月累下，将会存放非常巨量的数据。②Velocity（速度快）：数据产生和更新速度“快”。③Variety（多样性杂）：数据源多元、种类繁多，格式杂“乱”，储存大量的非结构化数据（unstructured data）。④Veracity（真实性疑）：对于数据的质量与可信赖度存“疑”。⑤Value（价值珍）：数据量庞大，“珍”贵的信息藏在其中。

简单来说，大数据就是数据量大、产生快速、结构复杂且数据杂乱，用传统的储存方法以及运算软件无法处理的数据。

大数据是通过收集广泛的患者基本资料来源和医疗过程所提供的记录，包括看诊、检查和检验等所产生的海量数据，以及与健康相关的族群的数据。医院主管可以使用大数据来观察、检查和跟踪患者就医所发生的行为和过程，并对其进行分析和应用。大数据又被称为巨量数据，随着储存设备越来越便宜，越来越大量的数据被储存，不论医院或研究人员都开始思考，巨量数据对我们的帮助有哪些，以及如何去芜存菁从中萃取有用的知识。

二、医疗大数据的重要性

（一）重要性

进行医院战略规划必须有大量的讯息，如何收集讯息，及适当使用非常重要。医疗大数据是在医疗和健康产业大量生成的数据，它收集并反映了整个行业的发展特征与发展规律，具有相对重要的价值。大量的医疗数据来源是多个而不是单一的，例如，临床试验数据、患者咨询数据、社区医疗保健数据等。医疗大数据可以应用于实际工作，例如，在新冠肺炎防控与诊治过程中，短时间内最大限度地减少疾病的传播，取得最重要的成果。医院可以根据各种常规疾病的发病特点和患者的表现，将大数据融入医疗系统，对疾病的发病进行综合管理；也可以应用于精准医疗，结合患者的一般特征、个体特征和基因讯息等，采用适当且精准的药物及治疗方式。特别是医疗行业有其自身的特殊性和复杂性，不可避免地会产生大量的数据，而这些海量的数据是无价的。因此，医疗大数据在医院智能化、医院计算机化的建设中具有重要作用，用以医疗深度挖掘、安全存储、合理整合、详细分析以及有效实证医疗，实现大数据的应用，为医疗行业提供了最大的效益。大数据是人们获得新的认知，创造新的价值的源泉；大数据的核心就是预测，这个核心代表着我们分析信息时的转变，大数据也是改变医疗内外部环境、医院组织，以及政府与人民联系的战略应用途径。

（二）医疗大数据给医疗行业带来的变化

（1）使医疗诊断和结果的描述更加精准，更加客观。

（2）使医疗诊治的决策更快速，更高效。

（3）使疾病的预测更准确，更科学。

（4）使真正的个性化或是精准医疗更快实践。

（5）对医院人员的考核，会更客观可信。

（6）使医疗事故等责任划分更加明确。

知识拓展

维克托·迈尔·舍恩伯格与肯尼斯·库克耶在《大数据时代：生活、工作与思维的大变革》中前瞻性地指出，大数据带来的信息风暴正在变革我们的生活、工作和思维，大数据开启了一次重大的时代转型。并用思维变革、商业变革和管理变革三个部分讲述了大数据时代的来临。作者最具洞见之处在于明确指出，大数据时代最大的转变就是放弃对因果关系的渴求，而取而代之关注互联网的关系。也就是说只要知道“是什么”，而不需要知道“为什么”，即结果论。这颠覆了千百年来人类的思维惯例，对人类的认知和与世界交流的方式提出了全新的挑战。

第二节　医院大数据的应用与趋势

大数据应用对于医院临床或是行政管理又有什么样的关联应用及发展趋势呢？通

常大数据具有以下六大类应用与四大类未来发展趋势。

一、医疗大数据的应用

（一）理解患者并掌握患者需求

理解患者及患者就医需求是目前大数据最广泛的应用方面，也是医疗健康保健领域最常见的大数据管理和应用方面。甚至许多大医院都有专门的部门及数据分析师来分析大量患者的各种详细行为，利用来自大量患者的独特数据或通过数据外包来管理和应用大数据，以便在患者之前更好地了解患者及其爱好和就医行为，医院可以通过分析找到更好的应对战略。此外，医院收集各种数据，浏览网站记录，建立预测数据模型，应对营销和公关，主要是为了更全面地了解患者，医院可开展公关活动、提供健康教育网站、提升医院品牌形象，以增加门诊、住院、急诊患者人数。例如，政府以及健康保险业可以更好地理解人们的医疗需求的问题。此外，美国著名的“梅奥医学中心（Mayo Clinic）”，通过应用大数据，可以预测患者需求以及更准确地预测患者的治疗行为，并制定相应的战略。

（二）优化医疗作业过程

除了以上对医疗患者需求的分析，大数据还可以优化医院的医疗操作过程（SOP），降低医疗疏忽的风险和成本，准确找到高效的工作模式。例如，常见的应用领域包括优化医院内部工作过程、链接网络数据、药品配送路线、管理人才的选择、训练、评价、任用等。医院大数据用于医疗过程优化，尤其是在临床应用中，不仅可以减少患者等待时间和手术室调度时间，还可以减少对护理质量的监控和管理，预防不适当的医疗风险，减少医疗疏忽，避免许多潜在的医疗纠纷。

（三）提升医疗科研的发展水平

通过分析大数据并将其应用于预测和计算，可以提升医疗科研的发展及服务水平。例如，医院可以迅速搜寻患者信息做客制化医疗，并立即制定最佳治疗计划。同时，还可以利用大数据更好地了解和预测个人或社区各种疾病的发生，使患者能够更恰当、更准确地接受治疗。例如，许多医院和研究机构开始使用大数据技术和相关研究，开发和测试医院应用程序，通过记录和分析婴儿的心跳来监测早产儿和患病婴儿的状况，使得医生能够预测婴儿身体上可能出现的不适，及早诊治。

（四）优化医疗机器设备及功能

大数据分析可以使医疗设备在应用中更加智能和自主。例如，在影像医学中，将影像信息回传至大数据数据库，使用大数据开发自制解释或辅助系统，让各科室的医生更方便、更快速、更正确地判读，帮助医生解释图像并减少人工疏失，从而更安全地救治患者。

（五）维系批价付费等财务安全交易

在医疗行业，比如应用支付宝和微信批价付费非常普遍且方便，并可保障交易安全。另外，大数据可以用于金融支付分析，通过大数据分析过去的交易记录，预测后续的卫生健康物品供需和价格高低。未来将大数据的应用范围扩大到医院医疗保险、商业医疗保险，以及自费医疗亦是很常见的应用。

（六）改善医院职工的生活质量

大数据也可以应用于医院各类工作人员。例如，可以将可穿戴设备，如智能手表和智能手镯生成的数据发回给大数据云，跟踪和分析职工的身体状况、健康管理、睡眠质量、压力水平等，以提高其工作效率，减少医疗疏忽。此外，医院可分析职工健康检查和工作环境改善计划，利用功能大数据分析来优化、改善职工的生活，比如应用大数据找到合适的工作时间和方式等。

二、医疗大数据分析的趋势

大数据是当今最重要的资源，许多大型医院都希望通过大数据分析为医院提供战略规划所需的工具。以下是大数据分析的四大趋势。

（一）大数据精准分众

近年来，医院逐渐利用数据湖（data lake）集中式存储资料库的优势来实施精准的战略规划。数据湖的主要用途是关注数据属性，依据需求建立可行有用的数据库和操作要求，对数据进行多维或详细的分析，从外部把握医疗需求和医疗覆盖领域，在内部寻求医疗服务。近年来，海量数据使医院能够以不同的方式进行科研与测试。基于以上优势，可以得出结论，这种趋势强调了数据使用的灵活性。作为一种重要资源，未来数据的处理方式会产生更精准的分析结果以及后续准确的战略规划和决策。

（二）构建自动化分析模块

根据全球知名的工厂咨询和调研机构——加特纳（gartner group）的报告，2020年后40%以上数据分析被转换为自动操作。如今，医院内部数据操作系统的设计更加直观，不同医院级别的使用者都可以快速上手。这种趋势使得医院不同科室的人员可以使用大数据快速分析并交换不同的分析结果，节省时间和金钱，并广泛使用大数据分析构建自动化分析模块。

（三）深度学习分析

近年来，深度学习（deep learning）已是新趋势之一，深度学习结合了人工智能和机器学习（machine learning）的特点，具有能够自我优化大数据分析和建立模型相互分析的优势。由于医院对数据分析的需求不断增长，运用深度学习分析将能够使大数据分析提升到更深入的层次，作出更细化的分析，有望成为数据分析发展的主要动力。

（四）物联网的紧密结合

物联网的建立逐年成熟，物联网可以为大数据分析提供大量的参考资源。随着物联网的扩展，次级数据的收集变得更加全面，大数据分析将能够为医院开发更多的解决方案。基于以上趋势分析和发展，可以看出，大数据分析与物联网的结合，有助丁扩大医院对患者的洞察，收集医疗提供者的意见和需求。

知识拓展

人工智能（artificial intelligence），英文缩写为AI。它是研究、开发用于模拟、延伸和扩展人的智能的理论、方法、技术及应用系统的一门新的技术科学。

人工智能的定义可以分为两部分，即“人工”和“智能”。人工智能在计算机领域内，得到了愈加广泛的重视，并在机器人，经济政治、食衣住行、生活医疗的决策，控制系统，仿真系统中得到应用。尼尔逊教授对人工智能下了这样一个定义：“人工智能是关于知识的学科——怎样表示知识以及怎样获得知识并使用知识的科学。”而另一个美国麻省理工学院的温斯顿教授认为：“人工智能就是研究如何使计算机去做过去只有人才能做的智能工作。”这些说法反映了人工智能学科的基本思想和基本内容，即人工智能是研究人类智能活动的规律，构造具有一定智能的人工系统，研究如何让计算机去完成以往需要人的智力才能胜任的工作，也就是研究如何应用计算机的软硬件来模拟人类某些智能行为的基本理论、方法和技术。李开复谈人工智能的五个定义：AI就是让人觉得不可思议的计算机程序；AI就是与人类思考方式相似的计算机程序；AI就是与人类行为相似的计算机程序；AI就是会学习的计算机程序；AI就是根据对环境的感知，作出合理的行动，并获得最大收益的计算机程序。

第三节　医院资料的来源

医院做战略规划需要大量的讯息，如何搜集讯息，而讯息搜集之后，又要如何辨识及分析讯息是首要的工作。医院搜集患者的大数据是整个医疗健康行业中生成的大量数据，这些数据收集了整个患者健康的生命特征数据以及就医行为，具有较为重要的价值。医疗大数据的来源并非单一而是多元的，例如临床检验数据、生命特征数据和健康管理数据等。可以将医疗大数据应用于实际工作中，成果最显著的是疾病治疗与预防领域。根据各种常规疾病的发展特点、患者表现等方面，医院可以将大数据纳入医疗体系，以全方位控制疾病的发展状况。因此，需要了解在大数据时代医疗大数据在医院智能化、信息化建设中所起的重要作用，做到对其深度挖掘、安全保存、合理融合、深入分析和有效应用，使之在医疗卫生行业中发挥其自身的最大效益。医疗健康大数据的来源包括结构化、半结构化、无结构化的医疗单位数据、个人健康数据和公共健康数据。例如，医疗单位的电子病历数据、放射信息管理系统数据，传感器收集的体温、脉搏等个人数据，公共健康数据（包括政府发布的流感信息、社交媒体信息）等。

一、医院资料的来源

在医院收集数据是一项耗时且费力的任务，一般来说，收集数据的各种工具或软件不仅价格昂贵，如果没有经过筛选、组织、分类等过程来正确地收集数据，还会收集到大量“无用”的数据，就是所谓的“garbage in，garbage out”，即输入的是无用的数据、产出的是毫无参考价值的数据。在医院战略管理科学数据的收集中，主要的数据分类方法是“初级数据”与“次级数据”。

（一）初级数据

初级数据（primary data）是医院数据分析师主动收集的数据，例如，医院战略研究经常调研社区居民以及就医患者的态度、认知、意图、动机和行为等。常见的初级数据收集方法包括面谈法、问卷法、观察法、网络探勘法等。

（二）次级数据

次级数据（secondary data）是由其他人整理编辑的数据而间接获得的。次级数据具有省时、省力、省钱的好处。例如，政府公开数据、患者就医数据或第三方机构的数据收集。近年来，医疗保险数据的信度和效度均佳，亦能提供更完整的信息。次级数据一般分为“内部次级数据”与“外部次级数据”。

1. 内部次级数据 内部数据是二手数据的重要来源，因为它价格低廉、易于获得，同时满足医疗需求。内部次级数据包括患者就诊数据、健康用药数据、医院的财务数据、人才数据以及更多。医院信息系统（hospital information system，HIS）是医疗数据的重要来源，包括电子病历系统（electronic medical record system，EMRS）、实验室信息系统（laboratory information system，LIS）、影像存档与通信系统（picture archiving & communication system，PACS）、放射信息管理系统（radiology information system，RIS）、临床决策支持系统（clinical decision support system，CDSS）以及患者关系管理系统（customer relationship management，CRM）等。

2. 外部次级数据 信息本身不是为特定问题或调查收集的，但可能为其他调查或报告而归档。例如，政府和医院的出版物和报告。常见的外部次级数据包括：政府机构的统计资料，公会、协会、学会、媒体、学术机构、营销研究机构的产业报告、调查报告、研究报告等。“次级数据”通常有一定的限制。例如，不同机构收集的数据可能无法比较。换句话说，数据收集不会采用统一的基础，或者来源不完整，又或者收集的目的不同。由于制定战略需要大量信息，需要收集数据的来源如下：

（1）医学专业期刊：这类刊物有周刊、半月刊、月刊、季刊、半年刊与年刊等。专业期刊的信息属研究性质，从这类期刊的文章里，可以了解其他医院及专家的做法。通过如柳叶刀（*The Lancet*）、美国医学会期刊（*JAMA*）、新英格兰医学期刊（*NEJM*），以及其他有关医院战略管理的期刊，能够了解他人经验，知道在目前的情况下要如何做。

（2）报纸：报纸的信息以新闻报道为主，由于各报社的编辑政策不同，可影响到新闻的取舍，以及报道的方式，所以报纸的信息有相当的主观性。可多浏览不同的报纸，有些机构有电子剪报，可予以分类建档保存，以便查询。

（3）人物接触：医疗人员自行接触是主要的信息来源，这类信息属于口耳相传，在信息传递途中，掺杂了不少个人的看法，里面也有许多不真实的信息。这类信息有其重要性，但需要仔细地辨识。

（4）医疗卫生器械及药品供货商：供货商通常与许多上下游厂商接触，是重要的信息来源渠道，可以知己知彼。这类信息亦属于套交情式的口耳相传，在信息传递途中，有不少个人看法，也有许多不真实的信息。

（5）统计资料：统计数据以官方数据为主。各级政府机构每隔一段期间都会发布有关的统计资料或统计信息。这类统计资料由政府机构发布，具客观性及公信力。与医疗健康保健有关的统计资料如下：国家卫生健康委统计信息中心为中华人民共和国国家卫生健康委员会直属事业单位，主要职责是负责卫生系统统计和信息相关的工作；拟定全国卫生统计制度和信息化规范与标准；负责卫生统计信息资料收集、整理与发布；承担国家卫生服务调查、专项调查；负责国家公共卫生信息网建设；负责卫生部网站、办公自动化建设等。国家卫生健康委统计信息中心提供的信息内容为：人口与家庭、死因统计、医疗设施及医事人力概况和医疗服务概况、全民医疗保险统计、医疗保健支出统计及卫生统计信息等。上述官方的统计数据，多半可以在相关政府网页上查询获得。

（6）数字化网络电子资源：网络上的信息非常多，有助于医院做战略规划。

二、医院信息运用的注意事项

医院将所搜集的信息运用到战略规划上，在运用大数据时，需注意几点：

（1）避免只专注于可控制的议题：医院战略讲究创新，它需要找出未来不可控制的各种观点，要有前瞻性，并非只注意目前可控制的因素。例如，外在的法规及政治经济等环境因素的改变，对医院规划影响至巨。

（2）主动寻求对立观点：为了避免战略出现盲点，在拟订战略时，要反向思考，寻求对立观点，从反面来看战略，有时对立的观点更具有战略价值。

（3）检视情节是否符合事实真相：信息要能直接与医院的战略规划有关，才能在规划上发挥作用，所规划的情节也必须符合医院的实际需要，因为战略是行动及目标导向的，它要能够被执行及达成。

（4）从数据获得中，可以了解自身的弱点，并设法加以补强。这就是《孙子兵法·谋攻篇》中的“知己”，知道自己的弱点，就要设法补强，或是藏拙，以避免暴露弱点。

三、大数据给医院管理带来的新契机

（1）医院受益于大数据时代的发展，在医院信息化建设不断完善的同时，医院管理水平也在不断提升。医院管理更精细，更规范。管理水平和管理者的主观意愿影响规范化管理。大数据时代，医疗系统将能够收集到更全面、更完整的数据，丰富的数据可以为管理者提供有效的支持。因此，基于全面的数据收集和有效的管理，医院战略管理及决策将更加科学、准确，医院战略管理的基础水平将显著提高。

（2）创新医院管理模式，根据医院各科室的性质、内容、绩效贡献等因素进行岗位分配，对不同部门和职位、工作量、任务难度、职责、资格等提供评价的方法或制定指标的参考。医院人力资源部门可以从大数据中受益，全面评估每位医疗专业人员的工作贡献价值。工作需求可以用大数据来解释，医护人员及职工的工作价值可以用大数据来体现，人力资源部门可以用大数据有效地管理职工。大数据彻底改变了人力资源管理的模式。

（3）提高医院财务分析和管理水平。大数据可打破传统医院数据的界限，规范财务管理的操作过程，限期解决财务管理难题。大数据使所有成本信息清晰透明，实现财务数据分析、成本分析对比、损益分析、综合成本管理、财务信息实时变化等成本管理。进一步提高医院运营效率，强化医院预算和成本管理的作用。通过注重绩效管理、资金最大化和利润最大化，以有利的方式支持医院的财务决策。

（4）有利于改善医患关系。过去医患关系相对紧张，矛盾的根源在于医患信息不对等与不公平。在大多数情况下，患者处于信息不对等中，无法及时准确地识别病症。大数据时代，医院信息更易获取，医疗信息更加公开透明，患者与医疗机构信息不匹配的情况逐渐减少。对于医生来说，他们提高了对医学知识和技能的理解和熟练程度，同时考虑了患者的感受，与患者一起作出决定。对于患者来说，大数据提高了他们对基本医学知识的理解并准确识别，可改善患者状况并增强患者对医疗计划的信心，提高其满意度，改善医患关系，促进治疗效果。

（5）提高病患信息管理效率，提高医院目前使用的各类疾病信息的整体水平。大数据方法有助于客观地实现数据和信息的多层次整合。医院可以充分整合有用的患者信息，将其适当划分为每个项目合适的患者信息，并将其划分为患者门诊信息、检查信息、报告和诊断信息和付费信息等。此外，将上述消息分类后，医院一般以病历号或身份证号为每个患者创建一个标识符，以方便与大数据的多层消息集成。大数据技术在聚合和统计信息方面比传统技术更有用，可以防止潜在的错误发生。

（6）医院可以为目前住院的患者提供他们进行常规医疗决策所需的信息。这些信息可以帮助医生准确判断患者的病情并快速制定治疗方案。患者亦可以通过智能设备随时查看个人医疗数据，实时记录健康状况。

知识拓展

医疗服务信息化是医学科学发展的必然趋势，在过去数十年，美国医疗服务信息化行业取得了长足发展。谷歌跟美国的医疗中心合作，为几百万名社区患者建立了电子档案，医生可以远程监控。微软也推出了一个新的医疗信息化服务平台，帮助医生、患者和患者家属实时了解患者的最新状况。英特尔也在推出数字化医疗平台，通过信息化手段帮助医生与患者建立互动。IBM公司也在这方面做了很大的努力。例如，预约就诊在未来将越来越多，最后完全普及。预约就诊就是在知晓自身健康状况和医疗资源信息的情况下有目的地就医，是满足人们个性化就医需求的必然。

第四节 医院战略管理的规划与过程

一、医院战略管理规划

医院通过医疗大数据分析了内部和外部医疗环境，并产生了目标政策的战略，需要找到核心竞争力和成功的关键因素，为医院战略目标铺设一个重要的成功元素，大数据分析正是战略规划过程中最重要的第一步。通过这个战略目标，可以进一步制定一个完整的战略地图。医院运用SWOT方法进行内外部环境分析，来探讨医院之优势、劣势以及机会或威胁，之后产生使命、愿景等目标战略方针，之后设定出战略目标，但在设定战略目标之前，必须先彻底检视并寻找出关键成功要素（key success factors，KSF），之后再使用波特五力分析模型等工具，针对医院所面临的医疗环境进行整体性的分析，拟订出“战略主题”，在战略主题下寻求最好的“战略方案”，如此便可进一步订定“战略目标”，进而拟订出“年度目标”与实际可达成年度目标的“行动计划”，但为了达成年度目标让行动计划可行，便要找出关键绩效指标（key performance indicators；KPI），通过追踪KPI来达成年度目标。战略目标和关键成功要素如图6-1所示。

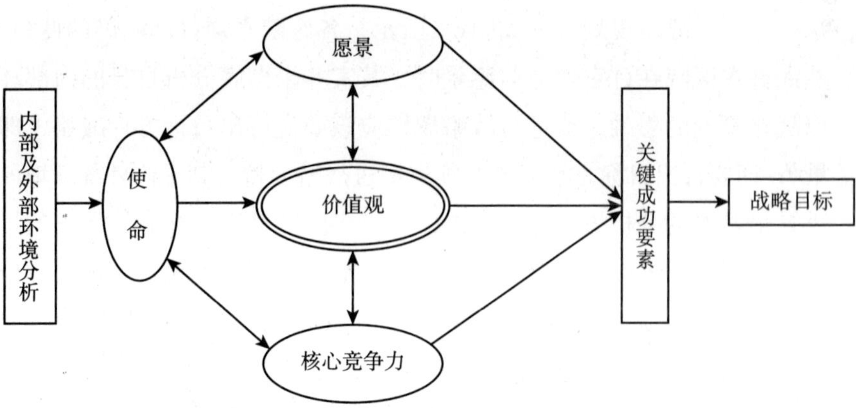

图6-1 战略目标和关键成功要素

医疗行业最常见的是医院面对医保体系变化而制定的战略规划。例如，当国家医疗保障局出台一个新的政策，如“疾病诊断相关分类的DRGs（Diagnosis Related Groups）”，医院将开始制定一系列新的战略规划；当国家医疗保障局出台“总额预付

(global budget)”新政策，医院将制定一系列新的战略规划。战略规划的重点，包括战略“目标设定”及拟订战略“执行目标方针”两个步骤。战略“目标设定”是战略规划很重要的步骤，它的意思是“设定某些要达到的量化指标(indicators)”，例如，一家新成立的医院需要每年增加30%以上的就诊患者人数，或是医院在总额预付下，必须将成本做好管控。

量化指标有很多种，其中一类指标称为关键绩效指标(KPI)，是影响战略绩效的关键指标，因为各种战略的成效需要有量化的指标来衡量效益，因此通过KPI可以明确地掌握战略目标是否如期达成。战略规划的过程最终，便是订出关键绩效指标，但不是所有指标都是关键指标，关键除了指该指标的重要性外(关键的重点)，亦包括战略性(特殊目的)的意义。有了“目标设定”与对应的“KPI”后，下一步为如何达到目标的路径与“执行目标方针”的规划，此路经与“执行目标方针”即是战略。亦即，战略是往哪个方向走(方向)、何时走(时机)以及要走到哪一种程度(程度)。

二、医院战略规划的管理过程

战略规划(strategic planning)的意思包括“定义目标与达成此目标的方法途径(strategic planning consists of the process of defining objectives and developing strategies to reach those objectives)”，重点在于“规划的过程”而非“规划战略”，如本书第一章所提到的战略管理框架图，战略规划的程序一定在第一个阶段，即PDCA循环的P，战略规划的重点通常包括两个步骤：制定战略“目标设定”和战略“实施目标政策”。

在医疗行业中，战略规划过程如图6-2所示，各医院必须订出明确的使命(宗旨)与愿景，然而许多医院在订定使命与愿景时，其实并未彻底分析自身的内部环境与外部环境。以战略管理的思维，要进行战略规划应该要先订出目标方针战略(即所谓的使命与愿景)，而要订出目标方针战略必须先经过战略分析，其中内外部环境的分析极为重要，也是最基本的分析方法。在国内，有很多医院订定目标方针战略的过程只是为了医院评审所需，故整个医院落实战略管理与战略规划就无法达到前后呼应且一以贯之。举例而言，有医院为了医院评审订出了“以质量为中心、以服务人民为宗旨”的使命，而该医院本身属于盈利性医院，医院本身的规模与内部的医疗资源并不完善，且财务也不够健全，为因应医保环境日益压缩给付，造成运营困难，所以该院必须努力开创自费的医疗服务来平衡收支；但因为自费医疗的价格不受医保的管控与监督，所以市场上多半采取恶性削价或是低落质量战略，该院为了抢下各项自费医疗服务的业务，不惜削价竞争以分食自费医疗的大饼，但因为收到的价格过低，医院运营与部分相关管理者面临了许多压力，为了创造出利润，所以只好压缩成本，为了压缩成本，只好牺牲部分医疗的质量。如此的运营战略虽然短期看起来并没有太大的问题，因为医院确实在自费医疗的市场中取得大量的业务，但如此的战略却与该院所制订的“以质量为中心”的使命大相抵触，短期间看起来好像没有什么大不了，但因为后面的战略议题或战略方案无法呼应前面的目标方针战略，长期下来便会让职工无所适从，无法了解战略的价值与目的，造成最后的失败。相同的，运营与管理者也会因为目标方针战略与后面的战略方案互相抵触，而产生领导危机。因此，医院进行战略规划，除了应重视内外部环境的分析之外，更应当重视目标方针战略的拟订，绝对不能只是为了因应医院评审而由少数人自行订定，应该举行头脑风暴会议，通过高层、中阶主管干部与基层职工共同参与并建立共识、目标、政策，以这种方式建立的战略可能会使一个组织或医院拥有更加美好的未来。

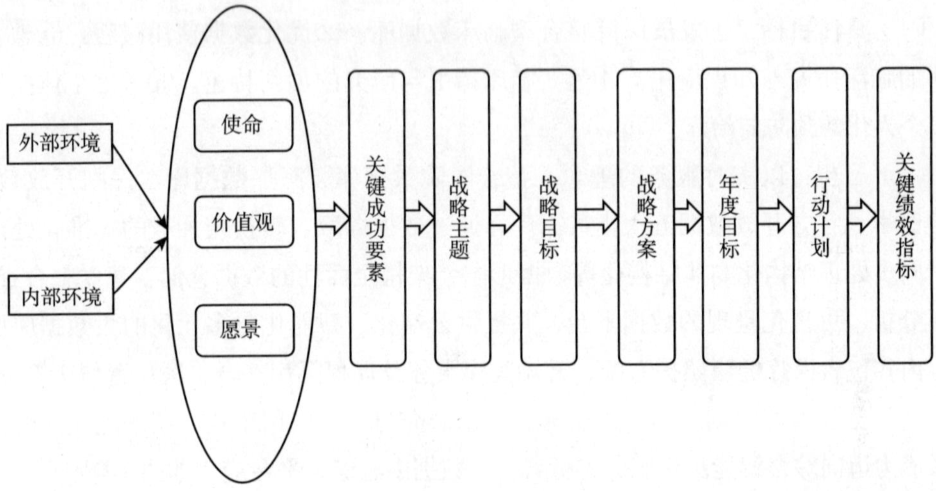

图6-2　战略规划过程

第五节　应用案例

案例：医院大数据中心

某三甲医院建立了大数据中心，基于专题数据库存储，方便医院患者病历的整合。医院最初的目标是最大化医疗数据的研究价值，长远的目标是实现个性化医疗和大数据的产业价值。大数据中心是服务医学院与医疗体系所有在进行科研工作的师生、医生、相关医疗专业人员及行政职工，提供研究统计咨询与数据分析的相关服务，亦协助医院的管理中心分析整理运营管理需要的数据，该医院任何一位对医学研究有兴趣的员工都能前来咨询、共享数据收集、相关研究设计、分享各种研究主题的统计过程与经验。大数据中心的信息与技术支持，使得上述人员在专注于临床专业之外，也能持续进行科研，发挥最大的分工合作、团队双赢精神。

1. 成立使命 成立整合性数据库与跨领域讯息平台，建立临床与行政决策辅助系统，发挥医疗大数据的价值，提升医疗水平与质量，促进人民健康。

2. 核心价值 提升大数据迅速力、精确力、实用力和创新力。

3. 成立愿景 以医疗健康照护系统为核心，打底基础建构高质量医疗大数据生态圈，建立四大数据智能主轴：①整合临床数据库。②建构系统化的讯息平台。③增进数据、智财与应用的科研发展。④建置以患者为本的人工智能。

4. 目标及展望

（1）具体目标：①发展医院整合型临床数据库。②优化数据使用过程。③整合各专科的临床研究与知识应用。④落实临床指引与研究的创新特色。⑤考虑个体差异而制订个人化的预防与治疗。

（2）展望：以实时服务的理念，整合医院数据库、医保数据库、民间开放数据、精准医学、官方开放数据五大类数据库，通过数据撷取、转换与加载的标准化处理过程，同步处理结构化与非结构化等数据形态，架构全面性的数据仓储，建立整合查询、实时分析、可视化呈现的数据平台，并提供云端化、智能化与多元化的大数据应用服务，内容包含医疗健康照护系统、云端医疗服务及远程医疗整合、医疗智慧决策分析，并利用数据加值产业创新的医疗服务、学术研究与产业应用模式，期待能使该院医疗体系成为迈向综合智能医疗服务先行者。大数据中心综合平台应用如图6-3所示。

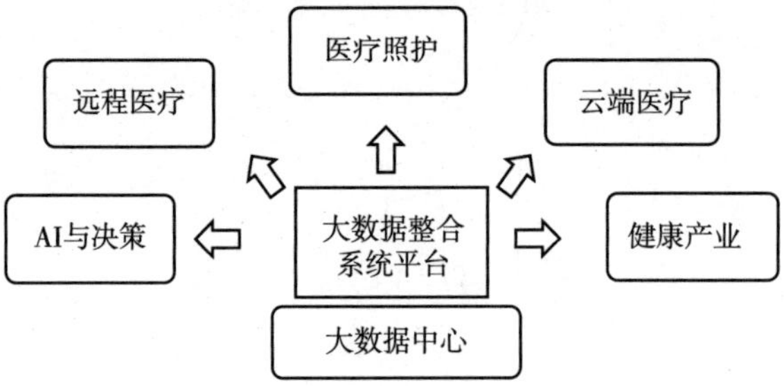

图6-3 大数据中心综合平台应用

讨论：①大数据分析在医院战略规划过程中扮演何种通道？②医院如何具体通过大数据分析提高医疗质量？

本章小结

大数据重要的关键原因之一是它开展了新的价值领域。大数据正逐渐成为重要的生产资料，甚至可以说将成为智能社会的新能源。大数据分析作为医院发展的关键工具，未来将拥有更加多样化的应用方式，并能够更加有效地运作。这种趋势固然可以为医院的发展作出贡献，但只有准确把握趋势，才能真正把握社会形势，抓住医疗专业的机遇，乘风破浪。医院的大数据中心充当数据融合枢纽。数据即服务的概念整合了大数据库：医院数据库、医保数据库、私人开放数据、精准医疗、官方开放数据。医院使用大数据来分析其内部和外部环境，并运用SWOT分析优势、劣势、机会和威胁，产生使命，设定“战略目标”“关键成功要素”，以及“战略目标”，最后通过追踪关键绩效指标（KPI）来达成年度战略目标。

（王炳龙）

第七章　医院战略模式

学习目标

1. 掌握　迈克·波特竞争战略的原理与优势。
2. 熟悉　战略选择的分析工具。
3. 了解　战略的分类及其内涵。

案例讨论

【案例】一家大型三级综合医院的愿景是成为国内一流、国际知名的医院，其在当地享有一定的知名度。医院各项设施完善，优秀人才聚集，但医疗业务量近3年无明显增长。2019年中华人民共和国国家卫生健康委员会推出三级公立医院绩效考核，在连续两年的成绩榜单中，该医院均未进入全国前百名，竞争优势不显著？如何逐步接近愿景？值得医院管理层思考。

【讨论】

1. 该医院可从哪些层面提高竞争优势？
2. 列举该医院可选择的战略模式，依据是什么？

第一节　发展战略执行决策模式

经过对组织进行内外环境分析，并借由大数据信息形成初步的战略方案。由于战略选择意味着较大和较长期的资源投入和承诺，影响组织未来发展的方向，一旦决策失误，付出的成本和代价将很大，所以如何选择最终该执行哪种或哪几种战略模式，并制定详细的行动计划与安排，是战略成功的关键。组织也会根据不同的环境、不同的政策、人事变动等因素适时调整战略，并非一成不变。

一、战略层级

从实施战略主体的角度看，战略分为三个层级：总体战略、经营单位战略和作业战略（图7-1）。一般而言，层级越高，制定的战略越宏观，越到下面的层级，制定的战略越具体。

图7-1　战略层级

（一）总体战略（corporate-level strategy）

总体战略决定组织主要的业务范围与发展方向、组织的使命与目标，一般是指组织的管理者在对内外环境分析的基础上，对市场需求、竞争形势、资源供应、组织实力、国家政策、社会要求等主要因素进行综合分析后，所确定统帅和指导组织全局和长远发展的谋划与方略。决策内容主要包括：①组织未来的发展与应从事或退出哪些事业。②决定财务或人力等主要资源如何在经营单位间流动。③决定组织与重要环境元素的关系。④决定组织如何增加投资报酬率。

总体战略多为方针战略，是规范组织发展的行动指南，它有利于确保组织所有部门按照相同的基本准则行动，有利于组织内部各单位之间的协调与信息沟通。总体战略目标可实现投资收益最大化。

（二）经营单位战略（business unit-level strategy）

经营单位战略是指一个事业部所实施的战略，按照市场来划分，不同的市场需要不同的战略；在总体战略的指导下，事业部所借由特定的产品或市场中取得竞争优势地位，出奇制胜，进而抢占市场，实现利润和市场占有率最大化。常用的方式包含市场渗透战略、市场定位战略与产品发展战略。

（三）作业战略（operational-level strategy）

作业战略也称为功能战略（functional strategy）、基层战略，是按照总体战略或经营单位战略对组织内各方面职能活动进行的谋划，它必须与总体战略及经营单位战略相契合。作业战略类比于两军对垒的战斗技巧，回答“我们应该做些什么？（What should we do？）”这样的问题。作业战略的目标是提高工作的有效性与效率。如医院科室或部门负责人，需思考本科室或部门的战略位置，评估内外环境，开展SWOT分析，发展特色医疗。

总体战略与经营单位战略是上下联动的，即总体战略是高层管理者分析产业结构竞争和环境影响后拟订出大的战略方向，由上至下（top-down）要求经营单位配合执行或参与讨论，以推力（push）执行至下行单位；经营单位向上反馈沟通可执行方案与KPI指标，适时地由下至上（bottom-up）产生一股拉力（pull），在高层与经营单位推拉运作下，高层主管需随时检视所投入的资源与战略是否实用，经营单位需提供面临的问题与实际状况，让高层主管得知战略该如何修改，才是正确可行的（图7-2）。

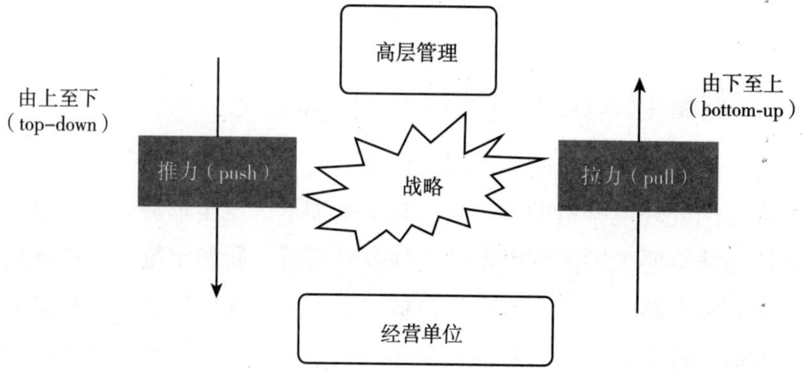

图7-2　总体战略高层管理者与经营单位决策形成互动

二、战略种类

战略种类如图7-3所示。

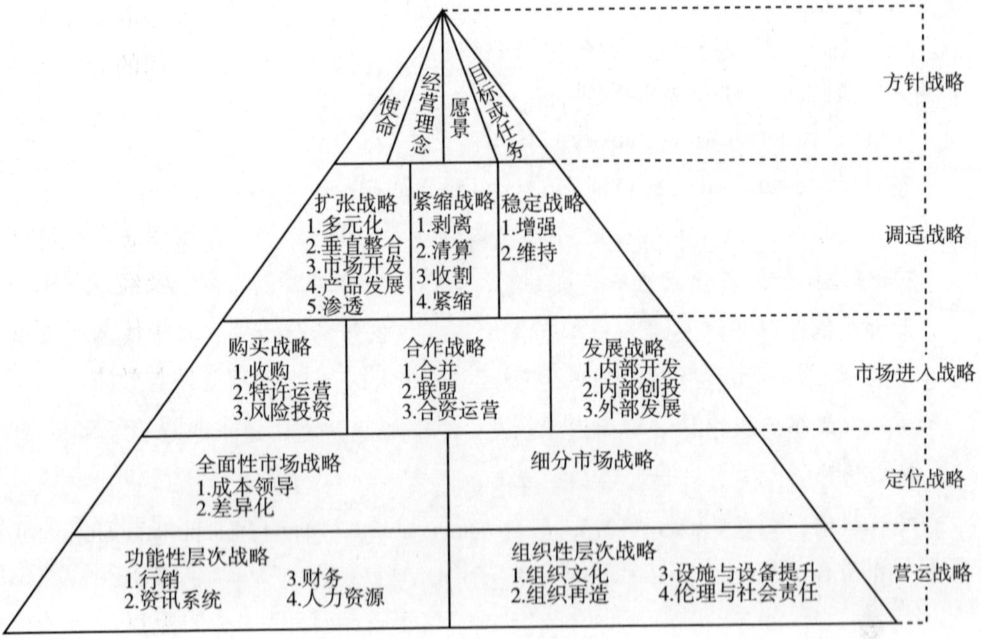

图7-3 战略种类

（图片来源：陈铭树.医疗产业战略管理［M］.台北：华杏出版社，2012.）

（一）方针战略

方针战略（directional strategy），也称为方向性战略，代表机构想要从事什么（what the organization wants to do），是组织最高层级的战略，体现组织领导的最高决策、使命，决定医疗产业的任务、服务的范围与形态，通过建立组织的愿景、使命、价值和战略目标来设置组织的基本发展方向。

知识拓展

医院方针战略案例分享

1. 美国梅奥医学中心

Mission：To inspire hope and contribute to health and well-being by providing the best care to every patient through integrated clinical practice，education and research.

Primary value：The needs of the patient come first.

2. 美国洛杉矶儿童医院

Mission：We create hope and build healthier futures.

Values：We achieve our best together.

We are hopeful and compassionate.

We are learners leading transformation.

We are stewards of the lives and resources entrusted to us. We serve with great care.

3. 清华大学附属北京清华长庚医院

宗旨：医疗服务以患者为中心，医院运营以医师为核心，医院发展以职工为重心。

使命：提供健康守护、培养医学精英、创新临床研究、追求卓越管理。

核心价值：人本、济世、厚德、至善。

发展战略：创新（innovation）、整合（integration）、国际化（internationalization）、特色（identity）。

（二）调适战略

调适战略（adaptive strategy），亦称为适应性战略，其比方针战略更为详细，提供达到愿景的基本方法，分为扩张战略、紧缩战略和稳定战略。

1. 扩张战略（expansion） 扩张战略是指企业扩大运营规模，或在原有的企业范围内增加生产能力与产品供应量，投资新的领域，或是通过竞争推动企业之间的联合与兼并，以促进企业不断发展的一种战略。根据扩张范围分为五种类型：多元化战略、垂直整合战略、市场开发战略、产品发展战略与渗透战略（表7-1、表7-2）。

表7-1 扩张范围及类型

扩张范围	类型
多元化	相关多元化；无关多元化
垂直整合	向前；向后
市场开发	区域性；区隔化
产品开发	生产线；产品
渗透	增强；促进；分布；定价

表7-2　四种扩张战略的关系

项目	旧产品	新产品
旧市场	渗透战略	产品发展
新市场	市场开发	多元化

比如医院在面临医保支付制度改革、周边医院规模扩增等环境变化时，通过波士顿矩阵分析，针对明星科室、问题科室等可采取扩张战略，通过申请扩床、引进名医等举措形成竞争优势，给予资源倾斜以扩大运营发展。

（1）多元化（diversification）：为了扩张而发展新的产品或服务类别，分为相关多元化和无关多元化。比如医院原本仅提供医疗服务，可通过患者及家属需求开发美食广场、售卖健身器材、提供营养代餐包等（图7-4、图7-5）。

图7-4　医院药品超市

图7-5　医院院内商场

（2）垂直整合（vertical integration）：为强化核心运营模式，沿着核心业务的上下游分布而开发的战略，通常为总体战略及业务单位战略，分为向前或向后垂直整合。比如某大型医院原本通过招采中心采购相关的物资，由于其规模较大，足以自行开发生产相关的医疗设备，大大降低运营成本。

比较常见的医院垂直整合战略体现在将医疗业务上下游的医疗机构进行整合，包含健康促进医院、初级保健医院、急诊室、综合医院、护理之家、康复医院、长期照护医院、居家照护单位等（图7-6）。

（3）市场开发（market development）：通常是指对于组织本身而言，将目前的产品或服务开辟新的区域市场，发展现有产品的新顾客群。市场开发的前提是现有的产品或服务市场持续成长，且前景看好，拥有足够的资源，具备良好的组织结构、财务状况、人力资源、信息系统以及营销方法，可以使组织得到崭新的、可靠的、经济的和高质量的拓展渠道。这种情况在医疗行业较为常见，随着医保支付制度改革，医院财务风险增加，进而拓展自费顾客市场、居家照护等业务，或在原有的基础上发展特色医疗以吸引外省市或国际患者。

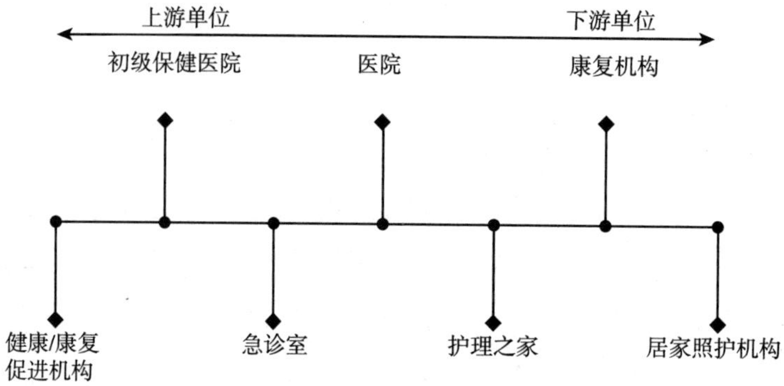

图7-6 医院常见的垂直整合

（4）产品发展（product development）：指将原有的产品或服务重新赋予新的功能或价值，延伸产品的深度或广度，以求增加原消费族群或市场的购买动机，进而达到扩展业务量或增加销售额的目的。比如妇产科在原有的专科疾病治疗中，开设专病门诊或结合中医等特色开设月子中心等。

（5）渗透（penetration）：通过扩大生产规模、提高生产能力、增加产品功能、改进产品用途、拓宽销售渠道、开发新市场、降低产品成本、集中资源优势等单一战略或组合战略来增加市场份额。一般而言，医疗院所以患者为中心，提供高质量服务，较不倾向采用红海战略降低服务价格，而是利用现有产品开辟新市场实现渗透，向现有市场提供新产品实现渗透。常见的方式是利用4P——促销（promotion）、通路（place）、价格（price）、产品（product）的营销组合，以提高产品或服务的使用频率。比如针对中老年医疗市场，因需要家属陪同而增加夜间或假日门诊，争取社区免费接驳车在医院附近设站点，同时配合进社区开展健康讲座，以扩大业务量。

2. 紧缩战略（contraction strategy） 是企业从战略运营领域和基础水平收缩和撤退，且偏离起点战略较大的一种运营战略。与稳定战略和扩张战略相比，紧缩战略是一种消极的发展战略。一般情况下，企业实施紧缩战略只是短期的，其根本目的是使企业挨过风暴后转向其他的战略选择。有时，只有采取收缩和撤退的措施，才能抵御竞争对手的进攻，避开环境的威胁和迅速地实行自身资源的最优配置。某种程度上，紧缩战略是一种以退为进的战略。比如规模较小的医疗机构，因检验检查投入较大，而检验检查业务量并不大，此时，可采用紧缩战略，将不具备竞争优势的医疗服务交予第三方合作平台，以降低医院的运营风险。收缩范围及类型见表7-3。

表7-3　收缩范围及类型

收缩范围	类型
剥离	全部；部分
清算	运营；资产
收割	快速；缓慢
紧缩	市场；产品

（1）剥离（divestiture）：将一些非核心的或者成本处于劣势的业务转移到企业之外，使企业将有限的资源使用在那些期望取得长期成功，能够创造出独特价值，或者能使企业成为行业领先者的核心业务领域。战略剥离被认为是一种企业有效降低产品成本，引进和利用外部资源，帮助企业提高核心竞争力的有效手段。在医疗行业特别常见，如医院运送、安保、导诊等服务。

（2）清算（liquidation）：指将还有剩余价值的部门或经营单位卖出，目的在于撤回投资，如卖出所有或部分的组织财产（如设施、土地、仪器设备等），以换取现金和降低投资负担。比如国有企业、医院被药企或医疗集团收购。

（3）收割（harvesting）：是指组织减少某一特定部门或业务上的投资，或是贡献较少的单位停止营运的一种战略。收割战略是产业面对衰退阶段公司实施的有计划、有控制的退出战略。

（4）紧缩（retrenchment）：减缩组织的营运范围，重新定义目标市场，选择性地减少人事、产品、服务或提供服务的地理范围。

3. 稳定战略（maintenance strategy） 从本质上追求运营状况的稳定，不改变基本的产品或运营范围。它是对产品、市场等方面采取以守为攻，以安全运营为宗旨，不冒较大风险的一种战略。比如在大型综合医院的发展中，有些科别因环境的改变呈现萎缩，但这些科别又不可能不设置，且需满足患者的需求，于是会采取稳定战略，如临床营养科、全科医疗科、精神心理科等。

（1）增强（enhancement）：指通过持续提升质量（quality）、效率（efficiency）、创新（innovation）、速度（speed）和弹性（flexibility）等，以求改善目前的产品或服务，其中心思想是不断地持续改善。比如为了通过医院评审，通过开展持续质量改进（CQI）项目来实现增强战略。

（2）维持（status quo）：市场竞争非常激烈时，寻求维持组织的相对市场占有率，通常在市场成熟期及高成长期结束后便需采取，因为市场的周期已经成熟或正迈向衰退，任何的投入或扩充所换得的投资报酬率都不高，故而需采取维持战略。

（三）市场进入战略（market entry strategy）

市场进入战略是指企业为了使产品顺利地进入目标市场，通过购买、合作或内部开发等方式所采取的战略。在目标市场选定后，选择正确的市场进入战略对企业市场目标极为重要。

1. 购买战略（purchase）

（1）收购（acquisition）：一般指通过收购一个现有的机构、一个机构的现有部门或某机构现有的产品/服务而达到自己快速成长的战略。该战略能利用已经建立好的品牌形象快速进入市场，但因对新业务不熟悉，需要长时间来消化新的文化。近年来，国内上市公司投资收购医院的案例比比皆是。

（2）特许运营（licensing）：通过契约的方式购买某组织特许运营权，如技术、设备、市场等，可降低发展产品或技术需投入的成本与风险、获得品牌影响力，但受制于出让者的规定与要求。在医疗产业中，特许运营较为少见。

（3）风险投资（venture capital investment）：以投资的方式参与组织的成长，一般是在其起步或扩张阶段，以较小的成本分享利益，降低风险。该战略模式在医疗产业中的案例并不多见。

2. 合作战略（cooperation）

（1）合并（merger）：通过协议合并两家或多家机构成为一个新的机构，运用现在的资源保留现有市场和产品，增加市场占有率，减少竞争对手，也需要长时间的文化融合。比如某些大型综合医院，通过与郊区基层医院联合，使其成为分院，以扩充患者来源，提高竞争力。

（2）联盟（alliance）：指两个以上的机构通过正式的书面契约形成合作关系，联盟间机构互相学习，资源共享，互利共赢，也常因难以整合全部资源、沟通及信任不足而宣告终止合作。

（3）合资运营（joint venture）：合并两家及以上机构的资源以达成一项指定的任务，发挥机构间的协同效应，集合不同机构的专业人员、技术等资源，达到分散风险、降低成本、化整为零的功效。

3. 发展战略（development）

（1）内部发展（internal development）：运用机构内部的能力与资源重新包装或搭配其他元素或条件，产生新的产品组合或服务，且这些新的产品或服务能推广至现有市场中增加市场份额，达到助力机构发展的效应。

（2）内部创投（internal venture）：在机构内部建立一个独立的实体，创新成为新的服务项目及产品，这些项目及产品可能与机构内现有项目及产品完全无关，但待技术或市场成熟后，这些创新项目或产品可能成为新的主力产品。

（3）外部发展（external development）：机构从外部的合作战略因而得到扩展。

知识拓展

中国台湾长庚纪念医院的服务范围包含急、慢性医疗，长期照护，养生及医学护理教育。在内部创业中，如医院的信息部门，原本只提供医院信息系统服务，在经验累积与能力的提升下，成为可以承接医保与其他医院信息业务的信息公司。此外，原本的接驳车提供短程病患接驳服务，因患者与家属人员需求日益增加，往返业务转变成为一家客运公司。除了将长庚关系企业原本自产自销的病床及相关辅具等产品服务，营销到各医疗院所之外，也将长庚行政管理中心通过内部创业战略转型为管理顾问公司，进而接受其他医院或其他产业的管理顾问服务。

（四）定位战略（positioning strategy）

行业的竞争状态取决于五大竞争力，这五大竞争力的合力决定行业的最终赢利能力。看清竞争合力、找准自己的定位是制定竞争战略的关键。定位战略可分为全面性市场（market-wide）战略和细分市场（market segment，亦译为市场区隔）战略。

1. 全面性市场战略　顾名思义为全面的目标市场，而非特定的或少数群体，其又为分为成本领导（cost leadership）战略和差异化（differentiation）战略。

2. 细分市场战略　也即集中战略（focus strategy），在区隔化的市场找到利基点（niche），让组织或企业能在这个利基点上有效地开发出新的市场或提供优质的服务。

当低成本和差异化在战略定位上集中于市场空隙（定位较窄）时，就分别称为成本集中或差异集中。四大通用战略可以单独运用，亦可以联合运用，以巩固机构的长期防御地位，在行业中赶超竞争对手。

（五）营运战略（operational strategy)

1. 组织性战略（organizational strategy）　包含组织文化、组织再造、设施与设备提升以及伦理与企业社会责任，使组织营造良好的运营环境与运营系统，使组织内部成员全心投入并善用组织资源，创造竞争优势实现组织目标。

2. 功能性战略（fuctional strategy）　包含行销部门、资讯系统部门、财务部门、人力资源部门等组织中各个功能性的部门所采用的战略，使用功能性战略的目的是为了支援组织的各种竞争战略。

案例讨论

【案例】某三甲医院经过30年的建设，业务规模与学科实力在当地排在前列。为了使医院发展得更快、更高、更强，通过调研当地人口结构、疾病谱、医疗资源分布、地理环境，秉持深耕社区、永续经营的精神，拟定“雁行医疗群”计划，分别在不同区域设立社区医疗群，依照患者病况，与基层诊所、出院准备服务转介、居家照护、急性后期照护、长期照护等机构联结，落实双向转诊制度及转介服务，协助患者获得完整医疗照护，使各层级的照护单位能发挥所职，让民众无缝接轨获得所需的医疗照护。与基层机构的合作内容包括：①办理个案讨论会、各项教学活动等推动基层医疗机构共同照护的医疗模式，增强民众对双向转诊的信赖。②建立跨院所医疗信息平台，共享转诊患者的检查（验）报告及相关诊治记录。③对于急性后期稳定患者，以专责专人转介后续照护单位。④开放医疗群内医师院内医学新知识及医疗技术交流平台，共享进修课程，提升专业知识及技术。⑤提供基层诊所24小时不间断的紧急患者转介及外接医疗服务；⑥协同医疗群医师共同参与社区健康促进活动，共享社区营造及健康促进成果。这样一方面，可快速拓展病源与优化病种结构，将疑难重症病例转至本院诊治，提高医疗技术水平；另一方面，与基层医疗机构维持良好的双向沟通管道，提高患者满意度。接下来医院准备进一步扩展“雁行医疗群”的辐射面积，推广至周边省市，吸纳更多的医疗机构为其输送病源。

【讨论】请问在该案例中，分别运用了哪些战略模式？

三、战略选择

组织的资源与能力有限，不可能选择所有的战略。寻找与抓住外在机会，选择合适的运营战略，并建立自己的竞争优势与利基市场，使自己在竞争激烈的环境中立于不败之地是组织能够存活并能永续运营的关键。

（一）SWOT组合分析

SWOT组合分析如图7-7所示。

内部分析 战略选择 外部分析		组织内部	
		优势S S1： S2： S3： …	劣势W W1： W2： W3： …
组织外部	机会O O1： O2： O3： …	SO 扩大、维持战略	WO 补强战略
	威胁T T1： T2： T3： …	ST 防御、差异化战略	WT 避险、学习成长战略

图7-7　SWOT组合分析

Weihrich于1982年提出，将内部优势和劣势与外部机会及威胁等相互配对，利用最大优势与机会和最小劣势与威胁，研拟出适当的因应战略。配对后的战略形态可分为：①SO战略：采用扩大及维持战略。②ST战略：采用防御与差异化战略。③WO战略：采用补强战略。④WT战略：采用避险与学习成长战略。

（二）产品寿命周期分析

产品寿命周期如图7-8所示。

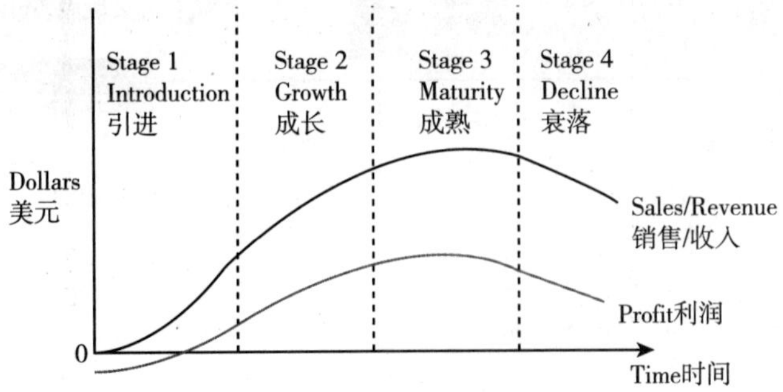

图7-8　产品寿命周期

产品的寿命周期不同，其销售、利润、竞争者、成本也随之不同。在不同的产品阶段，可以有不同的战略选择，如表7-4所示。

表7-4 产品生命周期阶段的战略选择

Stage 1引进期	Stage 2成长期	Stage 3成熟期	Stage 4衰落期
市场开发 产品开发	市场开发 产品开发 渗透 垂直整合 相关多元化	市场开发 产品开发 渗透 增强 维持 紧缩 剥离 非相关多元化	剥离 清算 收割 非相关多元化

比如医院皮肤科新引进一台设备，开展新的诊疗技术。在初期可进行大量的宣传推广，包括社区义诊、电台讲座等进行市场开发。随着市场逐步成长，其他医疗机构也效仿开展此类技术，此时可联合这些医疗机构进行产品开发或渗透。待技术成熟期过后，可尝试开发非相关多元化产品，不再投入更多资源，维持现状。若该技术逐步被其他更为先进的临床技术代替，则此时可采取收割战略。

（三）波士顿矩阵组合分析

波士顿矩阵（BCG Matrix），系将产业发展以市场占有率对市场成长率分析其生命周期交替的概念（图7-9）。

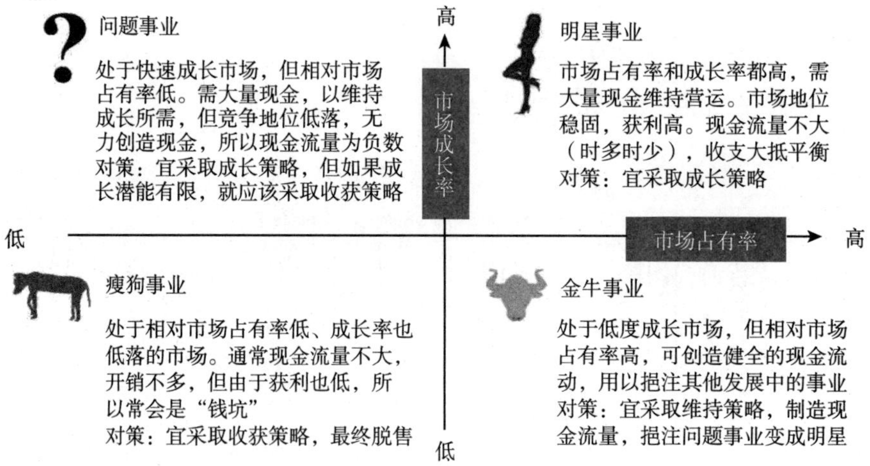

图7-9 BCG矩阵分析

医院不同于企业，不以追求利润最大化为目标，但当前医疗市场的竞争情形、资本巨头的介入以及医保支付改革，迫使医院利用有限的资源进行高效的管理，以保持永续运营。

图7-10为某医院利用BCG矩阵法，将医疗业务进行分类，对不同象限内的业务采

取相应的发展战略。

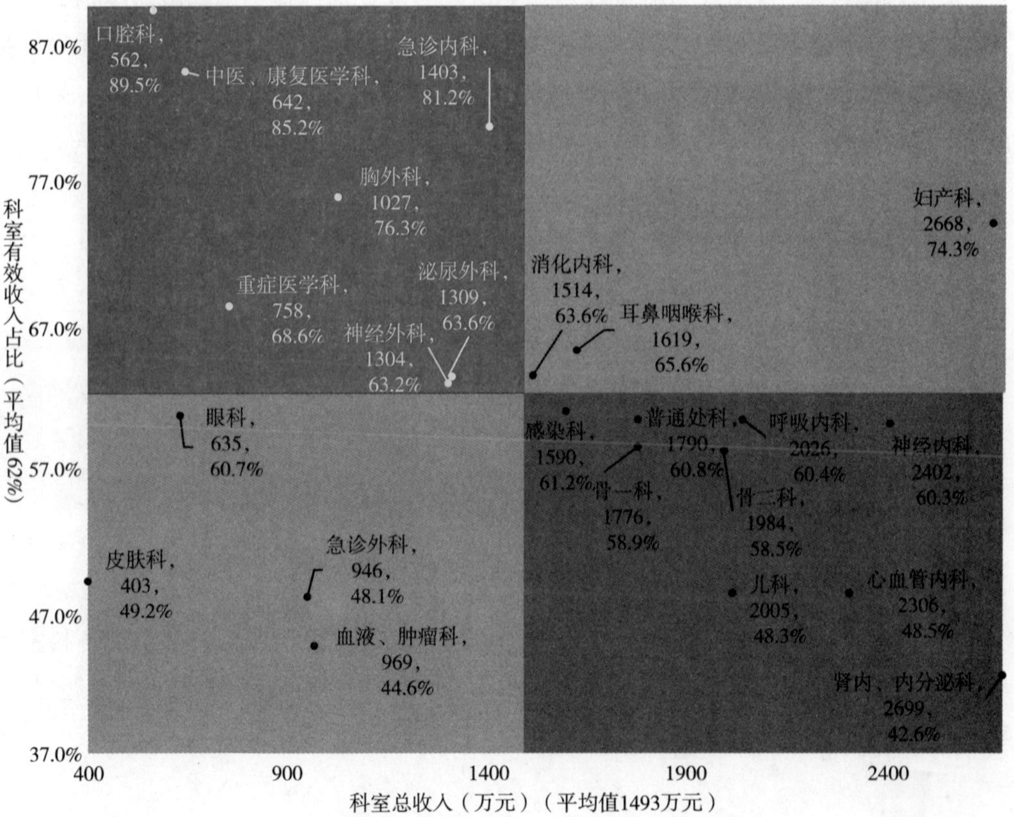

图7-10　BCG矩阵分析示例

明星科室：可以投入更多的资源促使其更好发展。

问题科室：可协助拓展市场占有率，如服务开发、医疗特色宣传等。

金牛科室：可通过改善过程、创新服务来降低成本，增加医疗有效收入。

瘦狗科室：若为必设科室，则给予基本扶持，维持现状，或与其他科室协作，以带动其成长。

（四）GE矩阵法

GE矩阵法（GE Matrix / Mckinsey Matrix）又称通用电气公司法、麦肯锡矩阵法、九盒矩阵法、行业吸引力矩阵法，根据产业吸引力与业务自身实力（即竞争力）两个维度来评估现有业务，每个维度分三个等级，分成九宫格以示不同级别的组合。

1. GE矩阵与BCG矩阵比较　BCG矩阵以市场增长率代表产业吸引力，以相对市场份额代表业务实力，指标较为单一；而GE矩阵采用多个因素来衡量这两个变量，同时增加了中间等级，正因如此，可以通过增减因素或改变重点，使GE矩阵更能适应管理者的意向与需求，分析更加准确。

2. 矩阵诠释 根据经营单位在矩阵上所处的位置来选择不同的战略举措，高位（下图左上）优先发展，采取增长与发展战略；中位（下图中间）谨慎发展，采取维持或选择性发展战略，保护规模，调整发展方向；低位（下图右下）考虑放弃，采取停止、转移或撤退战略（图7-11）。

	不同的战略选择		
高	尽量扩大投资，谋求主导地位	市场细分以追求主导地位	专门化，采取并购策略
中	选择细分市场大力投入	选择细分市场专门化	专门化，谋求小块市场份额
低	维持地位	减少投资	集中于竞争对手盈利业务或放弃
	高	中	低

图7-11 GE矩阵分析战略

医院管理者可以依照SWOT、BCG（矩阵）或GE Matrix等工具来审视各科室及与其他医院的竞争关系与位置。各负责人亦需了解自身与标杆医院或科室的差距对比，寻找利基市场，稳固竞争优势。

案例讨论

【案例】 随着新冠肺炎疫情的蔓延，医疗产业布局也在发生改变。受疫情冲击最大的民营医疗机构，尤其是医美、口腔、眼科、儿科等民营专科医院，如何突围，抢占医疗利基市场，其战略分析与选择显得尤其重要。

【讨论】

1. 作为医美机构，可采用哪些战略模式加强竞争优势？
2. 作为儿科诊所，可采用哪些战略模式加强竞争优势？

第二节 竞争战略

竞争战略是任何战略的核心，组织要获得竞争优势就必须作出战略选择，全面出击、均衡发展意味着组织毫无竞争优势可言。竞争优势是组织在运营决策中最重要的核心价值观念，是相对于竞争者所拥有的独特且优越的竞争地位。根据迈克尔·波特的竞争战略理论，在与五种竞争力量的抗争中，蕴涵着三类成功型战略思想，这三种基本竞争战略包括：差异化战略、成本领导战略、集中战略。

一、差异化战略

差异化战略也称为特色优势战略，指企业所提供的产品或服务与竞争对手提供的有明显差别，另辟蹊径，在行业内独树一帜，且这些差异的属性对于多数购买者是有价值的。迈克尔·波特认为，推行差异化战略有时会与争取占有更大市场份额的活动相矛盾。由于实施差异化战略所付出的成本较高，如研究设计、技术创新等，一般情况下同一经营单位难以同时实施成本领导战略。

医疗服务差异化是指医疗机构针对主要竞争对手在服务手段、服务环境、服务内容、品牌形象等多方面和竞争对手有所区分而又能突出自己的特色，在医疗服务市场中占有一席之地。医院所采用的医疗服务差异化的主要目的是突出自己的强势和优点，和竞争对手形成差异化，给患者一个比较有吸引力的就诊选项和理由。

（一）差异化的类型

（1）产品差异化：达到品质提升、创意新颖、顾客反馈，提供的产品与竞争对手相比有特色、有创新，如特色门诊、获得国际认证的专病管理等。

（2）服务差异化：主要包括问询服务、停车服务、售后服务等，如诊前就医便利、诊后随访等。

（3）人员差异化：主要是聘用与培养比竞争者更优秀的人才，以获得核心竞争力。

（4）形象差异化：主要是医院品牌与视觉识别系统，如协和、华西等。

（5）渠道差异化：主要是指获取终端市场所采取的渠道，如社区医疗、国际医疗等。

知识拓展

差异化案例分享——某医院专病管理获得JCI-CPCC认证，包括：慢性肾病；2型糖尿病；脑卒中跨领域照护；哮喘；艾滋病；慢性阻塞性肺疾病；乳腺癌治疗；肝癌治疗；小儿气喘；全膝关节置换手术；急性心肌梗死治疗；麻醉疼痛管理。

知识拓展

医院运营的外部渠道如图7-12所示。

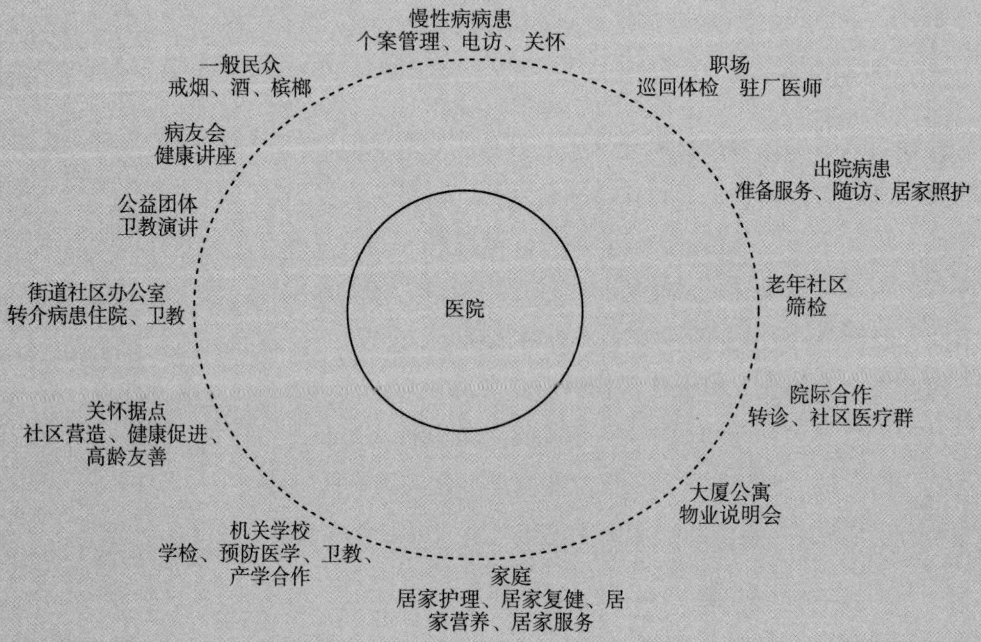

图7-12　医院运营的外部渠道

（二）差异化战略的优势

（1）建立并提高顾客对组织的忠诚度。

（2）形成强有力的产业进入障碍。

（3）增强对供应商议价的能力，因为差异化战略提高了企业的边际收益。

（4）削弱购买商议价的能力。一方面，企业通过差异化战略，使得购买商缺乏与之可比较的产品选择，降低了购买商对价格的敏感度。另一方面，通过产品差异化使购买商具有较高的转换成本，使其依赖于企业。

（5）替代品无法在性能上与其竞争。

（三）医疗产业差异化战略

1. 医疗产业特性　医疗产业与一般的服务产业特质不同，医护从业人员具有高度的专业性，提供无形的服务，处理性命攸关的健康问题，且越来越多的医疗项目由第三方（医保）机构付费。医疗产业的最大特色包含不确定性、非营利性、外部性、信息不对称性、政府严格管制、保险介入等属性。

2. 医疗市场区隔 医疗市场区隔是实施差异化战略的常用手段。市场区隔是将消费者依不同的需求、特征区分成若干个不同的群体，而形成各个不同的消费群。市场区隔不仅是静态的概念，也是动态的过程。它是了解某一特定消费者群体的特定需求，通过新产品、新服务或新的沟通形式，使消费者从认知到使用产品或服务并回馈相关信息的过程。市场区隔以行销资源的有效配置、行销目标的有效制定以及创造行销优势等为目标，致力于发现新市场并巩固旧有市场，或从新的区隔市场寻求突破。

市场区隔可以更清楚地界定目标族群。完成市场区隔后，医疗院所选择一个或多个区隔市场来运营，提供相关的医疗服务和技术服务，满足该市场内消费者的需求，并且确立市场定位（图7-13）。

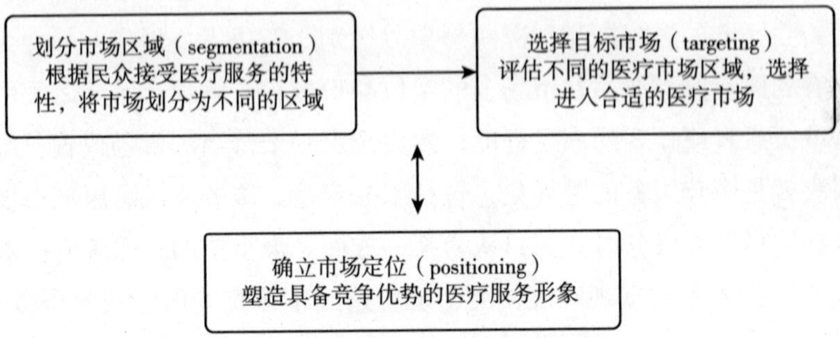

图7-13　医疗市场区隔

（1）划分医院市场：医院通过对医疗服务市场进行调研分析，从患者不同的需求出发，根据他们的差异性，运用系统分析的方法，把就医顾客整体划分为若干个就医的顾客群体，每个就医顾客群体就像一个细分市场。随着患者需求的日益差异化，医疗细分市场由具有类似医疗需求的就医顾客群体组成。需要指明的是，就医顾客之间的差异很大，医院不可能用一种药品或医疗服务去满足全部就医顾客的需求，也难以做到为每一位就医患者量身定制药品或医疗服务。医疗市场细分是一个包含许多变量的多元化过程，它受人口因素（如年龄、性别、收入、家庭生命周期、疾病分布、疾病类型、社会阶层等）、行为因素（如性格、职业背景、生活方式、经济等）影响。医院市场细分有利于医院分析、发掘和捕捉市场机会，不断扩大医疗服务范围，更好地满足就医顾客的需要，有利于就顾客的特点，开发适合患者需要的医疗产品或服务。

（2）选择医院目标市场：市场细分的目的是确定目标市场，根据目标市场的特点制定营销战略，并根据需求变化随时调整，用最小的费用获得最大的经济效益。不是所有的细分市场都对医院有吸引力，有些细分市场之间还存在矛盾，也不可能同时满足所有的细分市场。为了更有效地发挥医院现有的人力、财力、物力和信息优势，争取更大地满足就医顾客的需求机会，可选择一个或几个细分市场，即目标市场，作为营销对策。一般来说，医院选择目标市场需考虑以下因素：

1）市场规模与潜力。理想的目标市场，应当与医院的实力相匹配，目标市场过小，不利于企业发挥其生产潜力，反之，医院难以完全有效地控制与占领市场。所以小医院不应进入较大的细分市场与大医院竞争。

2）市场竞争。医院在选择目标市场时，应考虑竞争的激烈程度，因为一个规模适宜、成长性良好的市场，并不一定是最具有吸引力的医疗市场，原因在于衡量市场是否具有吸引力还需看市场是否具备长期发展的潜力。有的医院在选择目标市场上，并没有竞争优势，但也应尽量避免同强大的竞争对手竞争。

（3）确立医院市场定位：市场定位是营销战略的重要组成部分，医院定位就是医院在患者（目标顾客）心目中为自己的医疗服务确立一定位置，形成一定特色，即在目标市场上树立一定的医疗产品与医院形象以区别于竞争者，形成差异。为此，必须先分析竞争者的医疗服务产品在市场上的定位与份额，了解现有医院之间的竞争关系以及它们对就医患者或顾客的满足程度，然后选定一个恰当的市场位置，影响医院定位的重要因素就是医疗服务的差异化，包括服务定量、服务方式、服务态度等。就医患者或顾客在选择医疗服务时往往只认为某一方面是最重要的，医院应针对就医患者或顾客对医院服务体系的重视程度，突出地塑造出本医院的医疗技术服务与众不同，并加强对服务态度的宣传，从而使医疗技术服务在医疗市场上确定适当的位置，这一过程实质上是定位的过程。

3. 常见的医院差异化战略

（1）邀请国内外知名专家坐诊，建立无缝隙的患者关爱服务，提供私密的就诊环境及美食、休闲、阅读、娱乐、健身、会客等场所服务。

（2）推出医疗服务体验官、市民必备急救技能培训、青少年智能医学体验营等活动。

（3）新设备/新技术发展，如达芬奇机器人、AI运用、基因检测与治疗技术等。

（4）自费市场开发，如高端健检、微整形、美齿、抽脂减重、养生等。

医院管理者可开展定期调查，分析来院者的各类需求并不断地完善，找到对患者最有价值的差异化服务。

知识拓展

美国克利夫兰医学中心差异化体现——医疗技术创新

美国克利夫兰医学中心在全美最佳医院排名中位列第二位，仅次于梅奥医学中心，它提倡并激励各类技术创新，在医学界中创造了多个第一，并以此形成其核心竞争力：第一个用外科手术切除喉部（20世纪20年代）；第一次成功进行人对人输血（20世纪20年代）；分离血管收缩素与血清素，这是造成高血压的重要因素（20世纪40年代）；第一个鉴定出腕隧道症候群，并且为此病症开发出诊断试验（1951年）；率先进行「停止心路」的开心手术（1956年）；发明冠状动脉血管造影术，开启侵入式心脏与心脏血管手术的当代纪元（1958年）；证明尸体肾移植的可行性（1963年）；发明脑部造影技术，以锁定癫痫的位置（20世纪70~80年代）；第一个进行喉头移植手术（1998年）；第一个进行甲状腺癌的分子试验（2008年）；第一个进行近乎全脸移植（2008年）。

4. 差异化是决定医院竞争优势的重要因素　当一家医院能够为患者提供独特且安全的医疗服务时，就创建了属于自己的核心竞争力，进而取得了竞争优势。竞争战略是源于对决定行业吸引力的竞争规律的深刻理解，竞争战略的最终目标是要运用这些规律或者根据医院的利益，理想地加以改变，决定医院盈利能力的首要和根本因素是行业的吸引力。差异化的代价一般都很高，医院为了其独特性，要在医疗质量、安全和服务等方面做得比竞争对手更好，就会付出更高的成本。医院的价值链活动包括：基本活动，如医疗服务、物流等；辅助活动，如采购、技术研发、人力资源管理、医院基础设施等。这些能够影响最终服务的性能并由此影响医院服务差异化。

知识拓展

中国医药大学附设医院地处中国台湾地区，成立于1980年，是一所中西医结合医院，于2010年通过了JCI认证。医院设立中风中心、癌症中心、创伤急救中心、心血管病诊治中心、器官移植中心等8个综合医疗特色中心，其差异化服务体现在：

（1）成立“社区健康守护联盟”。作为一家三甲医院，发展服务量是第一要务，而社区是医院发展的重点对象。为此，该医院积极推动与社区的更紧密合作，成立社区健康守护联盟，通过健康保险署医疗资讯云端查询系统与转诊平台实现即时双向沟通，有效协助危急重症患者到该院诊治，轻症患者回归社区治疗。

（2）提供有温度的服务。医院组织成立“友善服务推动小组”，小组成员都是一线科室主管，经过多年的服务礼仪培训，发自内心地为患者服务。同时，选拔友善大使进行公开表扬并在院内的电视墙轮播，增加医护服务的荣耀感；医院成立“志工队”，鼓励本院职工参与志愿工作服务，培养职工同理心，最终形成为他人服务的良性循环。

二、成本领导战略

成本领导战略又称成本领先战略，是指针对整体市场提供产品或服务的，生产和运营成本比竞争对手低，以低成本、低价格的模式攻略目标市场的一种非常有效的战略。该战略市场定位与竞争优势清晰明了，尤其在竞争激烈的市场中，成本优势举足轻重。成本领导并不等同于价格最低，一旦价格最低而成本非最低，将陷于无休止的价格战困局中。成本优势的来源因产业结构而不同，可以是规模经济、专科技术、原材料等；在医疗健康产业，取得成本优势就在于联合采购、议价能力、运营成本控制，采用如外包、租赁等方式创造成本领导优势。

按照迈克尔·波特的思想，成本领导战略应该体现为相对于对手而言的低价格，而在医疗产业，基于患者安全、临床需要及公益性质，一味降低成本也会影响医疗品质，所以需要在合理的区间内降低成本。此战略成功的关键在于在满足顾客认为最重要的技术服务特征与服务的前提下，实现相对于竞争对手的可持续性成本优势。实施低成本战略的企业必须找出成本优势的持续性来源，能够形成防止竞争对手模仿优势的障碍，这样低成本优势才长久。

（一）成本领导战略的含义

成本领导需组织内全员参与并做到全过程控制。树立全员成本意识，调动全员在工作中时刻注意节约成本。成本产生于医院运营活动的各个环节，从材料采购、提供医疗服务到诊后随访的全过程中，时刻都有成本发生。因此，控制成本不是控制哪一个环节的成本，尤其不能误解为只控制采购成本，必须全过程控制，从而达到综合成本最低。只有综合成本最低，才能保障成本领导战略的实施。

（二）成本领导战略的优势

成本领导以成本优势防卫产业中的竞争者，当与竞争者的产品相似时，成本领导者则拥有更卓越的获利能力；如果供应商的议价能力高，其能够比竞争者较不受到投入价格升高的影响；如果买主的议价能力高，也不会受到其产品价格下降的影响；因采购数量很大，而提高其与供应商议价的力量；具有降价的能力以便和替代品竞争；

运用低成本和价格形成进入障碍。

成本领导优势的主要来源：经验曲线、规模经济与专业化。

1. 经验曲线　又可称为学习曲线，其主要含义为从事某一项工作，经由经验的累积可以造成所需投入成本的降低（图7-14）。

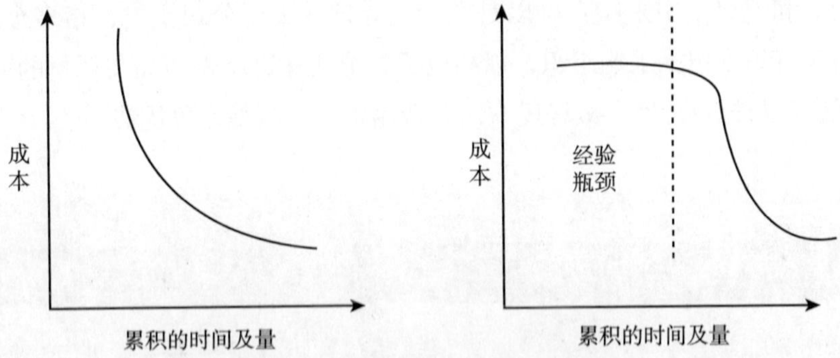

图7-14　经验曲线的两种类型

由于进入门槛较低，或经验可以移转，成本随着经验的累积而下降。

当进入门槛较高时，如医疗行业，组织须经过一段摸索期间，待突破瓶颈后（虚线），成本才能有效降低。在医院管理过程中，我们发现，新建医院、新进人员或新的业务常因彼此不熟悉、没有共同的基础与经验，导致需要较高的学习与沟通成本，经过磨合与成长，一定时间完善过程与规章后，整个团队会因时间与经验的累积而降低成本，这个经验瓶颈愈短，则成本领导优势愈明显。这也是为什么有些医院直接聘请有经验的专家或直接引进整个医疗团队，可以省去学习成本。此外，如台湾长庚纪念医院的精实管理，都是有效地从过程、采购、仓储、人力资源、医护作业、信息系统等方面着手达到了成本领导地位。

2. 规模经济　企业因营运规模的扩大所伴随而来的效率提升，最后反映在单位成本的降低。主要是由于固定成本的分摊和变动成本的议价力提升。

3. 专业化　企业专注在少量价值活动或某特定的产品线或服务，通过集中运营，而创造规模经济、经验与知识的累积。

医院获取成本优势有两种主要方法：一是控制成本驱动因素，医院可以在总成本中占有重大比例的价值活动的成本驱动因素方面获得优势；二是重构价值链，医院可以采用不同的、效率更高的方式来设计和提供医疗服务。如果医院成本优势的来源对于竞争者来说难以复制或难以模仿，其持久性就会存在。

（三）降低成本的战略

（1）扩大营运规模，提升工作效率，以降低单位成本。

（2）价值链活动重新组合或改变顺序。

（3）与其他组织结盟，降低或删除成本。

（四）医疗产业成本领导战略

1. 资材成本管控

（1）药品和卫材集中采购：可以是政府主导抑或集团公司主导，指多个医疗机构通过药品与耗材集中招标采购组织，以招投标的形式购进所需药品与耗材的采购方式，目的是降低药品与耗材价格、减轻民众医药费用负担，赢得竞争优势。

知识拓展

2019年7月，国务院办公厅印发《治理高值医用耗材改革方案》，明确了高值耗材带量采购的政策方向。之后，高值耗材带量采购陆续在福建、浙江、江苏、安徽、京津冀等多个地区进行试点，涉及产品包括冠脉支架、介入球囊、人工晶体、骨科耗材等。实施集中采购后，高值医用耗材变得不再"高值"，心脏支架均价从13 000元降到700元左右；初次置换人工髋关节平均价格从3.5万元下降至7000元左右，初次置换人工膝关节平均价格从3.2万元下降至5000元左右，平均降价82%。

（2）"零库存"的物流与仓储管理：重新设置卫材的供应方式，由供应商直接供货至各科库房，以简化作业，降低作业人力。近年来，以第三方身份承担医院仓储管理的SPD（supply-processing-distribution）服务商在全国各地掀起热潮，其核心是以信息化、智能化为基础，推行医院物资的精细化管理，达到节约成本、用耗安全。

2. 节能降耗，降低能耗成本 成立能源识别与能源管控委员会，充分应用绿色能源技术、节能技术、物联网、云计算、大数据等技术，优化医院能源结构、保障医院能源安全稳定、提升医院能源利用效率、推进医院后勤一站式服务、降低医院能源管理成本，实现"绿色低碳、安全可靠、智慧经济、高效节能"的"零碳"能源目标。

3. 人力资源合理规划与管控 一家大型综合医院，人力成本占医疗支出约五成，并有逐步提高的趋势。依据医院发展及科室特色，应合理进行人员遴选、招聘、教育、使用、留任，提高人员素质与胜任力，控制人力成本。

4. 管理运营成本管控 主要包含过程优化、成本动因分析（消除无附加价值的作业）、排程管理、动线管理等。

三、集中战略

集中战略也即聚集战略，是指不将资源集中在全面的市场，而是聚集在某个或某些选定的区隔市场，努力耕耘以求胜出。集中战略有两种形式：集中成本，是想要在某特定的产业区段中作出成本优势；集中差异，则是在某产业区段中，提供与竞争者不同、具有特色的产品或服务。该战略的前提思想是：企业业务的专一化，能以更高的效率和更好的效果为某一狭窄的细分市场服务，从而超越在较广阔范围内竞争的对手们。这样可以避免大而弱的分散投资局面，容易形成企业的核心竞争力。

（一）战略比较

集中战略与其他两个基本的竞争战略不同。

成本领导战略与差异化战略面向全行业，在整个行业的范围内进行活动，而集中战略则是围绕一个特定的目标进行密集型的生产运营活动，要求能够比竞争对手提供更为有效的服务。公司一旦选择了目标市场，便可以通过产品差别化或成本领先的方法，形成集中战略。

如果采用集中战略的公司想要实现成本领先，则可以在专用品或复杂产品上建立自己的成本优势，这类产品难以进行标准化生产，也就不容易形成生产上的规模经济效益，因此，也难以具有经验曲线的优势。如果采用集中战略的公司想要实现差异化，则可以运用所有差异化的方法去达到预期的目的。与差异化战略不同的是，采用集中战略的公司是在特定的目标市场中与实行差异化战略的公司进行竞争，而不在其他细分市场上与其竞争对手竞争。在这方面，重点集中的公司由于其市场面狭小，可以更好地了解市场和顾客，提供更好的产品与服务。

三种战略比较见表7-5。

表7-5　三种战略比较

项目	差异化战略	成本领导战略	集中战略
产品差异化	高（主要借由独特性）	低（主要借由价格）	低到高（价格或独特性）
市场区隔化	高（许多市场区隔）	低（大宗市场）	低（一个或少数区隔）
独特竞争力	研究与发展；销售与行销	制造与物料管理	任何各类的独特竞争力

（二）优点与缺点

1. 优点　集中战略追求的目标不是在较大的市场上占有较小的市场份额，而是在一个或几个市场上占有较大的甚至是领先的市场份额，其优点是有清楚的市场定位，且满足组织资源有限这一特点，可以集中力量向某一特定子市场提供最好的服务，避开强大竞争对手的资源威力，而且运营目标集中，管理简单方便。集中战略使企业运营成本得以降低，有利于集中使用企业资源，实现生产的专业化，利于知识与经验的累积，实现规模经济的效益。

2. 缺点 集中战略成本可能高于低成本的公司，其对环境的适应能力较差，有较大风险，放弃了其他市场机会。如果目标市场突然变化，如价格猛跌、购买者兴趣转移等，企业就有可能陷入困境。集中单一产品或服务的增长战略风险较大，因为一旦企业的产品或服务的市场萎缩，企业就会面临困境。因此，企业在使用单一产品或服务的集中增长战略时要谨慎。

（三）医疗产业集中战略

（1）健康检查机构，以温馨的检查环境、先进的医疗设备和专业的医疗团队为定位，通过资深的医生解读健康检查结果、专业的健康管理师提供持续的咨询服务来瓜分健康检查市场，如爱康国宾、美年大健康等健康检查机构。

（2）产后坐月子中心，以高价格与高质量为定位，辅以产妇和新生儿医疗保健服务，强调高档的奢华服务与环境的优雅与舒适，目标市场是经济能力极佳的产妇。

（3）专科医疗机构，以单一或几个服务对象或病种为目标市场，强化专业队伍及专业化诊治，如康复医院、儿童诊所、口腔诊所、妇儿医院、辅助生殖医院等。

知识拓展

差异化战略成功典型：如北京协和医院，集中精力追求医疗领导。

成本领导战略成功典型：如台湾长庚纪念医院，全力压低各种成本。

集中战略成功典型：如中国医学科学院阜外医院，致力较窄的市场区隔，并努力提供最佳的服务。

第三节　应用案例

案例：某一大型综合医院，成立约40年时间，在医疗服务、教学、研究以及管理各领域，均有相当杰出的表现。医院设施齐备，有医学大楼、病理大楼、康复大楼、儿科大楼及科教大楼，拥有110多个临床专科，病床约3600张，工作人员6000余人，可以说是一家综合型的三甲医院。医院多年来获得了诸多殊荣，通过了多项认证，且缔造了许多医界先例。医院不断根据内外部环境的变化，制定适宜的管理规章制度，并且谋求精细化，以配合医院的发展提供优良的医疗服务品质。医院能取得如此成就，与其拟定并执行的战略有关，使其拥有独特的竞争优势。

（一）战略一：差异化

1. 技术差异　医院每年均投资大量经费用于职工培训。并将这些优秀的人力资源妥善运用，成立特色医疗中心，如癌症中心、美容医学中心、生殖医学中心、器官移植中心、高压氧治疗中心以及尖端医疗园区等，这些特色医疗中心使其在多项医疗专科领域领先同行，产生技术差异，并借此吸引患者前往就医，增加医务收益。

2. 学术差异　医院为提高学术研究发展，与知名大学院校签订合作关系，包括上海交通大学、清华大学、台湾阳明大学等。医院每年在医疗领域发表的论文数量相当可观。

3. 设备差异　医院在软硬件设备上均有独特之处。软件部分：自行研发资讯系统，包括药学资讯系统（PIS）、检查报告系统（RIS）、影像储传系统（PACS）等，并将各系统做结合，有效串联资讯平台，让资讯即时化，以便处理快速变化的医疗环境。硬件部分：增添高端医疗设备，包括整形外科显微重建中心、PET、质子治疗中心等。

4. 规模差异　在多片区设有分院，利用多处分院产生地利之便，进行整合性健康照护服务，将医院、护理之家及康养社区完整整合，提供全方位的健康照护服务，进而演变成规模上的优势。

（二）战略二：成本领导

医院在成本方面主要可分为人力、药品、材料、折旧分摊、变动、维持及消耗等相关成本。医院引进工业管理的模式，并进行全面质量管理（TQM），以全员参与为基础，目的在于让患者满意、让组织内成员及社会均受惠而达到长期成功。医院相信高品质会带来低成本，因此尝试寻找最佳效率的动作模式，有效降低单位时间人力成本，并建立各种成本管控机制，如独立的采购系统、多元化运营的医疗设备公司等，降低医院运营成本；拥有较大规模服务量，在医疗仪器、卫生材料以及药品等采购方面，有较强的议价能力。成本降低使得医院得以凭借优质平价服务取得良好的业绩，支付给医生高额的薪水，让其专科所长，形成了患者、医生、医院三方受益的良性循环。

随着医疗环境的变化，医院面临新一轮的挑战与威胁，SWOT分析如表7-6所示。

表7-6　医院SWOT分析

优势： 各项服务完整 资讯系统发达 尖端医学园区 医疗品质优良 多项国际认证	劣势： 医院停车空间不足 政府补助经费减少 设备折旧高 过度依赖单一市场
机会： 高端健康检查与自费医疗 拓展海外市场 着重发展整合型医疗服务 发展特色医疗	威胁： 医疗环境恶化 竞争医院逐年增加 DRG与DIP医保支付制度实施 药品管理管制

根据SWOT分析结果，可行调整战略如下：

1. SO战略——扩张

（1）分析海外市场，进行海外业务拓展。

（2）与国内外院校合作，培养人才。

（3）进一步提高运营效率水平，开发新的业务亮点，提高整体业务量。

2. ST战略——差异化

（1）开发特色医疗服务。

（2）开展自费服务，增加额外收入来源。

（3）推出旅游医疗服务。

3. WO战略——补强

（1）发展高端健康检查、特色医疗和整合型照护服务。

（2）新建停车塔，解决交通难题。

（3）优化现有组织架构，推广先进管理理念。

（4）制定人才稳定政策。

4. WT战略——学习成长

（1）提高医疗服务品质，维持安全，取得患者信任。

（2）学习应对医保支付制度改革带来的影响，尽量将其减至最小。

讨论：请依照SWOT分析所提的调整战略讨论，并提出具体建议。

本章小结

本章主要介绍了战略决策模式，包含战略层级、战略种类、战略选择分析工具，以及迈克尔·波特三大通用竞争战略——差异化、成本领导和集中化，通过浅显易懂的医疗相关案例以及知识拓展，让同学们充分了解组织在面临战略选择时应考虑的因素，以及选用正确的、合适的战略，为战略成功奠定坚实基础。最后通过应用案例，分析某医院所运用的战略模式，同时根据当前医院所面临的内外环境变化，探讨如何调整战略模式，进一步巩固所学知识。

（冯文瑞　柯冬阁）

第四篇

医院战略执行

Part 4

第八章　医院组织与战略执行

学习目标

1. 掌握　组织的概念、特点和架构。

2. 熟悉　常见的组织架构形式；常见的战略学派和各自的特点。

3. 了解　现代医院党委领导下的院长负责制核心内容；现代医院的战略执行模式；现代医院价值链的管理和运用及其意义。

案例讨论

【案例】我国医院有公立医院和非公医疗机构，有一级、二级和三级医院之分，其各自定位和战略方向不同。从实践来看，公立医院战略规划还普遍存在着“战略管理意识薄弱、战略分析与编制科学性不足、重编制轻实施，以及缺乏量化跟踪评估”等问题。目前医疗卫生服务常有偏远医疗资源匮乏，医疗费用增长过快，医疗资源利用不合理的情况，医疗改革涉及患者、医院、政府等多个群体或机构，需要兼顾各方利益，否则将会受到利益削弱方的阻挠。不论是公立医院还是非公医疗机构都有面临使有限的资源合理优化配置，在市场经济的条件下实现利益最大化的情景，如何把握大势、分析形势、发挥优势，在不断变化的市场经济条件下得到长足发展，战略的制定和执行显得尤为重要。

【讨论】

1. 政府或医院应当用什么指标来评价医疗服务活动，从而提高患者的感受度和满意度？

2. 对于公立医院，盈利不是首要目标，但是目前尚无法完全摆脱一般企业的盈利属性，医院关注的医疗服务创造的经济效益与医院服务满足人们医疗服务需求的根本目标存在错位，在医疗服务体系、医院补偿机制和全球科技创新的大变局之中，医院面临怎样的战略选择？

第一节　组织的概念

“组织理论之父”马克斯·韦伯提出理想行政组织体系具有以下特点：①明确的分工。②自上而下的等级。③人员的任用完全根据职务的需要，通过公开考试和教育培训实现。④职业管理人员。⑤遵守规则和纪律，详尽的规章制度。⑥非人格化的关系。凡具有上述6项特征的组织，可表现出高度的理性化，其成员的工作行为也能达到预期效果，组织目标可以顺利达成，为行政组织指明了一条制度化的组织准则，这也是马克斯·韦伯在管理思想上的最大贡献。切斯特·巴纳德认为：组织是通过有意识的协调而形成的两个或两个以上的人的活动或力量的协作系统，是静态结构及其动态运行的统一。其实质是特殊的人际关系。哈罗德·孔茨则把组织定义为正式的有意形成的职务结构和职位结构。

组织架构设计是对构成组织的各要素进行排列组合，明确管理层次、理清职责和相互协调关系，并使其在战略目标的实现过程中达到最佳绩效。常见的组织形式有直线结构、职能结构、事业部制和矩阵结构。直线结构相对比较简单，集中统一领导，相对要求领导能力较强。职能结构根据工作的不同职能划分出不同的业务科室，由各科室完成相应工作。事业部制是随着业务扩大，每个事业部是一个独立的组织，围绕总的目标推进，适合大规模多元化业务的开展，特点是各事业部的领导权力更充分，各事业部自转能力很强。矩阵结构命令链不再单一，团队成员受双重领导，效率高，沟通成本增加、沟通效能低下。

2018年，中共中央办公厅为了深入贯彻习近平新时代中国特色社会主义思想，切实加强党对公立医院的领导，健全现代医院管理制度，推动实施健康中国战略，印发了《关于加强公立医院党的建设工作的意见》，要求充分发挥公立医院党委的领导作用，明确公立医院实行党委领导下的院长负责制，党委等院级党组织发挥把方向、管大局、作决策、促改革、保落实的领导作用；实行集体领导和个人分工负责相结合的制度，凡属重大问题都要按照集体领导、民主集中、个别酝酿、会议决定的原则，由党委集体讨论，作出决定，并按照分工抓好组织实施，支持院长依法依规独立负责地行使职权；不断地强化对公立医院党建工作的领导和指导，院长在医院党委领导下，全面负责医院医疗、教学、科研、行政管理工作。

医院的组织架构普遍为党政班子下辖院、科两级直线职能加专业委员会制架构，党政班子由书记、院长、副书记、副院长等组成，为医院决策核心，职能部门作为医院专业的管理部门，执行医院战略部署的任务，并对临床科室进行指导，也向直线分管领导提出反馈和建议，职能部门的意见需通过直线分管领导者审批，各职能部门独立开展工作。各专业委员会是依托职能部门存在的一个模拟机构，程序性决策按既有规定流程进行，遇非程序性决策事宜，由医院各专业委员会以专业的知识经验集体讨论提供依据。

随着医院内部的多学科诊疗模式和医院之间医联体、医共体的出现，矩阵式结构在医院内呈现。多学科联合诊疗服务，一般由各医院门诊办公室或者医务部牵头，成立以疾病或症状为分类的多学科联合诊疗中心，各多学科联合诊疗中心成员由负责人、相关科室专家、协调员组成。该组织不属于医院二级业务科室，不作为独立经济核算单元。多学科团队成员同时接受本科室主任和多学科团队负责人的领导，这就可能造成科室主任、多学科团队负责人、项目组成员之间的冲突。整合医疗研究中心则打破了学科界限，对人才、技术优势等资源进行重新整合，成为独立建制的跨学科诊疗中心、研究中心，整合医疗研究中心是独立的业务科室，独立的经济核算单元。医联体、医共体会因同时接受各自医院和联合体负责人的双重领导而发生冲突。只有充分做好顶层设计，才能为多学科三维矩阵式组织架构运行提供保障。

第二节 医院组织战略学派及执行模式

（一）组织战略学派

战略被看作管理活动中的高端任务，战略就是企业为了获取与组织目标以及使命相契合的经营成果而制定的高层管理计划。亨利·明茨伯格对有关战略形成领域的近2000种文献进行回顾后，把战略分为十大学派，并指出每个学派的特点和适用范围（表8-1）。

表8-1 明茨伯格战略十大学派

特点	学派	本质	概述	适用环境
偏重从战略本质的整体视角进行说明，关注明确地表述战略，不关注战略形成过程中的一些具体细节	设计学派	计划性远景，具有唯一性	战略形成是一个孕育过程	稳定和可理解的
	计划学派	分解的计划或定位	战略形成是一个程序化过程	简单、稳定，可理想控制的
	定位学派	是有计划的一般性定位以及手段	战略形成是一个分析过程	简单、稳定和成熟的

续 表

特点	学派	本质	概述	适用环境
对战略形成过程中的具体方面进行了思考，侧重描述战略制定和执行过程，而较少关注对理想的战略行为进行描述	企业家学派	是个人的独特观念或远见	战略形成是一个构筑愿景的过程	动态但简单，易被察觉
	认知学派	观念性远景	战略形成是一个心智过程	复杂的
	学习学派	学习模式	战略形成是一个涌现过程	复杂、动态，不可预测
	权力学派	政治性与协作性的形式、定位和手段	战略形成是一个协商过程	制造不和的恶意的微观，可控或协作的宏观
	文化学派	集体性远景	战略形成是一个集体思维过程	被动的
	环境学派	专门化定位	战略形成是一个适应性过程	竞争性的，描绘出的
将战略制定过程、内容、组织结构和组织所处的情境整合聚类，归结成清晰的阶段和时间	结构学派	以上任何一种	战略形成是一个变革过程	以上都可以

设计学派和计划学派同时产生于20世纪60年代，并得到一定发展。设计学派强调内外部环境的评估，注重使用SWOT分析模型；强调战略一经确定，一定要执行；“设计”是这一学派的关键词，设计学派为其他学派的发展奠定了基础，后人采用了设计学派的这些观点，并在其基础上对有关战略过程的其他假设加以深化和发展。计划学派把战略制定看作是更加独立和系统的正式计划过程，计划学派的相关出版物和实践活动在20世纪70年代曾达到一个短暂的高峰。20世纪80年代定位学派迅速发展，定位学派更注重战略的实际内容。20世纪90年代则出现多个前沿领域齐头并进的局面，它们普遍侧重战略制定和执行过程，而较少关注战略行为的理想度，但却推动了今天百家争鸣的势头（图8-1）。

（二）战略框架

全球著名的战略管理咨询机构波士顿咨询公司（BCG）的布鲁斯·亨德森智库的领导人马丁·里维斯等依据波士顿咨询公司长久以来的商业咨询经验和与诸多全球领先企业、高层领导人的访谈交流发现：战略越来越难适应千变万化的环境，需要更行之有效的新方法来替代经典型的战略方法，而且，在制定、执行战略时，只用一种方法是行不通的，因此，他们提出了一个统一的选择框架——“战略调色板”，将战略分成了五类，分别是经典型战略、适应型战略、愿景型战略、塑造型战略和重塑型战略（表8-2、图8-2）。这些方法已经实操过或通过实操得到了检验。首先它会评估我们所处的环境，即环境的不确定程度、改变环境的能力有多大、环境的严苛性如何，然后根据环境的可预测性、可塑造性、严苛性将现有战略分成做大、求快、抢先、协调、求存几种。

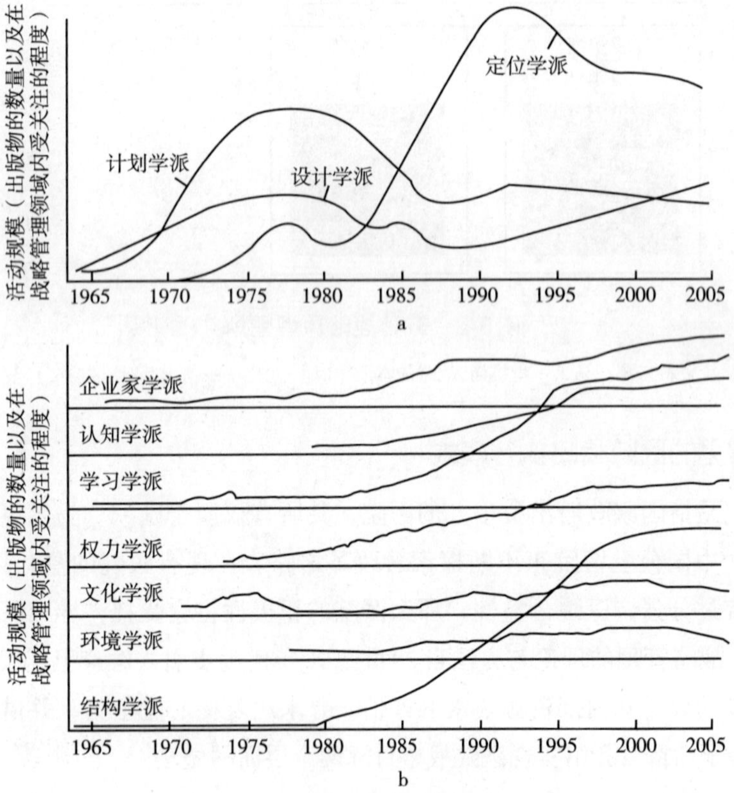

图8-1　十大学派的演变

a. 说明性学派；b. 描述性学派

（资料来源：亨利·明茨伯格，布鲁斯·阿尔斯特兰德，约瑟夫·兰佩尔. 战略历程［M］. 魏江，译. 北京：机械工业出版社，2020.）

表8-2　战略调色板

战略类别	环境	战略方案	可能存在的误区
经典型	能够预测，但不能改变	做大	过度运用
适应型	不能预测，也无法改变	求快	盲目规划
愿景型	能够预测，也能够改变	抢先	愿景错误
塑造型	不能预测，但能够改变	协调	过度管理企业的生态环境
重塑型	企业资源严重受限	求存	没有第二阶段

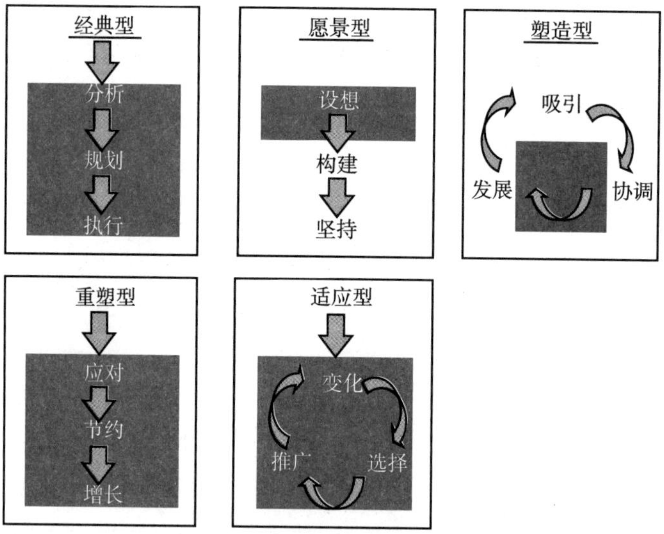

图8-2　五种战略原型图解

（资料来源：马丁·里维斯.战略的本质［M］.北京：中信出版社，2016.）

（三）常见的医院战略执行模式

公立医院是指国家政府出资举办的医院，其所有权属于国家。为了更好地维护人民健康权益，中国公立医院正不断探索着改革之路。在现有医院的盈利运营模式下，如果公立医院过分强调医院公益性，那么医院的积极性将会受挫，导致医院运作效率降低。因此，战略管理的理论与方法自20世纪90年代逐步引入医疗卫生领域，强调通过对外部环境的分析和内部资源要素的评估，寻求医院核心竞争力，并借助战略管理工具来进行。下面重点介绍实现医院战略目标两个层面的做法。

1. 外部环境的分析　上海申康医院发展中心（以下简称“申康中心”）是上海市人民政府批准设立的上海市级公立医院国有资产办医的责任主体。申康中心积极探索构建以战略规划为统领的出资人管理制度和现代医院管理制度，从战略角度作出市级医院整体发展的顶层设计，并通过一系列的制度安排，推动战略管理与医院学科建设、人才发展、全面预算管理、绩效管理、资产管理、内部控制、信息化建设等各方面工作的紧密结合，引导医院落实公立医院公益性质和三级医院功能定位，培育战略优势，提升发展质量和水平。申康中心坚持将市级医院发展放在中央对上海发展的战略定位上、放在经济全球化大背景下、放在全国发展大格局中、放在国家对长三角发展的总体部署中思考谋划。一是“三个对标”：对标公益要求；对标自身定位；对标国际先进。二是“三个广泛”：广泛组织开展规划前期研究为形成规划思路、明确重点方向打好基础；广泛开展规划大讨论和发展思路专家咨询；广泛开展医院现场专题调查研究。

通过上述一系列整合，申康中心制定的医院战略规划体系科学地回答了“办什么样的医院”“把医院办成什么样”两个问题，使得市级医院进一步明确发展定位，树立社会效益最大的价值取向和目标导向，紧扣三级医院功能定位，积极推动转方式、调结构、转机制落到实处，发展质量和水平进一步提升；同时也完善了市级医院战略规划体系，更好地发挥战略规划的引导力和约束力。

2. 内部资源要素的评估　医院层面的战略是实现目的的手段，是取得最佳绩效的方法。医院战略及战略执行模式决定医院未来发展的方向，具体做法如下：

（1）医院战略及战略执行由专门人员和部门负责，一般由各家医院院长办公室负责，有条件的可以设置战略发展部，赋予责权（自上而下）。

（2）医院战略及战略执行有专门的程序，战略方向和总体目标变动不大，每五年会有一次医院伴随国家政府的五年规划来制定自己医院的五年发展规划，专项规划是总体规划在特定部门的细化，包括业务发展、公共卫生投入、学科人才、基础设施建设、信息化建设等方面，时间可以根据自己医院的需求来决定。要求各医院建立科学决策机制，按照全院职工广泛参与建言献策（自下而上）、各临床（医技）科室主任和职能部门负责人充分座谈、院内外专家意见征询、相关行政部门沟通、战略制定和管理工具使用培训、专家论证、医院领导班子集体审议和医院职代会审议等规范程序编制本院规划，确保规划编制科学、民主、公开、透明。

（3）使用相关的战略管理工具帮助制定过程更科学更客观，SWOT、PEST、平衡计分卡等依然是常用工具。

（4）明确战略和规划的框架和主要内容，编制时应考虑以下内容：一是以党和国家各项政策法规为依据确定指导思想；二是根据不同发展阶段、不同需求审视并确定功能定位；三是提出本轮规划期间医院具体明确的发展目标；四是确定战略执行的主要举措、重点项目和量化指标，医院会紧跟国家五年规划，在编制医院五年规划时，进一步明确主要任务举措和重点项目的分年度安排，再将规划部署作为编制年度工作计划的重要依据，每年对照推动目标落地，实现管理闭环。在战略制定和战略执行过程中要特别避免两个错误：一是把战略目标当作战略的全部，只有目标、没有做法和执行；二是不坚持执行战略，坚持执行战略和制定战略同等重要。同时还要时刻提醒自己，一个给组织进行定位的战略必然也会限制组织的视野；学习既定的范畴不利于创造新范畴；在医院处于不稳定状态时，仅对单点的预测是不可靠的，等等。这时更需要结合各自医院的结构、文化、阶段、周期来确定转型、变革或复兴。

从20世纪60年代开始，战略的各学派不断涌现，以认知学派为基点来看，定位学派关注（历史的）数据资料；计划学派向前推进一步，对以某些其他方法创造的战略进行规划；设计学派着眼于战略远景；企业家学派往往形成对未来的独到见解；学习学派和权力学派关注什么支撑着战略的形成，学习学派较务实，但会纠缠于细节，权力学派乐于认清组织不想一直暴露在外的部分——政治游戏；文化学派自上向下俯视，笼罩在信念的云雾之中；环境学派可以说是在观望。与认知学派试图观察过程内部（通过显微镜，有别于环境学派的反向望远镜）的做法相对照，结构学派观察过程本身，也可以说，观察过程的所有方面。总而言之，十个学派用各自不同的方式观察着同一个过程。我们希望将它们综合起来以帮助管理者们看透战略的形成。战略需要审时度势、确立目标和实现步骤，但有效的战略从不仅仅局限于一种方法。“战略调色板”将战略分成了五类——经典型战略、适应型战略、愿景型战略、塑造型战略和重塑型战略，这些方法我们可以在实践中边操作边检验。

第三节　医院价值链管理

案例讨论

【案例】医院后勤管理是医院价值链不可或缺的一部分，上海市长宁区妇幼保健院（华东师范大学附属妇幼保健院）通过对供应链的计划、组织、控制、评价与改进等方面进行改进，对物流管理平台进行相关更新与建设，提升医疗临床服务效率，充分发挥价值链、供应链管理“相互协同，战略联盟”的一体化思想。物流运营管理平台上线前后，临床科室和医技部门对后勤仓库满意度由82%提高至96.2%，较原来提高了14.2%；管理科室可以实时对采购品种、价格和数量进行监督；临床医技科室领用物资可直接查询并纳入成本核算，增强科室成本意识和节约意识，避免物资积压和浪费；2021年1~9月库房物资月均库存资金较2016—2020年平均月库存资金减少了19.63%。

【讨论】

1. 如何精准化降低医院运营成本？
2. 如何提高医院整体运行效率？
3. 如何让相关临床科室满意度增加？

价值链（value chain）由迈克尔·波特（Michael E. Porter）于1985年提出，他在《竞争优势》中首次提出：每一个企业都是在设计、生产、销售、发送和辅助其产品的过程中进行种种活动的集合体，所有种种活动都可以用一个价值链来表明。其更直接的描述就是一个组织如何将投入的原始资源转换成有价值的产品和服务，并交付给客户的一系列活动。其核心就是任何企业/机构或个人，在社会架构中，需要能够贡献价值才能在社会上立足生存。

一、医院价值链概述

医院作为一个特殊的服务行业，为广大人民群众提供健康的服务，即疾病的诊疗与康复，以及日常的保健。医院的价值链包括基本价值活动和支持价值活动。由于医院服务的对象是属于哲学范畴的、具有鲜明社会属性和经济属性的人类个体，医院在提供价值链服务于顾客/患者时就必须站在顾客/患者的角度，以顾客/患者为基点的思维方式和价值体系，从而站在社会和服务顾客/患者的立场上，提供有价值的全面的医疗服务。

价值的表现方面

作为一个医院，首先得对顾客/患者有价值，他们才会花钱来购买服务，被服务的人群依据社会的进步会关注提供服务的价值感受度，即所谓“性价比”的概念。参与的部门则涵盖主要活动过程部门、支持活动部门，以期提供顾客/患者有动机购买服务、咨询决定购买服务、实际购买服务及体验购买服务的整个过程。在实际运行中，医院提供的价值链服务并不是一个独立运行的闭环整体，其存在于社会大环境及不同行业交叉融合的服务大熔炉中，关注上下游之间链接，健康与疾病诊疗一体化及转接的便利性，获得健康保健、早期疾病可能征兆的及时性和准确性。在现代化高速运行的大城市中，人们对于健康的关注度，尤其是身心健康，自身感受度的要求空前迫切，当今是知识、资讯爆炸的时代，顾客/患者期待医疗机构能够提供既专业化又科普接地气的知识和服务，以便不同的人群能依据自身的需求要求医疗机构提供个性化服务如图8-3所示。

依据于迈克尔·波特的价值链，医院价值链主要有以下五种活动：

（1）医院医疗服务的提供：主要是医院能够提供的满足顾客/患者需要的主要技术或者核心技术，以及围绕着核心技术能够高效运行的各项辅助医疗技术和服务，能够使顾客/患者进入医院非常便捷、顺畅，以单向流的方式完成医疗服务。比如医院的科室设置完备，专家水平一流，辅助检查、检验手段快速、高效、精准，客户进入医院就能够顺畅地完成挂号、收费、取药、化验、住院和出院等活动。

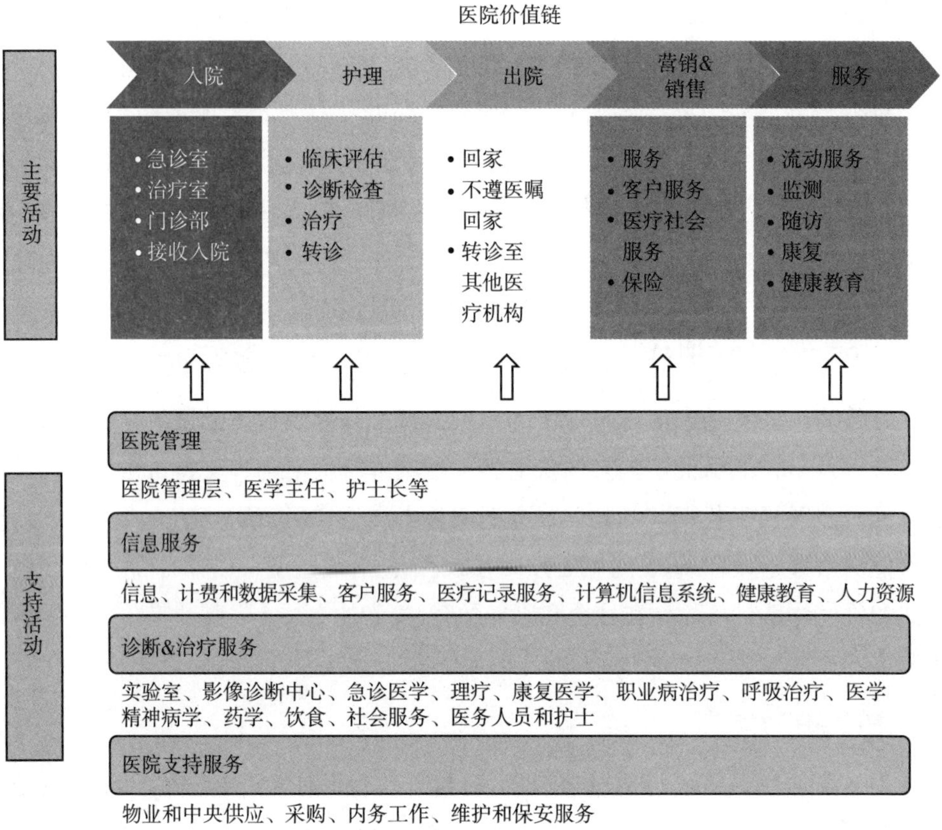

图8-3 医院价值链

（2）医院质量体系的管理：医院有各种疾病完整的诊疗标准，并经常性地进行更新补充；有标准化的服务流程，并实施培训使人人得以贯彻执行。医院提供同质化的服务，有完备的符合国家标准的单病种费用、平均住院日、药占比等各种指标的管理；有预设的急诊绿色入院救治通道以及出院后的跟踪随访；提供各种康复项目及相关咨询。

（3）医院的整体运营管理：现代医疗体系下，医院的整体运营管理必须遵循国家的有关规定，同时可借助于行业的某些标准，如GB/T 19001—2000，或采用其他认证模式，以最大限度地实现顾客/患者期望达到的标准；以顾客/患者为中心，建立相应的政策、制度和流程，以鼓励进行持续不断的质量改进并符合当地的文化；要求医院的管理制度要建立在一定的标准之上，医生、护士、管理者有授权且严格执行，员工有严格的岗位考核与绩效评价；要求医院的管理达到国家的标准，医院质量的评价依据得以持续贯彻执行，为患者提供满足健康需求的服务；协调各服务流程，患者有充分的知情权，借以提高患者的治疗效果，最大限度地利用医疗资源，总体上保证安全，确保医疗质量。

（4）医院的市场与开拓管理：医院必须提供满足目标人群需求的完整医疗服务产品，如常规门诊之外的健康体检、康复项目、节日门诊、个性化特殊预约时间服务等。同时诚实正直地树立珍惜信誉的思想，医院信誉是指医院在其有形资产的基础上，能获得高于正常投资报酬率所形成的一种价值。要求医院把自身的组织声誉、医疗声誉、服务声誉，看作是医院的生命，作为一种医院的观念性无形资产。按市场经济规律办事，积极参与市场竞争，有强烈的市场意识，通过市场获取医疗资源，使医院做大做强。

（5）医院的后勤管理：医院运营、医疗质量、患者满意度的保证必须有完整、高效的后勤保障，如流畅的物资接收、存储和分配等相关联的各种活动。医院后勤管理工作是医院物资、总务、设备、财务、基本建设工作的总称，包括衣、食、住、行、水、电、煤、气、冷、热等诸多方面。医院后勤管理工作主要分为财经管理与总务管理两部分。财经管理工作包括经济管理与财务管理；总务管理工作包括物资管理、基建房产管理、设备管理和生活服务管理等。使用完善的信息管理模块，如科室业务模块、采购计划管理模块、订单管理模块、库存材料管理模块、代销材料管理模块、采购统一分析模块、物资运营管理平台等管理医院物资的整个流通环节，细化各类职级人员权限设置，从源头落实监管和责任。建立多层次、多级别的物资仓库，保证采购和使用的科学性、合理性，降低医院整体物资消耗，避免物资积压和浪费，减少库存资金占用，降低医院运营成本。

二、医院价值链管理在全面质量管理中的价值

医疗质量价值链从来都是没有最好，只有更好。全面质量管理是医院管理现代化、科学化的一项重要内容，将价值链管理引入全面质量管理，可整合并改进医院的质量管理，从而进一步有效地提高医院质量管理效果，保证和提高医院服务质量，提高医院的核心能力。

首先通过价值链的分析，确定各价值活动间的相互关系，有效地规范各活动之间的有效顺序以及相互作用关系，列出各种医院价值链活动关系中的所有质量控制点，认定出如诊疗服务、护理服务、行政服务、后勤服务、药械供应、采购和不合格控制等关键价值活动中的关键质控点。尤其是价值活动相互之间的“接口”关系，价值链之中每个独立的价值活动有其独立性，同时彼此也有关联性，上一过程的价值活动会直接或间接地影响到下一个价值活动的质量。因此，处理、规范好上下游价值活动的“接口”关系能够有效地解决服务对接过程中出现的问题，有效地发现价值链中每一个

影响价值活动质量的低效率环节，及时发现质量改进的机会，以保证质量的恒定和持续改进。

其次，以每一个价值活动为中心，描绘其具体的流程，在价值活动内部建立以流程为基础的质量控制体系，对质量管理进行实时监控和信息反馈。通过流程图、文字等方式，对每一个价值链中的价值活动进行认真分析，为其中的人员、职责、过程顺序、支持性文件等进行规范化的描述，有效地理清医院每一个价值活动的顺序和相互关系，将质控点演变为质控流，从而使质量管理活动能制定程序及记录文件，定位了各部门及人员的职责权限、工作流程、接口关系及其管理监测办法等。同时院属各科室根据同样的要求，修订、完善科室内部的价值活动的过程文件，编制作业指导书诊疗技术操作常规等，使各个流程有据可依，有章可循，并逐渐步入规范化、程序化、标准化的轨道。

再次，通过对价值链中各价值活动的控制及质控活动信息收集，运用数据分析的方法，能够早期寻找到质控活动中改进的机会和趋势，采取有效的纠正和预防措施，及时改进或提前对隐性的质量缺陷作出反应，将一些可能出现的质量隐患消灭在萌芽状态，对一些出现的质量问题通过有效整改确保其得到彻底解决。为了确保对各种价值活动的有效监测，医院制定了监视和测量控制文件、不合格控制文件及持续改进等控制文件，对全院各种质量活动进行监测，并采用了鱼骨图、普拉图的分析方法，确保了问题分析的广度和深度，同时配合因果图、直方图等数据分析方法，识别各类数据间的量化相关性，形成了预警报告机制。对于存在的问题，坚持“四不关闭”原则，并由质控人员逐项严格、认真、仔细、公正地进行跟踪验证，以确保问题的彻底整改，有效地提高医疗质量。

总之，必须坚持以顾客/患者为中心，患者的需求是医院价值链管理和全面质量管理的出发点和归宿点，医院需要通过对价值链中各价值活动质量的控制，为顾客/患者提供高附加值的产品。因此，医院要不断调查、识别和理解顾客/患者的需求，加强和顾客/患者的沟通；要定期测量顾客/患者的满意程度，管理好与顾客/患者的关系，保持顾客/患者的忠诚；必须确保全员的参与。价值链的五种主要活动涵盖了医院管理中的每一个环节，因此，医院的任一个中间环节、每一位员工在服务过程中的表现都至关重要。医院要让每位员工了解自身贡献的重要性，以主人翁的责任感参与所有价值活动的管理。要通过流程再造使医院质量管理不断上台阶。由于价值链管理是基于医院活动中每一个价值活动的，因此，可以有效地识别并定位到质量管理中的薄弱环节。一旦某一个价值活动所处的内外部环境发生变化，就可以对这一流程作出准确的评价，以期朝着可控的目标、结果方向发展。医院价值链质控流程如图8-4所示。

监测/预防	诊断	准备	干预	恢复/康复	监测/管理
- 病史 - 筛选 - ID风险因素 - 预防计划	- 病史 - 指定并组织检查 - 数据解释 - 决定治疗计划	- 选择团队 - 干预前准备	- 安排和管理药物治疗 - 执行程序	- 住院患者恢复 - 治疗微调 - 制定出院计划	- 监测和管理病情 - 检测治疗依从性 - 监控生活方式的改变
知识发展	（结果衡量和追踪，员工培训，技术发展，流程改善）				
告知	（患者教育，患者咨询，干预前教育，患者咨询依从性）				
检测	（实验，影像，干预前教育，患者记录管理）				
获得	（诊所看医生，实验室检查，医院护理地点，访视护士，远程会诊）				

图8-4 医院价值链质控流程

三、医院价值链管理在医院加值服务中的价值

什么是医院的加值服务？医院的加值服务应是以患者和健康为中心，包括经济价值和社会价值增加的服务总和；也包括诊疗技术和各项院前、院内、院后围绕患者健康提供的各项优质、便捷、价廉服务的总和；具有创新性、创造性、可获及、可推广、超预期、便捷性、整合性等诸多特征。目前，医院加值服务更多侧重于医疗附加的服务，如预约挂号、网上问诊、保险核销、导医陪诊等。谈到加值医疗，不得不提到价值医疗，价值医疗是国内外学者肯定和认可的一个概念，卫生经济学界称其为“最高性价比的医疗”。价值是指在患者获得的健康结果与医疗卫生服务过程中投入成本的比值。我国专家认为价值医疗关注的是每单位的医疗开支所获得的医疗效果，而非医疗服务量。

知识链接

“价值医疗”（value-based healthcare，VBHC）概念：价值导向型医疗以患者为中心，充分考虑患者在医疗全流程中的需求和体验，通过监控患者群体的医疗效果，控制消耗的医疗资源和成本，为患者提供更高价值的医疗服务。医院的价

值医疗会将生命健康效益、经济效益、公益效应和资源消耗纳入进来。要发挥价值医疗在提供高性价比的医疗服务、促进和谐医患关系、创新医疗卫生相关机制以及优化医疗资源合理配置等方面的作用。美国学者认为价值医疗是一种探讨患者所期望的生命价值与治疗费用相结合，建立在循证医学最佳证据基础上的实践医学。

习近平总书记多次提及当今世界处于百年未有之大变局，各级医院，尤其是公立医院，始终要坚持社会效益最大化的价值取向和全民健康的目标导向，将“高质量发展、提升服务、降费控费、便民利民”贯穿在医院加值服务战略制定的始终。在2016年的全国卫生与健康大会上，习近平总书记指出，要“把以治病为中心转变为以人民健康为中心”，充分说明人们对医疗的需求由原本单一的生物层面疾病诊治需求，逐步向健康管理、健康促进等多元需求发展，为医院加值服务提供了政策依据。医院的服务措施定位于全方位、全周期的健康维护，而不只是疾病的诊断和治疗，传统疾病医疗思维已无法适应健康服务的更高需求。医院主要是针对疾患者群行使其诊疗职能，特别是大型研究型医院对临床科研先进研究水平和临床诊疗手段高精尖技术获取，新技术新项目新服务新流程不断涌现，为医院加值服务提供了内容。此外随着经济条件的改善和人民对美好生活追求，社会人群对医学知识的自发追求和学习累积与日俱增，医院的预防保健职能未能充分发挥，又为医院加值服务提供了渠道。随着大健康观、大卫生观、大医德观的提出，特别是新冠全球肆虐以来，人们对慢性非传染性疾病的严重危害的逐步认识，在卫生服务系统占重要地位的医院其服务对象将不能仅限于只占人群一小部分的患者群体，而必须扩大为全人群，包括疾患者群、亚健康状态人群和健康人群，为医院加值服务提供了市场和人群。

四、医院价值链管理在医院特色建设中的价值

每家医院并非医疗市场/社会上唯一的服务供应商，医院往往要靠各自的特色来吸引客户，可以通过下面这些方面实现。

1. 人无我有 医院提供的服务有其独特性，各种医疗服务形式均需要建立医疗技术标准，如各种质量管理制度的建立、实施、监督和管理，各种医疗设备和设施的管理，各种服务的宣传，对患者知情权的管理等。在此基础之上提供的服务具有独特性，比如器官移植技术，肿瘤综合治疗技术，妇产医院提供的独特的水中分娩技术、产后康复锻炼等，使其在行业内具有独特鲜明的特征。在这方面我们需要对新技术、新理

念有充分敏感，适时开展和保护新技术、新项目。

公立医院需要构建本医院的市场和销售管理模式，提供一种患者购买服务的方式并引导他们进行购买有关的各种活动，如妇产医院提供孕前的健康咨询，孕期的营养指导、瑜伽活动，产后的塑形和盆底康复等，医院可为此建立相应的营销组织，设计满足一些目标人群个性化的需要，以便提供一体化、完整的医疗服务及产品，形成高效、质量可靠的营销渠道，并对其实施有效的管控和评价。

医院全面质量管理必须基于价值链，将医院的运营管理、医院服务项目的整体有效提供、医院市场开拓客户追踪、医院内部后勤管理、医院辅助医疗服务提供合并形成有效的价值链，使得全面质量控制得以全面规范，质量意识深入人心，重视质量就是尊重生命，可有效调动全员参与质控活动的积极性。

2. 人有我优　政府部门依据区域卫生配置在一定的区域内设立不同规模、不同类型的医疗机构，来发挥保障广大人民群众健康的作用。除基本的医疗服务、疾病防控、疫苗接种工作之外，群众绝大部分疾患及保健项目等很多服务大多数医院都能提供，那患者为什么要选择这家医疗机构，医疗机构要如何才能做得比别人好，如何形成医疗机构的专、精、特呢？就是要基于价值链形成有效的医疗服务质量品牌。

价值链自迈克尔·波特1985年提出至今，能将投入的原始资源转换成有价值的产品和服务，在社会架构中贡献价值。医院中主要有以下五种活动：①医院医疗服务的提供。②医院质量体系的管理。③医院的整体运营管理。④医院的市场与开拓管理。⑤医院的后勤管理。

综上所述，医院价值链管理的价值能在以下几个方面中得到体现：

1. 全面质量管理

（1）通过价值链的分析，确定各价值活动间的相互关系，规范其顺序和相互作用，列出各种医院价值链活动关系中的所有质量控制点。

（2）以每一个价值活动为中心，描绘其具体的流程，在价值活动内部建立以流程为基础的质量控制体系，对质量管理进行实时监控和信息反馈。

（3）通过对价值链中各价值活动的控制及质控活动信息收集、分析，寻找到质控改进的机会和趋势。

2. 医院特色建设　医院价值链管理在医院特色建设中的价值可以做到：“人无我有，人有我优”，提供超出预期的附加价值。

3. 医院公益建设　医院价值链管理能体现政府设立的公立医院的公益性，承担疾病筛查、健康教育、突发事件的处置，如疫情的整体防控，提高国民的整体素质。

第四节　医院供应链管理

案例讨论

【**案例**】上海市长宁区妇幼保健院（华东师范大学附属妇幼保健院），是一所集医疗、保健、预防、科研、教学为一体的院所合一妇幼保健专科医院，其妇科微创手术具有创伤小、出血少、恢复快、并发症少等优点，已在临床广泛运用。成功的微创手术除了需要医生具备高超的医术外，还需要有完善的设施设备和器械的配合。因此，确保微创手术系统及器械的功能完好及配套完整度也是手术成功的重要因素。医院后勤工作逐步走向社会化实行外包，医院无菌物品和各类器械的收集、分类、清洗、包装、灭菌及转运等工作委托第三方服务公司进行，经常会遇见器械断裂损坏、外包装破损及内容物包错等问题，腔镜器械不良事件时有发生，最高时占全院不良事件的13.47%。针对医院腔镜器械的维护、保养和管理，后勤设备部门人员积极做改进性探讨，以期降低耗损率、提高功能性保障。

【**讨论**】

1. 如何降低宫腹腔镜手术器械的耗损率？
2. 外包第三方公司监管的关键环节有哪些？

一、供应链定义

《中华人民共和国国家标准——物流术语》（GB/T 18354—2021）对供应链（supply chain）的定义是：生产及流通过程中，围绕核心企业的核心产品或服务，由所涉及的原材料供应商、制造商、分销商、零售商直到最终用户等形成的网络结构。供应链管理（supply chain management）是从供应链整体目标出发，对供应链中采购、生产、销售各环节的商流、物流、信息流及资金流进行统一计划、组织、协调、控制的活动和过程。供应链服务（supply chain service）是指面向客户上下游业务，应用现代管理和技术手段，对其商流、物流、信息流和资金流进行整合和优化，形成以共享、开放、协同等为特征，为客户创造价值的经济活动。

供应链包括了从产品生产到产品销售和服务的整个过程，其中不仅包括产品供应的厂家，还包括供应商的客户，可以看作是一个全产业链。所以，可以将供应链定义为是一种以产品生产的企业为中心，通过各种信息化的管理，对流通的货物和资金进行宏观的控制，通过各个元素之间的连接，形成一个系统的功能网络。

二、供应链的结构和特点

供应链的组成要素包括供应商、制造商、分销商、零售商和用户，这几个要素之间会通过资金链和信息流进行流通，从而建立起供应链模型，进而保证自身流通稳定性。

供应链是一种网络式的连锁结构，具有交叉性、复杂性、动态性和相对稳定性的特点。其中各个要素均作为一个节点，每个节点之间都对应着各种各样的供求关系，任何一个节点出现差错都会使整个供应链出现漏洞。

三、供应链管理的框架和特点

（一）供应链管理概要、基本思想和管理目标

供应链管理的概念是由基斯·奥利弗（Keith Oliver）和迈克尔·威波尔（Michael D. Wdbber）提出的，供应链管理也称价值链管理或需求链管理。供应链管理的基本思想是整合与协调，供应链管理涉及物流、市场、运筹、采购与供应等环节。供应链管理作为一种管理的方法，可以对供应链整体进行计划和控制，从而实现原材料采购、制作装配的合理化，同时可以对库存进行查询，对所接收的订单进行管理，最终实现整体供应链的有序化。供应链管理的目标一般为可靠的数据、合理的库存、市场评估能力以及响应速度。

（二）供应链的构成

医院是医疗服务机构，其供应链管理包含了物资采购、库存管理、结算、供应商管理、提供医疗服务等过程。医院供应链主要由三部分组成：供应商、患者、医院本身。对这三者在连接过程中的信息流、物流、资金流和服务流的有效管理和协调，连成一体的网链结构。

医院供应链的构成从医院内外部上讲，可以分为两大部分，即医院供应链的上游——供应商，以及医院供应链的下游——患者。医院供应链开始于医疗业务需求引发的对物资的直接需求和间接需求，再通过物资管理部门将物资按照一定的购置规定，办理一系列的物资进院程序，配送至需求部门，并终结于医疗服务的产出，这是周而

复始的一个循环过程。

（三）借鉴现代企业物流与供应链的管理思想

医院供应链管理借鉴了现代企业物流与供应链的管理思想，通过改善供应链上下游业务流程以及合作关系，对供应链的信息流、物流、资金流进行整合和优化，使医院获得竞争优势。医院供应链是以对医疗服务中所需物资作为供应的出发点，通过医院的物流战略部署，以信息系统为连接手段，把集成化供应链的思想贯穿于医疗服务过程中的物资采购、存储、领用等环节中，最终以将医疗物资通过开展医疗服务用于病患诊疗为终结的全过程，这个过程所涉及的所有环节构成了医疗业务的供应链。同时，医院的供应链在开展医疗业务的同时，无形中产生了服务流，这种服务始终贯穿于医生对患者的医疗救治活动中。因此，医院供应链管理即围绕医院的经营目标，通过供应链上下游环节的协调和控制，以物资为流转主体，在采购、仓储、使用、结算等环节，通过物流、资金流、信息流、服务流将供应商、医院、患者联系成整体的一种管理模式。

四、医院供应链管理的现状和问题

（一）供应链管理现状

供应链管理是围绕核心企业，通过控制商流、信息流、物流和资金流，将供应商、制造商、分销商、零售商及最终用户连成一个整体的功能网链结构。近年来，在医院保障体系管理中，有部分学者和医院管理实践者开始对具体供应链管理模式进行研究，主要集中在药品供应链延伸、耗材供应链改善、医疗设备管理、试剂社会化服务等方面，但这些研究多针对具体措施和步骤，而忽略了管理的系统化。虽然供应链管理属于医院价值链的支持活动，但是价值链主要活动的高效完成依赖于供应链管理对于医院保障体系的整体改善和创新。如果只是单纯针对某个节点进行管控，实质上是把管理缺陷或管理压力转移到了供应链上的其他节点。因此，需重视医院保障体系每个环节的供应链管理，才能实现医院价值的完整传递。

（二）供应链管理问题

供应链管理实际上是一种更新的物流管理概念，与之前的物流管理不同的是，供应链管理以最终客户的需求为系统总目标，更加重视与产品有关的整个网络链接系统的总成本，也更加重视通过科学的管理手段提升整体效能，而不是简单地将成本推向上游或下游。因此，供应链管理是向组织的上下游延伸并高度协调和整合的物流管理。

目前，在供应链管理环境下，采购管理和库存管理中存在的问题如下：

1. 采购管理和库存管理联系不够密切　采购管理与库存管理本质上息息相关，两者不可或缺。但对于很多医院来说，其并未意识到两者之间的紧密关系，将两者进行了割裂和分离，最终导致生产管理出现了严峻问题，严重制约了采购和库存管理的完善和发展。

2. 缺乏一体化管理和信息化管理　在当前的供应链管理环境下，采购和库存管理缺乏一体化管理和信息化管理，这使得医院内部两者的合并相当困难，难以实现深度交流。对于现代医院来说，信息化水平的不足使得医院临床需求很难被满足。

3. 采购和库存管理模式涣散　现代医院内部，采购和库存管理模式涣散的问题极为普遍。医院内管理系统缺乏完整性，采购、库存管理及两者的协同管理都有一定程度的缺陷。这些问题主要体现在协同管理体系不明确、职务责任分配不明确及执行力差等，制约着现代医院的正常经营和发展。

4. 库存控制策略针对性不强　库存管理对于医院的供应链影响很大，医院一般会通过已知信息对库存进行控制，从而防止意外事件的发生。对供应商来说，必须要提供可靠的交货数量和质量，但总有些供货商的货物质量堪忧。这种状况使得市场中的货品存在不稳定性，很容易出现部分货品需求可预测，另外一部分不可控的局面。这种供货商差异带来的影响，通过针对性的库存控制策略便能统一和解决，但很多医院所采用的都是统一的库存控制措施，无法应对这些状况。

5. 供应链风险　供应链风险主要有内生风险和外生风险两类，对其进行细化，则有道德风险、信息传递风险、生产组织与采购风险、分销商选择风险、物流运作风险和企业文化差异风险六种。其中，道德风险及信息传递风险主要是因为信息的不对称或者信息传递错误等原因所造成的，极容易导致供应商为寻求利益以次充好，或者生产和销售理解存在分歧而导致“牛鞭效应”的出现；生产组织和采购风险使得生产中缺乏柔性，极容易因某环节的疏漏使得整个生产过程停滞；分销商选择风险则有可能导致竞争失败，甚至供应链分崩离析；物流运作风险则是供应链管理中难以实现高效物流运作造成的风险；企业文化差异风险则是因为上下游企业自身文化的不同，经营理念、文化制度、员工职业素养和核心价值观等方面的差异而导致工作结论相悖的风险，很容易造成供应链崩溃。

五、医院供应链管理的相应实践成果

在市场经济体制及新医改政策的推动下，国内学者对医院供应链的研究也是逐步增多，供应链管理的方式和方法在我国医疗卫生行业的尝试也变得越来越多样化和可操作化。

医院保障体系的供应链管理模式：供应链管理思想强调结构的整体性和流程的系统性，可应用在医院保障体系的计划、组织、控制、评价与改进中。

（一）计划

计划是对未来活动进行的一种预先谋划。在保障体系的构建过程中，需要提前考虑到保障体系所要采取的模式。在组织架构、设备采购、设施规划、空间布局等方面进行科学的计划，是医院保障体系能够高效运行的先决条件。在制定计划时，需要在医疗主管部门的指导下，根据相关标准和文件，首先进行宏观体系设计，明确医院保障体系的组成结构，然后确定各组成部分的运作模式是采用自建方式还是购买社会化服务方式，最后需对设计方案进行评价。

（二）组织

组织指为实现组织目标，规定每个组织成员在工作中形成合理的分工协作关系。对于保障体系来说，由于引入了社会化服务模式，组织不止包含原有的医院后勤部分，还包括服务商。尤其是考虑到医院后勤服务的社会化趋势，对服务商应该如何管控以确保服务质量成为重要问题。

（三）控制

控制是指保证组织各部门各环节能按预定要求运作而实现组织目标的管理工作活动。必须采用科学的管理方法和精确的技术手段，对医院保障体系的供应链进行全程监控，才能有效保证质量和效率。由于医院保障体系质量会直接影响到最终的医疗质量以及患者满意度，因此保障体系的控制不但包括ISO9000等质量体系控制，同时还包含过程控制、环节控制等，在具体实施时可以采用管理制度、信息平台、物联网技术等针对有可能出现质量问题的各环节和整体过程进行全面控制。除此之外，对于人员的工作质量控制也是体系控制的重要组成部分。如何使用先进的质量管理工具，如何培养全面质量管理理念，采用质量控制小组的组织模式进行质量改进等都是保障体系控制的要点。

（四）评价与改进

评价与改进是根据预定的系统目标，用系统分析的方法，从技术、经济、社会、生态等方面对系统设计的各种方案进行评审和选择，以确定最优、次优或满意的改进方案。评价与改进是供应链管理的重要职能，通过有效的系统评价，可以发现保障体系中存在的问题，并提出相应的解决方案。在具体的评价过程中，可以通过有效的组织方式和高效的技术手段，引入先进的评价模型，如层次分析法、模糊评价法等，并根据评价结果进行分析，从而确定未来的改进方向，实现PDCA循环。

六、医院供应链管理的实践案例

以下将结合上海市长宁区妇幼保健院（华东师范大学附属妇幼保健院）管理实践，基于供应链管理理念和模式，在计划、组织、控制、评价与改进等方面应用供应链管理方法，根据PDCA循证法则，通过医院设备与安全委员会会议讨论，按权重分配及评价标准进行主题评分，确定“降低宫腹腔镜手术器械耗损率”作为主题，根据步骤和时间分配，制作活动计划甘特图，各项工作按照计划逐步推行，对腔镜器械的维护、保养和管理做一个改进性探讨，以期在耗损率和功能性保障上有所提高，提升医疗临床服务效率。

（一）现况把握和设定目标

首先，为找到影响宫腹腔镜手术器械损耗的原因，品管圈圈员们绘制出了宫腹腔镜手术器械使用处理作业流程图，从流程图中找到了容易造成缺失的步骤。其次，经头脑风暴列出了各项可能造成宫腹腔镜手术器械耗损的原因，并制作出查检表，按5W2H方式进行现场查检，并将查检结果进行统计汇总，绘制出改善前柏拉图，依照八二法则，找出了“隐性故障、断裂损坏、外包装破损、内容物包错”为本次活动的改善重点。根据公式计算：目标值=现况值-改善值=现况值-（现况值×改善重点×圈能力）。经计算，将目标设定为：将宫腹腔镜手术器械耗损率由5.08%降低至1.88%。

（二）解析和拟定对策

针对“隐性故障、断裂损坏、外包装破损、内容物包错”问题，以鱼骨图、系统图、关联图进行解析、评选要因、真因验证和绘制柏拉图，最终得出的12条真因，进行了对策拟定，根据这些对策的可行性、经济性和效益性指标进行评分，根据八二法则并按它的相关性和实施时间进行整合，最终整合出4条对策：对策一，建立器械相关手册，组织人员培训；对策二，改善器械摆放及保护方式；对策三，对运送时进行保护；对策四，对外包公司进行规范。

（三）对策实施与检讨

针对四个对策各自的问题点及主因，分别采用PDCA循环理论按选定对策一一进行了实施及效果评价，对其有效对策继续固化并纳入标准化，并在固化中不断进行持续质量改进。

（四）效果确认和标准化

1. 效果确认

（1）目标达成率：达标率102.81%，进步率64.76%。

（2）腔镜器械耗损不良事件发生率下降了71.19%；经测评比较，改善后妇科医生对手术室护士腔镜器械管理的综合满意度较改善前提高了7.47%。

（3）手术室护士对外包公司的服务质量综合满意度较改善前提高了6.72%。

2. 标准化 为了使以上措施持续有效，将本次品管圈活动的成果制作成标准化作业书（SOP），编号为CFY-Ⅲ-ZWK-046（01），标准作业书名称为《宫腹腔镜手术器械使用处理标准作业书》，形成制度并加入手术室和外包公司的工作流程中。

（五）检讨与反省改进

组织相关科室人员在肯定降低宫腹腔镜手术器械耗损率项目成果外，分别对各自负责的PDCA十大步骤相对应的项目内容进行阶段性小结，呈现各自的优点和亮点，找出不足进行检讨，并各自提出今后努力的方向。通过相关供应链管理模式在医院后勤管理中的应用和实践，可体会到供应链管理是确保医院的供应物安全和质量的关键，供应链包括供应物从制造商运至分销商，再运送至医院的各个环节。医院使用各种各样的供应物，且数量巨大。因此，医院可能会管理很多供应链。由于员工和资源的限制，不可能在同一时间追踪和评价每个供应链。所以医院要确定哪些药品、医疗用品和医疗器械最有可能失去稳定性、被污染、有缺陷，或被伪劣或仿制品替换。

对这些最具有风险的供应物，医院要确定供应链的环节。尽管该信息可能并不完整或难以收集，但医院至少能决定哪里存在最重大的风险，如使用流程图有助于画出供应物供应链的每个环节或点。流程图的每个点可能包括制造商、仓库设施、经销商、货运公司等。医院在流程图上标注确定为有重大风险的点。在审查供应链的潜在风险时，医院了解到经销商最近与一家服务较差的货运公司签约，他们送货到医院延迟，在运送期间的温度监控记录不一致。医院对供应链的风险情况进行评估后，可以确定供应链中的一个重要风险点。根据对供应链各风险点的了解，医院领导作出调整供应链的决定，并确定采购优先级。

供应链管理不仅仅是对供应物进行前瞻性的风险评估，也包括对供应物进入医院后的追溯跟踪。医院制定相应的流程，用于识别不稳定、被污染、有缺陷或伪劣的药品、医疗用品和医疗器械，并确定用于追溯全院供应链的流程，以判定问题的来源（如可能）。如果通过追溯跟踪确定供应物为不稳定、被污染、有缺陷或伪劣时，医院要告知制造商和/或分销商。如果医院供应物由政府机构进行采购、存储和分发，医院应积极参与到项目中，以检测和报告疑似不稳定、被污染、有缺陷或伪劣的供应物，并采取相应措施防止对患者造成潜在危害。

七、后疫情时代应急状态下医院供应链管理的对策

随着全球新型冠状病毒疫情暴发，面对突发公共卫生事件，医院供应链管理也面对着新的挑战，医院应秉承质量为先的要求，根据中华人民共和国卓越绩效评价准则GB/T 19580—2012和美国医疗机构评审联合委员会医院评审标准要求，围绕高层领导作用如何强化风险意识，推动医院的持续经营，强化过程管理要求，考虑应对突发事件和采取应急准备，以规避风险、减少危害；医院的应急响应系统如何进行及早预防和管理，同时顾及运营的连续性。每年医院设备管理与安全委员会会组织全院职工对各紧急事件进行风险评估，利用HVA法对这些事件开展风险等级评估，再按风险等级由高到低排序，制定风险评估表，确立相关风险点作为医院首要管控内容，一旦涉及物资紧急采购，应以完善地在供应链管理模式下完成紧急采购为目的，同时也必须正确把握紧急采购的时效性、安全有效性、适度竞争三个基本原则，灵活应对，完整地记录，建立采购的风险防范和监督机制。

供应链管理是一种集成化管理思想和方法。强调资源横向集成，强调物流、信息流、资金流等的集成。供应链不是一个点，而是各个点相互关联的一个闭环，尤其在紧急采购中更加显示出各个部门、环节的相互协作尤为重要。紧急采购必须在遵守国家法律法规的前提下，通过整体供应链的管理模式，科学评估、计划、实施、评价的闭环管理，符合突发公共卫生事件防控中医院紧急采购原则。医院各科室之间协同一致、环环相扣，必须保障急需物质在突发公共卫生事件期间的安全和正常使用。医院应用整体供应链运行模式进行紧急采购的方法如下。

（一）认清组织环境

需在法律、法规和政策的约束下进行各种产品和服务的采购。因此要遵守国内紧急采购管理的相关法律规定（紧急采购不适用《中华人民共和国招标投标法》《中华人民共和国政府采购法》）、不同突发公共卫生事件的相关文件和政策，也要借鉴突发事件防控国内外医院紧急采购既有管理经验。同时，借助整体供应链运行模式进行科学管理。

（二）明确需求与规划供应

明确需求和规划供应是采购供应过程的起点。要做好对公共事件轻重程度、持续时间以及和医院的相关程度进行准确的预判、预估，提出紧急采购的物质需求种类，结合采购安全量，给出紧急情况下的计划。

（三）以科学管理为根据

根据供应定位模型和供需曲线，使得关键产品转换成为杠杆产品，降低采购风险，保证医院货物安全库存，有效保证紧急物资的安全动态储备，同时不浪费采购资源和造成物资积压，符合突发公共卫生事件防控中医院紧急采购时效性原则。

（四）根据供应商的能力和积极性评估

帮助医院筛选出多个优质供应商提供紧急物资，可以根据使用需求在不同供应商处得到资源，达到适度有限的竞争原则。根据各种评估和国家政策指导，使用网络形式与多个供应商议价，增加供货商，能更加快捷安全地采购到医院急需的应急物资。签署一定期限的单价合同，稳定合作关系，降低产品风险。

（五）建立风险防范和监督机制

采取一系列的措施对供应商进行激励与风险控制。杜绝违法乱纪、贪污腐败。

八、医院供应链管理展望

随着科学技术的发展，尤其是大数据以及运用处理等核心技术的突飞猛进，供应链管理迎来了前所未有的发展机遇，供应链管理高速发展，内容不断发生变化。其中，在供应链管理的发展过程中，理念和关注点是主要的变化点。

（一）互联网思维

现代医院后勤管理离不开互联网技术的强大支撑。应充分运用互联网思维，发挥人工智能、大数据、信息流、物联网在生产要素配置中的优化和集成作用，进一步创新管理理念、管理方式和管理手段，实现后勤运营管理的新模式、新业态和新动能。

（二）供应链体系

研究型医院拥有庞大而相对完整的供应链，建立现代化、精益化的供应链管理体系，能够有效缩减运营成本，提升医疗服务质量。现代后勤管理中，除发挥医疗技术、硬件设施等自身优势外，还要打造智能化供应链系统，创新物资储备、物流配送、业务运维模式，形成价值创造，不断提升医院供应链管理精益化水平。

（三）产融结合

供应链金融是一种集物流运作、商业运作和金融管理为一体的管理行为和过程。通过运用供应链金融工具，能够提升医院后勤运营效益，降低医院运行成本。同时，积极发挥医院稳定、充足的现金流作用，使用各类金融工具，促进产融结合，尤其是发展供应链金融，可不断提升医院精益管理水平，更好地优化资源配置。

（四）平台经济模式

平台经济是互联网时代的主要商业模式，为构建有效市场提供了路径。在后勤管理中引入平台经济模式，以平台化、专业化的思维开放后勤管理，可大幅减少人员投入、降低人力成本，使管理模式更为集中、主动和高效，进一步提升医院后勤体系的经济性和科学性。

医院后勤的精细化和科学化管理是构建医疗保障体系的重点，降低医院运营成本、提高服务效率和质量是医院保障体系创新模式的主要动机。供应链管理的核心思想是降低成本、提高效率，可以为保障体系的建设和运行提供先进的管理理论和管理技术支持。

供应链管理思想在医院保障体系的计划、组织、控制、评价与改进的创新管理模式应用中需关注：①保障体系的计划必须紧紧把握国家卫生管理部门的相关法律法规，及时修正供应链管理的运作模式。②保障体系的组织对于采用社会化服务的管理职能，必须严格制定相关的服务合同，并加强合同履约的管理和监督。③保障体系的控制可通过可视化监控和实时报警功能，实现全面质量管理和控制。④评价与改进时，可随时退回到计划、组织和控制的任何环节，甚至是重新设计整个保障体系。最终要将评价作为保障体系管理的手段，以实现保障体系系统化管理。综上所述，如果能实现计划、组织、控制、评价与改进的不断改善，就可实现供应链管理的不断创新，推动医院保障体系的持续优化和发展。

第五节　应用案例

一、上海市长宁区妇幼保健院（华东师范大学附属妇幼保健院）加值服务创新项目介绍

上海市长宁区妇幼保健院是一所集医疗、保健、预防、科研、教学为一体的院所合一的妇幼保健专科医院。医院注重母婴安全和医疗质量管理。2016年，医院通过JCI认证；2017年，成为首届长宁区区长质量奖的唯一获得者；2018年，中华人民共和国国家卫生健康委员会授予医院国家级母婴安全优质服务单位。医院一直致力于打造“长寿康宁、福佑家庭”母婴健康管理无缝医疗服务链。围绕长宁区“国际精品城区”建

设的奋斗目标和长宁区“优质+均衡”三年行动计划，全区妇幼工作以“优质均衡”准则完善服务链，积极推进全周期、全方位的妇幼保健服务。2020年，医院获得了国家级妇幼保健机构能力建设项目，作为华东师范大学附属医院和院所合一的妇幼保健专业机构，医院立足长宁社区，整合资源、积极联动、提升能力，通过搭建1个区域全过程全周期妇幼健康管理平台，从政策层面和保障机制上做2项探索，完善3相联动——院所联动、高校社区联动、临床预防联动，秉承优质均衡4字法则，夯实“生命安全、技术支撑、系统保健、信息保障、街镇联动”5网合一，形成N个特色，逐步形成由疾病思维向健康思维最终达到幸福思维的“12345+N”长宁模式的妇幼保健体系。“十三五”期间，上海市长宁区妇女儿童的健康状况持续改善，主要健康指标达到发达国家和地区水平。2017—2018年连续两年长宁区妇幼保健工作位列全市第一。

医院自2008年开始每两年举办一次加值服务创新项目征集与评选活动，针对医疗服务中的难点、焦点、痛点和堵点，通过一线员工领衔、团队共同学习、管理工具运用，多部门协作推进工作机制，全院上下共同改善医疗服务。服务项目涉及改善患者休养环境，优化医疗服务流程、提升服务质量、促进沟通机制，保障安全科技支撑等多个领域。14年间，医院共征集到改善服务项目达196个，其中对90个项目进行重点扶持，项目有数据分析，有实施路径，更有人文评价，科室参与度从2008年的52.94%递增至现在的94.11%，基本覆盖全院各科室，并呈现多科室联合立项的趋势；患者就医感受度持续保持在较高水平，在2020年全国患者满意度测评中，门诊患者满意度达91.02，高出全国平均值4.89，住院患者满意度达95.53，高出全国平均值4.77；尤其在“十三五”期间，在践行两轮上海市改善医疗服务行动中，医院以母婴健康管理无缝医疗服务链需求为导向，调研分析妇幼健康市场需求走向，将患者的意见转变成服务项目，将患者的抱怨作为提升服务的指挥棒，成功培育出“产科初诊流程优化”“生育一件事”等7个市级医疗服务品牌，并逐步形成了“系统化一站式、温馨化家庭式、便捷化联通式、私密化亲情式和公益化延伸式”服务模式，得到了中华人民共和国国家卫生健康委员会特色医院文化建设表扬。

二、上海市长宁区妇幼保健院加值服务创新案例介绍

1. 系统化一站式服务 “小刘客服”依据顾客和市场需求为导向，引入GB/T 19580—2012卓越绩效评价准则，通过整合“顾客分类、预约就诊、健教咨询、资源调配、监督改进”五大服务定位，不仅能精确抓取患者信息、提供精准服务，还能针对特殊人群，为其后期就诊对接适宜的人文服务项目，从而打造“规范、智慧、多元、优质、人文”一体化的服务窗口，荣获上海市卫生计生系统最美服务窗口。门诊收费

挂号窗口落实“三动服务法”，让工作人员动起来，开展自助机使用指导、一键优化初诊挂号，开设发票打印专窗三项举措，让患者少奔波、少等候、少操劳、少烦恼，该项目荣获上海市第三批创新医疗服务品牌。

2. 温馨化家庭式服务　医院率先开展一对一导乐家属陪伴分娩，创新“减痛六步法”：深呼吸；听音乐；腰骶部按摩；温水淋浴；坐减压球和豆袋热敷。并应用科技手段打造温馨舒适的智慧产房；麻醉科发明“保暖固定五件套”，布置“术前心理减压区”，打造“SMILE”手术室，让患者身体不再感到寒冷，心灵不再感到孤单。医院将传统的“以患者为中心”的服务理念，逐渐转变为“以家庭为中心”的服务宗旨，在孕期开设“好爸爸成长课堂”，引入社工理论，有理有效地提升爸爸陪产和照护母婴的能力，促进家庭和谐；在产后病区开展“十分爱你”小组活动，让荣升父母的夫妻相互之间表达爱意和感谢，为小家庭增添温馨美好的回忆；新生儿科医护人员十几年如一日，坚持为母婴分离的新生儿拍摄“爱心视频”，搭建医患和谐沟通的桥梁；成立“小水滴俱乐部”，为医院出生的宝宝定期举办“回娘家”系列亲子活动，让婴幼儿在医院的关心和父母爱的陪伴下茁壮成长。这些活动让“家”的理念感染至患者和家属，形成“院家”一家亲的氛围。

3. 便捷化联通式服务　医院充分利用院所合一的优势，不仅开通了从民政局到医院产检的“婚育直通车”，还实施“生育一件事”，实现社区医院、妇幼所和医院信息的互联互通，让区域转诊信息多跑路、孕妇少走路，从而实现生育风险全程监测，母婴健康全程管理。为了切实减少患者等候时间，引导文明就医，医院大刀阔斧地进行“产科初诊流程优化”，通过“错峰式”检查，初诊B超平均等候时间降低至84分钟，在院平均等候时间减少至110分钟。妇科医生在术前谈话引入IPAD图谱，进行可视化讲解，让医患沟通更加便捷。

4. 私密化亲情式服务　医院从细节入手保护患者隐私，确保一人一诊室，进行检查、治疗时拉上隔帘，病区一览表增加隔帘，严格执行男医生进行妇科检查时要征得患者同意，并由护士或医疗文员陪同的规定；医务人员进入病房时，必须先敲门，征得患者同意，稍等片刻后才能进入病房，医院领导也不能例外；对涉及患者隐私等敏感信息进行加密和设立分级查询权限，严把隐私关。患者新入院时，护士主动迎接，递上一杯水；产妇出院时，护士陪伴至电梯，目送离院；麻醉科护士在患者手术紧张时会握住患者的手，轻轻在耳旁安抚“别害怕，很顺利，我在旁边”；护士运用“三化服务法”有效降低红灯响铃，还母婴休养环境安宁，成为长宁区卫生计生系统首届创新医疗服务品牌金牌项目。这种尊重患者、传递爱心的私密化、亲情式服务，使患者有“不是亲人胜似亲人”的感受。

5. 公益化延伸式服务　医院积极履行社会责任，将优质的妇幼医疗服务以公益活动的形式延伸至社区、楼宇和学校。成立“健康360”科普讲师团，积极开展各类健康科普活动，如“健康360”大讲堂、青苹果健康大讲堂等，并定期组织各类公益活动，如“丽康沙龙”“康乃馨俱乐部”等，让病友们互相支持、共渡难关，携手战胜疾病。“好爸爸成长课堂”“婚育直通车”“折翼天使”等6个项目获得上海市志愿服务公益基金资助。

讨论：在此上海市长宁区妇幼保健院创新案例中，请讨论有哪些加值服务可以应用在大型三甲医院。

本章小结

本章从介绍管理学中组织概念特点和架构入手，阐述习近平总书记新时代中国特色社会主义思想指导下，公立医院党委领导下的院长负责制的现代医院管理架构和制度；全面完整介绍了战略管理大师亨利·明茨伯格有关战略领域的理论及各学派的异同，指出每个学派的特点和适用范围；详细描述了医院战略执行模式，医院价值链管理在全面质量管理和加值服务中的的价值、医院供应链结构及管理框架、现状问题和实践案例；希望通过本章的学习，将各战略学派综合起来以说明管理者们看透战略的形成、并在日常医院价值链和供应链管理实务中拓宽思考范围与丰富决策方式。

（方文莉　童兴海　徐　辉）

第九章　医院成长战略

学习目标

1. 掌握　医院成长战略的定义、内容及应用；安索夫成长矩阵的具体内容及应用场景。

2. 熟悉　垂直与水平整合的定义及应用场景。

3. 了解　并购与战略联盟的定义与应用场景；成长战略框架与应用时机。

案例讨论

【案例】并购案例——通策医疗集团

通策医疗集团是一家以口腔医疗服务为主营业务的主板上市公司。集团目前拥有多家口腔诊所、医院、健康生殖医疗机构等，致力于成为中国领先的综合民营医疗平台。目前，通策医疗集团在全国各地开设了近30家口腔医院，是中国大型区域性口腔医疗连锁机构。2020年公司实现营收超过20亿。通策医疗集团通过自建加收购的方式实现快速扩张，被称为通策模式，该模式以“旗舰总院+分院”路径巩固国内连锁口腔龙头地位。公司采取收购当地体量成熟和知名的口腔专科医院，依托于该医院的原有品牌发展连锁分院实现扩张。该模式具有患者流量稳定、业绩确定性高的独特优势，强化了人才与运营方面的竞争壁垒。收购老院的整合效应显著，新建分院逐步进入成长期，成为业绩贡献新增量。

【讨论】

1. 何谓医院战略联盟（hospital alliances）？

2. 医院成长战略有哪些？

第一节　医院成长战略简介

一、医院成长战略定义

医院成长战略指一种使医院在现有经营水平上向更高一层目标发展的医院战略，是医院常用的战略之一。它以发展作为医院的核心目标，采用各种方法不断开发新技术或服务、开拓新市场，采用新的管理方式、服务方式，扩大医院规模，增强其在市场上的竞争力。

在现实中有很多战略可以帮助医院进行成长，如市场渗透战略、市场开发战略、技术开发战略、多样化战略、水平整合战略、垂直整合战略以及并购、联盟等。

二、医院成长战略分类

（一）市场渗透战略（market penetration）

市场渗透战略是指当医院希望使用现有技术和服务，通过营销手法维持及增长现有市场时采用的成长战略。

（二）市场开发战略（market development）

市场开发战略指当医院希望通过现有的技术及服务开发新市场时采用的发展战略。即使用现有技术服务来开发新的市场。

（三）技术开发战略（product development）

技术开发战略指当医院处于现有市场，希望成立新科室或推出新技术或新服务时可以采用的发展战略。

（四）多样化战略（diversification）

多样化战略是当医院希望在新市场使用新技术或服务时采用的全面成长战略。

（五）水平整合战略（horizontal integration）

在一般商业上，水平整合指整合生产和销售相同或相似技术/服务的企业。在医疗领域，水平整合指独立的同级别或同类别的医疗机构之间的整合。

（六）垂直整合战略（vertical integration）

在一般商业上，垂直整合战略指整个产业链上下游之间进行的整合战略。在医疗领域中，多指不同级别及类型的医疗机构之间的整合。其中可以细分为向前垂直整合与向后垂直整合。

（七）并购（acquisition）

并购指通过收购现有的医疗机构或现有医疗机构的某个部门或技术/服务来实现扩张的发展战略。

（八）联盟（alliances）

联盟也称为战略联盟，是指现有的医疗机构之间比较宽松的合作形式，目的在于实现一些长期的战略目标。

第二节　安索夫成长战略

一、安索夫成长战略简介

美国著名管理学家伊戈尔·安索夫（Igor Ansoff）被称为战略管理之父。他的开创性研究使他被视为战略管理学科的一代宗师。他不仅首次提出公司战略、战略管理、战略规划系统理论以及企业竞争优势等概念，还提出了把战略管理与混乱环境联系起来的权变理论。安索夫综合了自己在业界以及学界的战略管理经历，于1965年发表《企业战略》一书，在书中提出自己开创性的企业战略观。安索夫的战略管理思想在一般商业中得到广泛应用。同样，其理论可以应用到医疗领域当中，最著名的就是安索夫成长矩阵。

二、安索夫成长矩阵

安索夫成长矩阵（Ansoff Growth Matrix）是一个2×2的矩阵结构，指以技术及市场两个维度作为基本，根据企业所在的不同区域区别出四种不同的成长战略。如图9-1所示，按照现有市场和新市场，现有技术或服务和新技术或服务两两组合分为四种不同的成长战略选择，分别为市场渗透、技术开发、市场开发以及多样化战略。

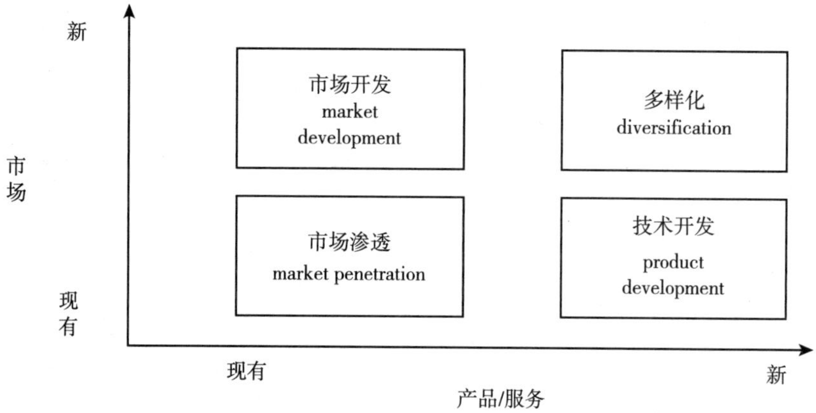

图9-1　安索夫成长矩阵

（一）市场渗透（market penetration）

市场渗透战略是当医院希望使用现有技术和服务，维持增长在现有市场时采用的战略。以当前使用的技术或服务面对现有的患者或者市场，以此作为医院今后的发展焦点进行成长。该战略的增长点主要来自巩固现有市场占有率，通过促销、分配及价格战略等来实现，具体包括扩大宣传、降价以增加服务销量等。营销是提升市场占有率的重要方法之一。对于医院来说，通过营销提升患者体验（patient experience）可以很好地吸引患者。随着互联网时代的到来，无论是公立医院还是私营医院都开始运用自媒体等新型方式进行营销，这种方法不但控制了成本，也起到了较好的宣传效果。

在进行营销的同时，医院还需要不断提升服务，医疗机构可以基于服务质量差距模式的应用，运用HCAHPS收集分析各科室、各病区患者体验数据，结合服务绩效奖励措施，逐步提高患者体验。同时，可以通过设立首席体验官（chief experience officer）或医患沟通中心来提高医疗机构对患者体验的重视。最终，通过提高医疗服务质量使人民获得感、幸福感、安全感更加充实、更有保障。

这样更多的患者会通过营销来到医院，并通过医院卓越的服务产生用户黏性为医院带来更多的患者。这样的良性循环可以使医疗机构巩固并扩大市场占有率，实现市场渗透战略。

（二）技术开发（product development）

技术开发战略指当医院处于现有市场，希望推出新技术或服务时可以采用的战略。新技术或服务通常是通过扩大现存技术或现有服务的广度以及深度，也就是优化技术服务，推出创新的服务或者是新的服务或技术给予现有患者不同选择。这里的新技术可以是市场已经出现的技术，也可以是市场中从未出现的创新技术或服务。

对于采用此类战略的医院来说，可以采用“七步蓝海”方法判断新技术或服务的可行性，进一步促成市场延伸战略的成功。“七步蓝海”方法共分为七个步骤，如下所示。

（1）步骤一：确定项目。各科室选择自费的、有高成长机会的、财务绩效好的新业务进行开发。

（2）步骤二：定义服务地区。根据各科室选定的拟开发项目选择适合其发展的地理范围。

（3）步骤三：定义地区的特征分析。分析发展地区的各项因素，如该区域的经济、人口、社会以及疾病风险等。

（4）步骤四：定义地区的结构分析。结构分析是通过波特五力模型分析服务地区的供应者、潜在进入者、消费者、替代品以及区域竞争分析同业间的竞争。

（5）步骤五：地区的竞争者分析。根据波特五力分析找出竞争者集合。医院间的高度竞争分析：众多竞争者、高额的固定成本、缺乏差异化及高转换成本、竞争医院扩大其规模等因素。

（6）步骤六：绘制战略群组地图。根据竞争者集合细化定位相同的1~2个竞争对手。

（7）步骤七：综合分析。综合分析包括财务分析、政策风险分析、法律风险分析以及相关项目需要的各种支持可行性分析。

知识拓展

某医院泌尿科蓝海服务开发。

（1）步骤一：确定项目。泌尿科——二极体红光激光前列腺刮除手术（需要自费，但是痛苦更少）。

传统的内窥镜电刀刮除手术（TURP）易引发术后出血、尿失禁、性功能障碍等并发症。而新的激光手术以汽化挖洞或是中央挖除的方式进行手术，不但对排尿困难的改善和传统电刀刮除手术不相上下，而且在手术隔天就可拔除尿管，大幅减少术后不适和住院天数。因此，具有低风险且术后并发症少的特定的前列腺激光刮除治疗手术应是泌尿科发展蓝海自费服务项目的重点项目。

（2）步骤二：定义服务地区。在中国台湾地区台南市，前列腺肥大多发于65岁以上的男性居民，且普遍都是合并有长期慢性病的老年人。台南市65岁以上的老年人口就占该市总人口的12.55%。因此，针对这群老年男性患者，开发自费手术服务市场的可行性相当的大。

因本院位于中国台湾地区台南市新营区，为该区唯一的公立医院，故选定台南市为主要服务地区。在地理环境上，铁路、高速公路以及一般道路均通过新营区，对有意愿来接受医疗服务的民众而言十分便利，该地区除了有规划完善的公园停车场院之外，医院环境也很空旷，因此，对自行开车来院接受此新医疗的民众来说也十分方便。

（3）步骤三：定义地区的特征分析。

1）人口学特征：台南市总人口1 101 866人，男性568 950人，女性532 916人，男女比为1.067∶1，男性比例约52%。65岁以上的老年人口占该地区总人口的比例已达12.55%。根据65岁以上的老年人口比例12.55%与男女比例约1.067∶1来看，有前列腺肥大困扰的男性老年人口有七万余人，这些都是自费手术的潜在服务客群。

2）经济因素特征：2020年台南市平均每户家庭每年收入总额为211 200元人民币，平均每户家庭可支配收入为169 688元人民币，平均每户家庭储蓄为29 957元人民币，平均每户家庭消费性支出为139 732元人民币。与邻近市比较，台南市的居民为中等收入。但台南市居民住宅所有权自有比例达91.04%，多为拥有自有停车位的有车家庭，显示患者财富多半以土地及住宅形式存在，故推估台南市居民应有潜在且深厚的消费能力。

3）社会因素特征：统计数据指出，台南市居民相关医疗保健的支出费用逐年增长，成长幅度较前一年度增加0.68%，而10年间医疗保健的支出费用，更增加51.93%。这显示台南市的居民不止重视医疗保健且确实有医疗方面的需求。但有需求、有付费能力并不代表就会有意愿接受新的医疗服务，有时候患者并“不知道”或“知道但不了解”有什么新的医疗服务可以使用，因此教育民众并提高民众接受度，才能开发新的消费市场。

（4）步骤四：定义地区的结构分析。

1）供应商：因为激光手术仪器的成本高，因此供应商几乎都采用租借仪器或手术抽成的方式经营，故医院之间对供应商的议价空间小。

2）患者的议价能力：医院的获利空间有限且居民对于此医疗服务无法团购，使得患者的议价能力低。

3）潜在的竞争者：因高成本与高收费，目前尚未出现供过于求、削价竞争的情况。故潜在竞争者威胁不大。

4）替代品：若不使用激光手术，患者可采用接受健康保险给付的传统手术，或是采用非手术的替代品，如使用药物治疗或是长期置放导尿管。但传统手术的手术时间长且术中风险大，而药物则只能解除部分症状，长期放置导尿管更容易发生尿路感染与血尿，都会造成患者生活品质的降低，故替代品威胁不大。

（5）步骤五：地区的竞争者分析。目前台南市提供激光前列腺刮除手术自费服务的医院有柳营奇美医院（钬激光）、永康荣民医院（绿光激光）、麻豆新楼医院（铥激光）以及佳里综合医院（绿光激光），本院（红光激光）则是去年底加入此项自费医疗服务行列。分析台南市的竞争者，柳营奇美医院是最早推出“激光前列腺刮除手术”自费服务的医院，同时，也是目前台南市激光手术量最大的医院。永康荣民医院、麻豆新楼医院以及佳里综合医院则是陆陆续续在近几年跟进的。经询问多家医院的情况，手术费用均为3万元人民币，仅本院以2~2.5万元报价，但实际费用则视各家医院的状况而定。

（6）步骤六：绘制战略群组地图。战略群组地图按照价格及质量两个维度将医院分为低质量、高价格；低质量、低价格；高质量、高价格以及高质量、低价格四类。将竞争对手放入四类分类中，并通过分析选择高质量、高价格的战略。

通过上述分析确定高价格、高品质的竞争对手为柳营奇美医院、永康荣民医院。通过比较这两家医院及本院三家医院间的服务、交通便利性、价位以及医生水平等，发现本院有相对竞争优势。

（7）步骤七：综合分析。就“服务地区的特质”来说，台南市居民不但有激光前列腺刮除手术方面的需求，同时也能负担得起，更重要的是也有意愿接受新的治疗。就“服务地区的结构分析”来说，内在竞争强度大。就“服务地区的竞争者分析”来说，本院起步虽较晚，但激光功能齐全且价格实惠，故外在仍具有竞争力。就“战略群组地图”来说，使用“高价位、高质量”的战略。本院跟柳营奇美医院与永康荣民医院来比较，虽本院医师人数与手术经验较不足，但激光功能齐全、交通便利与价格实惠，则具有相对优势。因此，本院应有极大的竞争优势成功推出泌尿科二极体红光激光前列腺刮除手术。

（8）总结：因为人口老龄化与民众对健康认知的逐渐提升，发展“二极体红光激光前列腺刮除手术”服务项目具有一定的可行性，在台南市更有其服务地区上的优势。如果能对患者详细介绍“二极体红光激光前列腺刮除手术”这种安全进步的手术方法，加上术前进行良好评估，则此手术可以作为医院的发展蓝海战略进行实施推广。

（三）市场开发（market development）

市场开发战略指当医院希望通过现有的技术或服务开发新市场时采用的发展战略，即使用现有技术开发新的市场。这里所说的新市场不仅可以是新的地理位置，也可以是新的目标患者，更可以赋予服务不同的定位。

在医疗领域常用的方法有：①进行地域性发展，如在其他地区开设新的分院或收购医院。②用不同的价格打入新市场，如公立医院设立国际部或者特需高端医疗等。

（四）多样化（diversification）

多样化战略是当医院希望在新市场使用新技术或服务时采用的成长战略。通常医院选择该战略是因为当前战略无法实现市场增长或绩效目标，而新的市场或许可能提供实现这些目标的机会。例如，医院发现新兴市场的某种服务的空缺。由于医院要使用的技术是进入一个新的市场进行运营，提供的服务以及群体都是未知数，因此，医院使用多元化发展战略存在一定的潜在风险。同样，如果医院应用好这一战略，也会给医院带来巨大的提升。

多样化发展战略可以细分为相关多样化战略及非相关多样化战略。下面将逐条进行详细介绍。

1. 相关多样化战略 相关多样化指一家医院选择发展的市场是和它当前提供服务的市场高度相关的。如果医院新增加的服务能够与之前的服务有相互联结或有协同效应，那么就是一个有效的多样化战略。医院成功进行多样化发展可以降低医院成本，为更多的患者提供更广泛的服务。从门诊服务到住院服务就是一个相关多样化的例子。

图9-2列出了医院可能的相关多样化战略。其中医院可以拓展的方面有新的医院、门诊中心、护理之家、居家照护、临终关怀等。

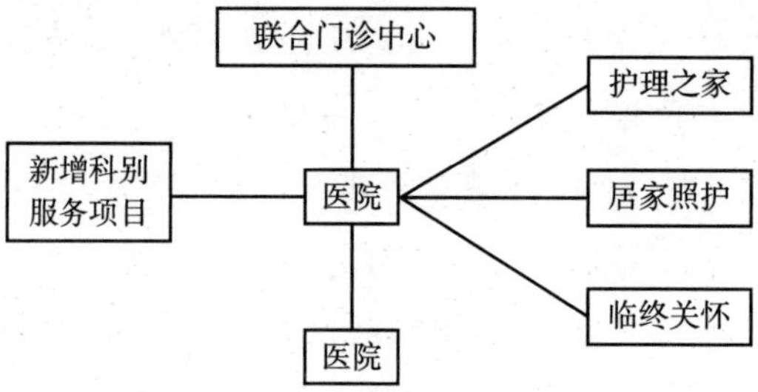

图9-2 相关多样化战略

2. 非相关多样化战略 非相关多样化战略指一家医院选择发展的市场和它当前提供服务的市场完全不相关或不直接相关。其中分为完全非相关多样化以及非直接相关多样化。例如，在完全非相关多样化方面，医院可以发展新的运输业、电子产品行业、餐饮业、便利店等业务；对于非直接相关多样化来说，医院可以提供药品、保健品、医疗器械、医疗教育服务、医疗咨询服务、医疗信息建设等领域的服务。

医院战略从单一业务转变为多样化的相关业务能够增加医院的经营能力。单一业务机构的经济范围较小，而多样性有利于医院和新兴业务间资源共享形成规模经济，不仅能让资源充分利用降低成本，还能拓宽经营范围增加服务对象。而非相关专业的多样化，尤其是完全非相关多样化增加了高层管理者的决策难度以及医院的运营成本，因此稍有不慎就会极大增加成本，而收益却收效甚微。而且，不适当的多样化会让各部门之间分析经验形成标准化流程，导致医院的战略失败。因此，对于医院来说，采用相关性多样化发展战略应该作为首选。

3. 小结　中小医院多样化，因财力暨人力资源有限，宜采合作战略进入新市场或提供新的服务项目。大型医院多样化，除可采合作战略外，亦可采内部开发战略或并购战略，这样成功概率极高。

第三节　垂直与水平整合

一、垂直整合

垂直整合指以共同协议或整合合同等形式对不同级别的以及不同水平的医院进行整合，例如，医院与社区卫生服务机构之间的组合，形成拥有多级医疗机构的集团式医疗资源，实现医疗资源的有效利用。现如今最为常见的垂直整合即医联体。通过将社区医院、二级医院、三级医院、综合医院、专科医院进行连接整合，做到基层首诊、双向转诊、急慢分治、上下联动以统一某一区域的人、财、物、管理以及服务。垂直整合分为产业垂直整合及医院间垂直整合，下面将详细对其进行阐述。

（一）产业垂直整合

产业垂直整合分为向前整合以及向后整合。

1. 向前整合　对下游进行整合，对于医疗机构来说就是向患者的方向进行整合。如图9-3所示，医院的发展从住院到门诊，到社区健康检查，再到体检，逐步向患者渗透进行发展。

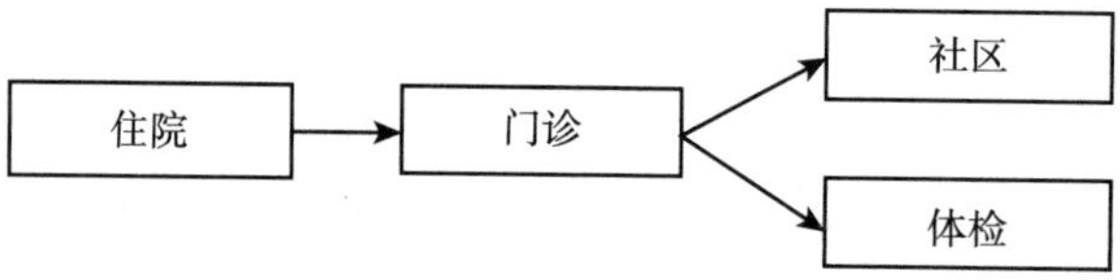

图9-3 向前垂直整合

2. 向后整合 对上游进行整合，对于医疗机构来说就是向供应商的方向进行整合，如参与医药制造或医疗器械生产等。

3. 优点 产业垂直整合可以帮助机构提升其综合竞争力、产生规模效应，从而降低成本。此外，该战略也可以确保供应品及服务的准确性、适应性。

（二）医院间垂直整合

医院间垂直整合是从社区医院到二级医院，再到三级医院的医疗资源整合。医疗联合体是其主要的应用。

1. 医疗联合体 医疗联合体（integrated health care system）简称医联体，通常是将一个区域内的三级医院、二级医院、社区医院进行整合组成医疗联合体，其目的是为更好地实现分级诊疗，解决患者看病难等问题。

从医疗教学角度来讲，医联体有利于提升单个医院的教学水平以及整体医学实力。医联体的整合方式使得三级医院对二级医院进行医疗指导，对该院的技术人才进行培养。医联体可加强基层医院与上级医院的业务交流与技术协作，不仅可以解决基层技术力量不足的问题，还可以对基层医院安全与质量管理起到提升作用；与此同时，有利于收治上级医院转回的康复患者和慢性患者，这样可以在推动医教研防协同发展的同时进一步促进分级诊疗。

从服务角度来讲，医联体有利于提升患者体验，提升医疗可及性。联合体内严格实行逐级转诊，以三级医院为主轴建立规范化的双向转诊渠道，设立统一的线上线下融合的转诊预约平台，以此完善双向转诊制度，引导患者进行双向转诊流程。医联体内患者转诊执行免费接送，中心医院着重促进恢复期患者下转，健全保障转诊后患者延续性诊疗的相关制度。为患者提供综合性、连续性、系统性的基本医疗卫生服务。

从财务角度来讲，医联体有助于降低医院运营成本。医联体确立一种“资源共享、优势互补、互惠共赢、联动发展”的合作机制。医联体中主导医院对联合体的各医院提供各种支持，其中包括专家定期到二级医院或社区医院坐诊，实现人才有效利用。在资源方面，三级医院对下级医院的手术、医疗器械等集中进行消毒，共享医疗设备等，实现资源有效利用。通过这样的共享共赢机制帮助区域资源降低运营成本，有利于进一步改善绩效。

2. 案例：深圳罗湖模式

（1）简介：罗湖模式的医联体如图9-4所示。罗湖医院集团受到深圳市罗湖区政府委托的理事会管理，受到监事会、卫生行政部门的监管。集团包括五大医院、六大管理中心、六大资源中心以及精准医学研究院。五大医院包括：罗湖区人民医院、罗湖区中医院、罗湖区妇幼保健院、罗湖区康复医院、罗湖区医养融合老年病医院。六大管理中心包括：综合管理中心、人力资源中心、财务管理中心、社康管理中心、质量控制中心、科教管理中心。六大资源中心包括：影像放射中心、医学检验中心、物流配送中心、健康管理中心、消毒供应中心以及信息管理中心。

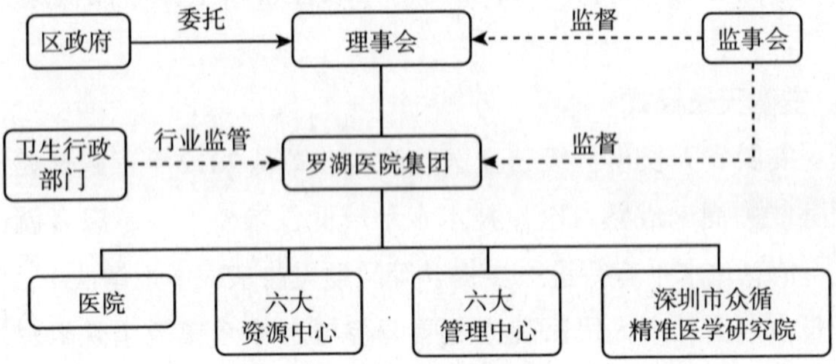

图9-4　罗湖模式

罗湖医联体的管理模式采用唯一法人代表的紧密型组织形式，建立法人管理模式，建立理事会，促进管办分离；赋予自主权，实现权责对等，建立科学有效的干部人事制度；实现医院去行政化，突破行政束缚。

（2）运营模式：罗湖模式坚持一体化加差异化的运营发展思路建立法人治理结构，坚持兼顾社会效益与经济效益并重的管理模式。设立家庭医生团队“4+X”模式，其中“4”是全科医师、全科护士、社区临床药师以及公共卫生医师，“X”是可为签约家庭服务的各方社会资源，真正做到了资源下沉，小病进社区，大病康复双向转诊的机制。

通过医联体的整合，罗湖医疗集团的医疗服务能力得到提升，集团整体竞争实力不断增强；医疗安全与质量明显改善，患者满意度显著提升；在进一步降低医院运营成本的同时，提升医务人员的收入；医疗资源使用率提高，医疗资源辐射能力增强。

二、水平整合

水平整合（horizontal integration）在一般商业上指整合生产和销售相同或相似产品/

服务的企业。水平整合的主要目的是把规模较小的企业整合在一起，组成企业集团，实现规模效益，降低成本，提高市场占有率，使得机构得到成长机会，是发展战略的一种。

在医疗领域，水平整合指原本独立的同级或同类的医疗机构之间的整合，如两家或多家医院之间的合并或共享某类服务。医疗共同体这一概念是医疗水平整合的代表形式之一。

1. 医疗共同体 医疗共同体（regional medical communities）简称医共体。其含义为医院间由于共同的背景或者目的而进行整合的共同体。一般医共体的整合是较为紧密的整合，有三个主要的特征，即明确的区域性、以全体居民健康为目标以及整合性。

2. 案例：安徽天长模式

（1）背景：安徽省天长市县级公立医院综合改革从2012年正式开始。然而，当地的基层医疗服务能力尚未成熟、医疗技术水平较低且参差不齐、患者就诊无序、医保基金保障不足、信息化水平有待进一步提升等问题无法从根本上解决。

因此，天长市以天长市人民医院为主要医院与21家乡镇卫生院组建了天长市人民医院医共体。并且通过成立医共体理事会，制订《医共体章程》，建立分工协作机制，明确各成员单位共同的利益、责任与目标。由此，通过医共体整合天长地区服务资源，以医保为纽带，完善分级诊疗机制，实现上下联动，为该市患者提供全过程、全周期的健康管理服务。

（2）运营模式：在医保付费方面，以医保支付为基本，改革医疗支付方式，进一步完善医共体管理体制和治理机制。天长市医共体内实行按人头预付制的医保支付方式，即新农合按照当年筹资标准10%的标准补足当年应存的风险金，剩余资金按95%预算给医共体包干，超支不补，结余留用。这种做法提升了医共体内部节省成本的积极性，充分发挥了绩效指挥部的作用，使医疗费用转变成医院成本支出，促进医共体内医疗机构在保证医疗质量前提下控制费用，减少浪费。

在分级诊疗方面，建立各级风险分担模式，合理引导居民按分级诊疗就医。通过医共体的实施，推动了基层首诊、双向转诊、上下游联动的分级诊疗。医共体整合三级医疗服务资源，分工明确。社区医院主要为该区域的居民提供相应家庭医生签约服务，通过签约和转诊的方式，大部分患者首诊可以留在基层进行。乡镇卫生院则更多承担常见疾病以及多发疾病的诊疗活动以及慢病管理。市医院则主要负责患者常见多发疾病以及难度较高的疑难复杂疾病诊疗，并应用各专科具有较高技术难度的医疗技术和常规诊疗技术。与此同时，医共体为乡镇卫生院与市医院之间建立了快速便捷的双向转诊绿色通道。患者根据病情的不同选择适合的医疗机构进行有序的内部就诊，合理疏导患者进行分级诊疗。这样的医共体模式，促进了双向转诊，缓解了患者“看病难”问题，也通过资源共享、优化医保付费方式减轻了患者就诊负担，切实解决了患者“看病贵”等问题。

在协同发展方面，医共体内各个医院通过“大手拉小手”，牵头医院帮扶支持基层卫生院共同发展，提升了县域医共体服务能力，为分级诊疗提供了有力的支撑。市医院成立了六个中心，全部对基层卫生院开放。在三级医院优质医疗资源的引领和带动作用下，实现医共体内各级医疗机构的有机联动，资源共享，协同发展。

（3）实施效果：天长市的医疗系统通过管理机制规范一体化、专业团队资源一体化、双向转诊模式一体化、信息资源共享一体化以及医保管理模式一体化这“五个一体化”的实施路径取得了初步成效：医共体改革后县域内就诊率显著提升；医共体内医保支付制度改革后，天长市医共体所属医院中患者医疗服务费用显著降低；医共体内部医院通过改革医保支付方式的方法，大幅提高了患者医疗保险费用实际报销比例。

第四节　并购与战略联盟

一、并购

并购（acquisition）是通过收购现有的医院或医院的某个单位或技术和服务来实现扩张的发展战略。因此，并购可以用来执行医院的战略，如通过并购实现医院的多样化战略、市场开发战略以及技术开发战略等。医院选择收购另一家医疗机构的原因可能是：获新市场准入标准（取得牌照）；获得其品牌溢价、商标；获得医院优秀人才；快速实行地域扩张战略以及获得医院患者等。

医院高层领导者必须基于医院当前状况，综合判断医院应该采用内部发展还是外部并购的战略。如果A医院缺少的正是B医院的优势所在，那么A对B的收购是可行的。例如，没有医美资质的医院想进军医美领域，该医院可以通过收购有医美资质的医院快速进入该领域。在确定收购前还需要评估被收购医院的各方面绩效以及潜在风险。需要从法律、财务、人员、业务等多方面进行尽职调查，通过仔细分析选择适合自身医院的“标的”进行收购从而降低风险。在收购完成后，管理者也需要进一步思考文化、流程、人员如何相互融合等问题。

并购战略的优点是它提供了一个可以快速进入市场、获得技术、获得必要的医资力量的方法。拥有统一所有权的医疗集团比以联盟为基础的医院更容易取得更好地财务绩效。因为，并购战略有利于使集团各医院有更明确的目标，并且通过制定更有针对性的战略实现这一统一目标。因此，对于希望建立统一的医疗集团来说，并购战略是一个可采用的发展战略。该战略对于营利性医院来说应用更为广泛。

同样，并购战略也存在一些潜在风险。例如，虽然并购对于自身发展来说是一种更快速、更有效率的方法，但是被兼并的医院往往很难快速融入医院现有的文化以及流程。而且，文化流程上的融合常常需要很长时间进行优化调整，才能使两家医院或两个部门的文化流程相融合。

二、联盟

联盟（alliances）是指医院之间的一种合作关系，也称为战略联盟。是由两个或两个以上有着共同战略目标或共同利益且运营实力相当的医院，为达到共同战略目标，通过各种协议而结成的优势互补、风险共担的一种松散的双赢合作模式。这种关系属于较为松散的合作模式，也属于成长战略的一种。医院间选择使用联盟的方式进行合作发展的目的是可以在各自独立的基础上实现各自长期的战略发展目标，这些目标可能是其中的单一机构不可能通过自身完成的。因此，这种合作模式超越了单一医院的运营模式，但是也不像医院收购或垂直水平整合那样关系紧密。联盟之间的成员各自合作，但也拥有很高的独立性。

在医疗领域，跨地区的联盟较为常见，医院间彼此没有直接的竞争关系，通过联盟分析自身的运营管理经验使得联盟中所有成员获益。此外，发展这些合作关系一般建立在医院无直接竞争关系且医院间存在优势互补的基础上。例如，两家医院其中一家擅长为患者提供卓越的服务，而另一家则在临床水平上更为领先，那么这两家医院就可以建立一个联盟。这样两家医院可以相互学习，降低成本，获得双赢。

战略联盟的优点在于，虽然没有并购这样的强联系，但是医院之间的战略联盟也会给合作双方带来好处。例如，可以给予医院更多成长机会，包括资源共享、降低运营成本，通过合作获得各自欠缺的专业知识、提高自身水平、增加市场地位、提升医院口碑等。

然而，联盟的发展战略也存在一些弊端。在实行联盟战略的过程中也会存在文化融合的问题。如各家医院间不同文化的碰撞。此外，松散的合作会产生一些沟通成本。如每家医院需要进行多轮沟通来决定共享什么资源。由于有些医院会出于自身利益的考虑不提供自身的资源优势，而只享受其他医院带来的好处，因此，想要在如此“松散”的合作模式下找到平衡且一直维持合作关系是一件困难的议题。

第五节　应用案例

案例：成长战略案例——某保险集团

某保险集团成立于1996年8月，是中国创新型保险金融服务集团，连续14年进入“中国企业500强”。2020年集团管理资产超2.4万亿，保费收入超1300亿元；累计服务个人客户2.25亿。集团拥有寿险分公司36家，机构网点超4200个，是中国第四大保险集团。集团定位：为日益增长的中产人群及家庭提供全方位健康和财富的管理与服务。集团愿景：坚持专业化，深耕寿险产业链，从摇篮到天堂，让保险更安心、更便捷、更实惠，让人们更健康、更长寿、更富足，让泰康成为人们幸福生活的一部分。集团战略：打造养康墓与人寿保险，医疗与健康险，资产管理与退休金“三大闭环”，凝聚支付和服务两个体系，科技驱动，极致体验，共同迈向大健康产业生态体系。

集团成长过程：①第一阶段：2008年正式向保监会提交寿险资金投资养老社区的可行性报告和试点申请；2009年11月，获得保监会批准进行养老社区投资试点。②第二阶段：完成北上广养老一线城市养老社区连锁布局。③第三阶段：养老方面，获取苏州、三亚、武汉、成都、杭州、南昌、长沙、厦门、沈阳养老社区项目用地；燕园、申园、粤园、蜀园养老社区相继开业。医疗方面，燕园、申园康复医院、粤园康复诊所开业。收购并接管南京市仙林鼓楼医院小汤山、西南医学中心、武汉同济医院等落地。入股和美医疗、拜博口腔。纪念园方面，广东罗浮山、北京九公山、武汉仙鹤湖、杭州竹茶园等纪念园落地；爱佑汇成为互联网殡葬创新品牌。④第四阶段：通过各种成长战略的组合，形成以保险为基础，养老医疗为实体支撑，横跨12个城市的垂直化整合健康产业链。

讨论：在大医疗大健康产业价值链（value-chain）中，垂直整合与水平整合可以产生哪些综效?

本章小结

本章着重介绍了医院发展战略，以及各种发展战略所使用的场景。并通过各种案例使学生更形象地了解发展战略的本质以及应用。总结而言，发展战略分为自身发展（多样化战略、市场开发战略、技术开发战略以及市场渗透战略）、合作（水平与垂直整合战略以及联盟）以及并购三种模式。三种模式各有优劣，需要结合医院自身以及战略发展目标进行选择或者组合。

（郝宏恕）

第五篇

医院战略评估与控制

Part 5

第十章　医院战略管理评估

学习目标

1. 掌握　医院不同层面战略管理的质量指标及评估方法。

2. 熟悉　不同战略下，医院战略管理指标体系的构建及方法；医院不同层面战略管理的绩效指标及评估方法。

3. 了解　医院战略管理评估的目标、分类及步骤。

案例讨论

【案例】四川大学华西医院是我国西部疑难危急重症诊疗的国家级中心、中国著名的高等医学学府，也是我国一流的医学科学研究和技术创新的国家级基地，综合实力处于国内一流、国际先进行列。在中国医学科学院2020年度中国医院科技量值（STEM）综合排名中连续8年位列全国第一；在复旦大学中国最佳医院排行榜上，科研得分连续11年名列全国第一；在Nature INDEX排行榜上，名列全球第26位，中国第1位；临床医学ESI排名进入全球前1‰。

【讨论】

1.试从不同战略评价的角度对四川大学华西医院取得的成绩进行分析？

2.结合新的时代机遇，面对不同的竞争与挑战，四川大学华西医院的战略该如何调整？

第一节　医院战略管理评估概述

一、医院战略管理评估的内涵及研究现状

“战略”是在一定时期内指导全局的方略。“评估”是指评价、评定、评鉴、估量，英文中有“evaluation”和“assessment”表述方式。在中西方的学术界，这些概念容易混淆，两者虽然都是基于对象的价值进行评判，但应用场景不同，详见表10-1。本文因聚焦在医院战略管理这个实务领域，故而采用“战略评估”一词。

表10-1　评价和评估的比较

项目	评价	评估
字面含义	从字面上看，评价就是评判价值的缩略语	在判定之外有估计之意
应用在理论中	常与理论探讨匹配，如高等教育评价等	少见
应用在实务中	如质量评价、经济效益评价、社会效果评价，方法论中的评价指标、评价指标体系等	多见。如质量评估、论文评估、项目评估、无形资产评估等
动名词使用	应用于经济、财政、金融等实务中，既为动词，又为名词	应用于系统分析、学术研究中，多作为名词用，而较少用作动词

战略管理评估的应用最多见的是在企业。究其原因，正如“兰德定律”指出：“世界上每1000家破产倒闭的大企业中，有85%是因为企业管理者决策不慎造成的”。企业战略对企业是生与死的问题，而且越是大的企业，战略的问题就越重要。例如，导致“手机霸主”诺基亚衰败的塞班操作系统，让竞争对手安卓手机的市场占有量从2011年的1.6%增长到2013年的80%，一代王者自此衰落。孙子兵法所言“兵者，国之大事，死生之地，存亡之道，不可不察也”，就是这个道理。

战略管理评估还见于行政事业单位和非营利性组织。2014年，中央机构编制委员会办公室对外公开的数字显示，全国现有事业单位111万个，这其中就包含了我国的公立医院。另外，根据中华人民共和国民政部民间组织管理局的统计，截至2015年底，在各级民政部门登记的民办非企业单位将近32万个，这里面包含了民办非企业的医院。如此庞大的非营利性机构，其发展也需要科学化和精细化，医院自然也不例外。医院的战略管理评估可将人力资源、设备和设施作为投入，医/护/药/技师管理和医疗技术管理作为过程，医疗质量、效率、成本控制、财务平衡作为产出，满意度和医疗安全

作为效应建立评估构架；也可依据平衡计分卡、国家公立医院绩效评价指标等，从医疗质量、运营效能、可持续发展和满意度评价四个维度建立三级指标体系，形成医院未来发展战略的核心内容。

二、医院战略管理评估的重要性

（一）目前的政治经济形势要求

当今社会正处于“百年未有之大变革”，新冠疫情给中国及全世界的经济都带来了前所未有的挑战。党中央提出要构建以国内大循环为主体、国内国际双循环相互促进的新发展格局。中美贸易战也进入了全新阶段。“高质量”发展是“十四五”乃至更长时期我国经济社会发展的主题，关系我国社会主义现代化建设全局。这些宏观大势无一例外都对医疗行业产生深刻影响。

（二）医疗体制改革政策步入新时代

2009年，中共中央、国务院向社会公布《关于深化医药卫生体制改革的意见》，标志着新一轮医药卫生体制改革正式拉开序幕。此轮医改的顶层战略即“战略屋”的设计思想，将“建立健全覆盖城乡居民的基本医疗卫生制度，为群众提供安全、有效、方便、价廉的医疗卫生服务”定为总体目标，即所谓的“一个大厦”；将公共卫生体系、医疗服务体系、医疗保障体系、药品供应体系定为战略屋的“四梁”；将“协调统一的医药卫生管理体制、高效规范的医药卫生机构运行机制、政府主导的多元卫生投入机制、科学合理的医药价格形成机制、严格有效的医药卫生监管体制、可持续发展的医药卫生科技创新机制和人才保障机制、实用共享的医药卫生信息系统和医药卫生法律制度”定为战略屋的“八柱”。本轮医改已经推行10余年，主要的医改政策基本均已颁布。面对新的历史时期，我国还将继续深化医改工作，包括进一步推广三明市医改经验；促进优质医疗资源均衡布局；加强公共卫生体系建设；统筹推进相关重点改革等。医院是受到政策影响非常大的机构，近年乃至今后的医改政策仍将对医院战略的制定及评估产生重要的影响，尤其是当下药品和耗材的集中采购以及疾病诊断相关分组（DRGs）支付制度等。

（三）人口老龄化的机遇与挑战

中国发展研究基金会发布的《中国发展报告2020：中国人口老龄化的发展趋势和政策》指出：到2022年左右，中国65岁以上人口将占到总人口的14%，由老龄化社会进入老龄社会。这个变化最直接的影响就是人群不同，疾病负担增大，医疗费用增加的问题。同时，老龄社会缴纳医保的人数变少，医保基金池的金额变少，需要报销的老年人增多，自然容易导致入不敷出，造成医保基金透支的局面。这种大的时代背景下要求医疗机构在制定发展战略时尤其要着重考虑医疗技术的适宜性以及医疗药品、耗材、设备的成本。总之，医院能否成功适应这种外部形势的变化，需要通过战略评估这个手段来检验，医院的战略也要适应形势，及时进行调整。

三、医院战略管理评估的内容与形式

医院战略管理评估是指以医院总体战略目标为导向，以定性评估与定量评估相结合、静态评估与动态评估相结合、结果评估与过程评估相结合的方法，全方位、全过程、全视角地对医院战略管理进行评价。按照医院战略管理评估的时间顺序，可以将之分为三个阶段，即准备阶段、实施阶段和产出阶段。在评估准备阶段需要进行的步骤包括明确评估目标和任务、确定评估方式、制定评估方案、选择评估指标，其中评估指标的选择是重点和难点；在实施阶段需要进行的步骤包括收集数据、分析资料、编写评估报告；在产出阶段需要进行的步骤包括评估结果的复核、评估结果的反馈以及应用。

1. 按时间轴分类 按照战略管理评估的时间轴，医院战略管理评估可分为事前评估、年度评估、中期评估和总结评估。

（1）事前评估：是为了把战略风险关口前移，对拟定的战略进行分析。这一阶段通常用到的战略分析工具包括：PEST模型，对政治（political）、经济（economic）、社会（social）和技术（technological）这四大类主要外部环境因素进行分析；SWOT分析，将主要的内部优势（strengths）、劣势（weaknesses）和外部的机会（opportunities）、威胁（threats）等列举出来，并依照矩阵形式排列，然后用系统分析的思想进行分析；还有战略地图（strategy map）、战略一致性模型（strategic alignment model）、定量战略规划模型（quantitative strategic planning matrix）等。这些战略分析工具所包含的数学方法主要有层次分析法、熵权系数法、主观概率和效用理论等，目的都是对不同战略的可行性进行分析。

（2）年度评估：是为了对战略的内外部环境进行动态监测与分析，逐年对国内（外）政治、经济及重大行业的政策、技术进展等追踪进展，评估其对战略实施的影响，并提出改进举措。

（3）中期评估：主要目的是战略纠偏和战略目标修正，其主要任务是对战略目标进展或实施程度进行评估，以判断战略目标设定是否合适，战略的各个阶段是否按既定方案进行，战略执行是否出现偏差，战略推进是否与发展的环境相适应等。

（4）总结评估：也称效果评估，是在战略末期对战略目标完成情况的分析、评价和预测。通常采用平衡计分卡（BSC）工具对机构战略实施的结果从财务与非财务指标（顾客、内部业务过程、学习和发展）两方面进行全面的衡量。

2. 按评估主体分类　按照战略管理评估的主体，医院战略管理评估可分为自我评估和委托第三方评估。自我评估指由医院战略编制或实施部门对战略目标、任务、实施程度等进行评估和总结，侧重于战略的执行进度和目标完成水平。委托第三方评估，通常是医院委托聘用第三方，包括专家、专业公司等对其战略管理进行深度评估和分析。

3. 按评估内容分类　依据评估的内容，医院战略管理评估可以分为总体评估和专项评估。专项评估是总体评估的延伸和细化，包括医院品牌战略评估、医院人才战略评估、医疗质量战略评估、医疗技术战略评估、医院运营战略评估、服务战略评估、医院创新战略评估、医院文化战略评估等。

四、医院战略管理评估的目的及标准

美国战略学家乔治·斯坦纳（George Steiner）在《顶级管理规划》（*Top Management Planning*）中提出评价战略时应考虑六个要素，即环境的适应性、目标的一致性、保持竞争的优势性、确保预期的收益性、配套性和风险性。美国另外一位战略学家理查德·鲁梅尔特（Richard Rumelt）在战略–结构数据库《*Strategy-Structure Data Base*》一文中提出评估战略时应考虑四个因素，即连贯（consistency）、协调（consonance）、优越（advantage）和可行（feasibility）。日本战略学家Hiroyuki Itami在《启动无形资产》（*Mobilizing Invisible Assets*）一书中，指出了企业战略成功的七个因素，即差异化、聚焦、时机、利用波及效果（ripple effect）、激发职工士气、不平衡性和整合。

借鉴这些战略管理名家的思想，医院战略管理评估也应该是遵循适应环境原则、整体最优原则、全程管理原则、全员参与原则、反馈修正原则、一致性原则和协调性原则，适时地、客观地、科学地、高效地对医院战略及其适应性、风险性、时间性、资源配套性、可行性和应变性等进行全过程（如战略分析、形成、准备、实施、控制、评价等）评估，并据此评估结果采取相应的改进措施，所谓以万变应万变。战略评估者需要清楚的是，战略评估是为了能够使管理者尽可能容易地修改计划和对变化迅速地达成共识。

由于医院的公益性属性，与企业战略不同，医院战略评估考虑的角度还应该增加健康和伦理维度。所谓健康维度指通过预防为主和健康促进，实现由以治病为中心向以健康为中心的发展方式转变。所谓伦理维度是指在不伤害、有利、尊重、公正四大基本原则下考虑医院的战略。

无论采用哪种评估方式和评估工具，医院战略管理评估的结果可以从完成度和适应性两个维度将结果分为四个象限。评估结果如果属于完成度好且适应性好，则是好的战略，需要坚持；评估结果如果属于完成度好但适应性差，则是需要调整的战略；评估结果如果属于完成度不好但适应性好，则是需要坚持继续执行的战略；评估结果如果属于完成度不好且适应性不好，则需要重新制定新的战略。

第二节　医院战略评估指标

一、企业的战略管理评估指标

"指标"在汉语中的意思是衡量目标的方法。如前文所述，战略管理评估的应用最多见的是在企业，然后是非营利性组织等。

企业的评估指标可从企业的核心能力（人才竞争力、技术竞争力、产品竞争力、市场竞争力、制度竞争力）、运营绩效（各种财务比率、市场占有率等）、制订战略调整的应对措施（制度、文化、管理、人才、技术创新）三方面考虑；也可从宏观环境（宏观经济周期、经济政策因素、产业政策因素、市场机制失灵、政府失灵）、行业环境（竞争者、供应商、市场容量、消费者需求变化、技术变化）、企业资源（产品资源、安全资源、财务资源、人力资源、市场资源、技术资源）和企业能力（企业家的知识能力、确定竞争范围能力、配置资源能力、整合资源能力、制度创新能力、技术创新能力、发展模式创新能力、组织结构柔性、组织协调能力、组织管理过程能力、组织管理体制、组织精细化能力、管理能力）四方面考虑。

二、医院的战略管理评估指标

医院作为非营利性机构，其战略管理评估可借鉴3E模式（efficacy、efficiency和effectiveness）或扩展的3E模式（economy、efficiency、effectiveness）、平衡计分卡模式、战略中心型组织、APC评估理论（accountability、performance、capacity）、360度绩效评估等。此外，医院的战略不同，其管理评估的指标自然不同。

（一）医院等级提升战略的评估指标

依据我国的医疗机构管理办法，医院分为三个等级，三级医院是实力和荣誉的象征，无论是对患者还是医院自身品牌都具有较高的价值。而且在我国的医疗服务价格体系中，三级医院的价格也比二级医院收费要高。2020年国家卫生健康委员会颁布了

《三级医院评审标准（2020年版）》，并规定2011年卫生部颁布的综合医院及8个专科（心血管、儿童、肿瘤、妇产、眼科、传染、精神、口腔）三级医院评审标准废止。这里面的指标对于管理者无疑是提供了很好的评估标准。其前置要求部分共设25条评审前置条款，医疗服务能力与质量安全监测数据部分共设240条监测指标，内容包括医院资源配置、质量、安全、服务、绩效等指标监测，DRG评价、单病种和重点医疗技术质控等日常监测数据。第三部分为现场检查部分，共设183条。这些指标都是致力于提升医院等级为战略目标的医院所必不可少的功课。需要指出的是，《三级医院评审标准（2020年版）》是各省开展三级医院等级评审工作的主要依据，各省可以结合本地特点，遵循“标准只升不降，内容只增不减”的原则，对标准进行适当补充。尤其要注意新的医院评审对于数据的信息化要求更高，而且将指标分为三类，即否决类指标、准入类指标和评价类指标，需要管理者区分对待。

（二）学科建设战略的评估指标

临床诊疗是医院的第一要务，学科建设作为医院发展的核心工作，起到引领和提升医院核心竞争力的作用。而重点学科就像医院的“招牌菜”，是医院品牌建设的名片。因此，学科评估指标作为医院战略管理的核心指标应引起足够的重视。自2010年以来，卫生部先后颁布了60多个临床专科的“国家临床重点专科评分标准”，其评价指标包括基础条件（发展环境、专科规模、支撑条件）、医疗技术队伍（技术团队、学科带头人、学科骨干、医师队伍、护士队伍、人才培养）、医疗服务能力与水平（总体水平、亚专科建设、技术特色、诊治能力、创新能力、辐射能力）、医疗质量状况（质量概况、单病种质量及费用、病区质量、门诊质量）、科研与教学（学术影响、专科方向、科研项目、临床方向的科研成果、学生教育、继续教育、编写教材）。需要指出的是，“国家临床重点专科评分标准”是国家级的临床重点专科评分标准，属于国家队的评分标准。部分省份还据此出台了如《××省临床重点专科评分标准》，针对的申请评估对象是省级临床重点专科。各医疗机构要根据自身所处的竞争环境、自身条件和战略的不同，选择不同的对标评分标准进行评估。

（三）成本控制战略的评估指标

长庚纪念医院是医院成本控制战略管理的典范，这所医院拥有中国台湾地区规模最大且最完整的医疗服务体系和最大的国际化综合医疗中心。其“长庚模式”则颠覆了地区医疗产业格局，经过几十年的发展使得民营医院在台湾地区独树一帜，占比达到90%。长庚纪念医院的运营管理思想和体系被业界追捧，其成本控制更是为人所津津乐道。从医疗收益情况看，长庚纪念医院并不具备明显优势，但是在扣除管理费用之后，医院的纯利润率曾经一度高出第二位40%~50%之多。总结起来，长庚纪念医院的成本管控分为作业过程、成本分析、表单与改善对策四个方面。由于各家医院的医疗和财务过程都有不同，精细化管理水平也有差距，改善对策是基于前三项的分析才能得到的结果，故将讨论的重点放在成本分析上面。根据分析对象的不同，医院成本分析或核算可分为诊次和床日成本、医疗服务项目成本、病种成本、科室成本。下面依次介绍这几种成本的指标和计算方法。

1．诊次和床日成本指标和计算方法

全院平均诊次成本=∑临床科室（门诊）全成本/全院门诊诊疗人次

某临床科室诊次成本=某临床科室（门诊）全成本/该科门诊诊疗人次

全院平均实际占用床日成本=∑临床科室（住院）全成本/全院门诊诊疗人次

某临床科室实际占用床日成本=某临床科室（住院）全成本/该科门诊诊疗人次

其中，医院的全成本又分为人员经费、卫生材料费、药品费、固定资产折旧、无形资产摊销、提取医疗风险基金和日常费用，这些指标可以从医院的医院信息系统、人事工资和奖金系统、医院资源规划（HRP）系统、管理资产和药耗系统等提取。

2．医疗服务项目成本指标和计算方法 医疗服务项目是指由中华人民共和国国家发展和改革委员会、中华人民共和国卫生部和国家中医药管理局三部委联合下发的具有法律法规效力的《全国医疗服务项目价格规范》(简称《规范》)。我国各级各类医疗机构都必须按照《规范》规定的医疗服务价格项目名称和服务内容提供医疗服务，收取服务费用，否则将会受到相关部门的行政处理。此《规范》自2001年颁布，共3966项，2007年增补了204项，共计4170项。在2012年，三部委重新修订了规范，共有9360项服务项目。

卫生健康委员会卫生经济研究所成本测算中心长期对《全国医疗服务项目价格规范》中的医疗服务项目进行成本测算与监测，成本测算的方法采用阶梯分摊法，监测的主要内容包括120项代表性医疗服务项目成本、诊次成本和床日成本。

医院医疗服务项目成本=医院该医疗服务项目总成本/全院该项目工作量

3．病种成本指标和计算方法 国家层面于2011年由中华人民共和国国家发展和改革委员会同中华人民共和国卫生部下发了《关于开展按病种收费方式改革试点有关问题的通知》，要求各地全面推进按病种收费方式改革试点工作，并遴选了104个病种，供各地开展按病种收费方式改革试点时参考。之后，国家和地方的医保部门又对104个单病种的部分病种进行了医保结算定价，例如，北京市对白内障、腹股沟疝和股疝、青光眼和股骨颈骨折制定了详细报销标准。医疗机构如果想获得医疗服务的收益，就必须对这种限定了支付价格的病种进行成本核算。病种成本核算主要是指对出院患者在院期间为治疗某单病种所耗费的医疗项目成本、药品成本及单收费材料成本进行叠加，进而形成单病种成本。

单病种成本=∑医疗项目成本+∑单收费材料成本+∑药品成本

除了单病种的支付方式以外，现在疾病诊断相关分组（DRGs）的支付制度即将在全国二级及以上医院施行。在DRGs的核心指标中，有一项是费用消耗指数的指标，反应的是同级同类医疗机构治疗同类疾病所花费的费用平均值与医院该病例组平均治疗费用的比值，值得医院管理者的高度重视。

费用消耗指数=（∑医院各DRGs各组组费用×DRGs各组组病例）/医院总病例数

4. 科室成本指标和计算方法　科室是医院最基本的单元，科室的全成本核算采用阶梯分摊法，将行政后勤类科室成本、医疗辅助类科室成本和医疗技术类科室成本依次、分步分摊到临床服务类科室。无论是科室直接成本还是间接成本的归集，可以依据相关的政策法规和医院的实际情况，由医院的财务部等部门提供数据，开展测算工作。

2010年底、中华人民共和国财政部和中华人民共和国卫生部根据《事业单位财务规则》联合修订并颁发了《医院财务制度》和《医院会计制度》。随着2017年中华人民共和国财政部印发《政府会计制度——行政事业单位会计科目和报表》，原《医院会计制度》随之废止更新。最新的医院需要上报的财务指标，可以参考2019年国家卫生健康委员会财务司下发的《全国卫生健康财务年报》编制说明。关于医院的财务报表共有10余张表格，即医院资产负债表、医院本期收入费用盈余表、医院收入费用盈余表、医院收入费用明细表、医院净资产变动表、医院现金流量表、医院各科室直接成本表、医院临床服务类科室全成本分析表、医院基本数字表、医院经济指标分析表和医院大型医用设备统计表。其中，涉及的成本控制战略管理评估指标，可以根据需要进行选择。

科室成本中，有些科室的成本在分摊时候比较特殊，例如，医院聘用的第三方公司、水电、麻醉科、ICU、急诊、门诊、挂号室和护理员等的成本分摊，需要找到适合医院的分摊方法，才能最大程度地保障公平性，调动各方工作的积极性。

（四）服务品牌战略的评估指标

医疗卫生属于公共服务业。这个行业有服务行业的属性，即以患者为中心开展医疗服务。越来越多的医疗机构，无论是公立的还是民营的，都开始认识到了以患者为中心开展医疗服务的重要性。中华人民共和国国家卫生健康委员会还专门推出了《进一步改善医疗服务行动计划》（简称《行动计划》），推动医疗服务高质量发展，不断增强群众获得感、幸福感。《行动计划》对坚持以人民健康为中心推动医疗服务高质量发展从十个方面作出了指导，即①科学建立预约诊疗制度。②不断完善远程医疗制度。③大力推动结果互认制度。④大力推进区域就诊“一卡通”。⑤持续加强麻醉医疗服务。⑥着力推广多学科诊疗服务。⑦不断丰富日间医疗服务内涵。⑧继续优化急诊急救服务。⑨提高老年护理服务质量。⑩开展长期用药的药学服务。

不仅如此，在患者服务方面，2021年6月国务院办公厅发布了《关于推动公立医院高质量发展的意见》，对满足患者需求作出了原则性的指引和要求。要想持续提高患者的满意度，还需考虑涉及患者体验的医院后勤系统，包括医院环境、后勤保障、医院动线布局、膳食服务、医院标识和便民措施等，并充分重视提高职工满意度。国家卫生健康委员会专门委托医管中心对全国所有三级公立医院开展满意度调查，包括门诊患者满意度、住院患者满意度、医务人员满意度调查。

第三节　医院绩效指标

绩效的定义有三种主流观点：第一种观点认为绩效是工作结果；第二种观点认为绩效是工作过程；第三种观点认为绩效既包含工作过程，也包含工作结果。关于绩效的评估，在上一节已经提到了一些评估的理论。此外还有一些重要的理论，包括管理学大师彼得·杜拉克（Peter F. Drucker）在20世纪50年代提出的具有划时代意义的管理学概念——目标管理（management by objectives，MBO），基于二八法则的关键绩效指标（key performance indicator，KPI），美国施乐公司首创的标杆管理法（benchmarking management）等。

一、医院层面的绩效指标

绩效指标可分为医院层面、科室层面和个人层面三个部分。对于医院层面的绩效战略指标，目前最重要、最权威的就是由国务院办公厅于2019年印发的《关于加强三级公立医院绩效考核工作的意见》（以下简称《意见》，俗称“国考”）。考核指标体系包括医疗质量、运营效率、持续发展、满意度评价4个一级指标，以及14个二级指标、55个三级指标（定量50个，定性5个，参见表10-2）。参加2018年度和2019年度两次“国考”的三级医院有2400家左右，至2021年，上万家二级医院也全部加入了“国考”队伍行列，其重要性自然不言而喻。国家也在数据可分析、可利用上提出了四个统一，即统一数据标准、统一数据来源、统一数据口径和统一数据测量，努力做到“国考”的规范化、标准化和同质化。“国考”涉及的数据上报平台包括国家医院质量监测系统

（HQMS）、国家室间质量评价系统、电子病历系统分级评价平台、国家医疗机构/医师/护士电子化注册系统、国家医院满意度调查平台等。

表10-2　三级公立医院绩效考核指标

一级指标	二级指标	三级指标
医疗质量	功能定位	门诊人次数与出院人次数比
		下转患者人次数（门急诊、住院）
		日间手术占择期手术比例
		出院患者手术占比▲
		出院患者微创手术占比▲
		出院患者四级手术比例▲
		特需医疗服务占比
	质量安全	手术患者并发症发生率▲
		Ⅰ类切口手术部位感染率▲
		单病种质量控制▲
		大型医用设备检查阳性率
		大型医用设备维修保养及质量控制管理
		通过国家室间质量评价的临床检验项目数▲
		低风险组病例死亡率▲
		优质护理服务病房覆盖率
医疗质量	合理用药	点评处方占处方总数的比例
		抗菌药物使用强度（DDDs）▲
		门诊患者基本药物处方占比
		住院患者基本药物使用率
		基本药物采购品种数占比
		国家组织药品集中采购中标药品使用比例
	服务过程	门诊患者平均预约诊疗率
		门诊患者预约后平均等待时间
		电子病历应用功能水平分级▲

续　表

一级指标	二级指标	三级指标
运营效率	资源效率	每名执业医师日均住院工作负担
		每百张病床药师人数
	收支结构	门诊收入占医疗收入比例
		门诊收入来自医保基金的比例
		住院收入占医疗收入比例
		住院收入来自医保基金的比例
		医疗服务收入（不含药品、耗材、检查检验收入）占医疗收入比例▲
		辅助用药收入占比
		人员支出占业务支出比重▲
		万元收入能耗支出▲
		收支结余▲
		资产负债率▲
	费用控制	医疗收入增幅
		门诊次均费用增幅▲
		门诊次均药品费用增幅▲
		住院次均费用增幅▲
		住院次均药品费用增幅▲
	经济管理	全面预算管理
		规范设立总会计师
持续发展	人员结构	卫生技术人员职称结构
		麻醉、儿科、重症、病理、中医医师占比▲
		医护比▲
	人才培养	医院接受其他医院（尤其是对口支持医院、医联体内医院）进修并返回原医院独立工作人数占比
		医院住院医师首次参加医师资格考试通过率▲
		医院承担培养医学人才的工作成效
	学科建设	每百名卫生技术人员科研项目经费▲
		每百名卫生技术人员科研成果转化金额
	信用建设	公共信用综合评价等级
满意度评价	患者满意度	门诊患者满意度▲
		住院患者满意度▲
	医务人员	医务人员满意度▲

注：标记“▲”的26个指标为国家监测指标。

二、科室层面的绩效指标

由于医院内部的工作性质有很大差异，不宜采用同样的绩效评估指标来衡量不同的岗位，因此，可将科室层面绩效指标分为医药技护、行政岗和后勤岗三类。

1. 临床及医技科室的绩效评估指标　医、药、技、护处于临床一线，除了医疗任务以外，教学和科研也是致力于发展成为研究型医院的必修课。即使对于非大学附属医院，从财务、客户、业务过程和学习与成长四个层面设计合理的平衡计分卡也能够较好地反映临床科室的绩效状况，具体可参考以下指标：

（1）财务：患者次均门诊费用、患者次均住院费用、科室人均业务（或床位）收入、患者占当地业务收入比重、药品费用占业务收入比例和检查费用占业务收入比例等。

（2）客户：患者占当地业务量比重、非本地患者就诊比例、门诊/住院患者服务满意度和投诉率等。

（3）业务过程：门诊及出院患者诊断符合率、手术后日内死亡率、危重患者抢救成功率、甲级病案率、基础护理合格率、院内感染发生率、人均业务量、门急诊住院人次、床位使用率、平均住院日和床位周转次数等。

（4）学习与成长：高级职称医技人员比例，人均科研、专利成果与核心期刊论文数，进修、培训、出国访问、学历提升人数，高层次高学历人才引进人数和高新技术使用年度增长率等。

2. 行政科室的绩效评估指标　医院的行政科室包括医务部、护理部、办公室、党群部、财务部、人力资源部、信息中心、医保处和科教处等，由于行政科室的绩效目标大多来自于医院的整体战略目标，所以对各行政科室的绩效考核应该多注重整体战略目标的分解，可以利用KPI绩效考核，通过将行政科室的绩效与医院重要指标挂钩的方法来实现目标管理。

3. 后勤科室的绩效评估指标　后勤科室的工作比较繁杂，其中大多数后勤科室可以外包管理，如食堂、保洁、停车场、保安、护工、配送、配餐和基建等，可以按照各自外包的核心功能对其进行绩效评估，如考核停车的便捷性、食堂的满意度、卫生环境的整洁干净；基建可以分为项目外包和零星工程外包，零星工程包括保障水、电、气、空调、氧气和建筑设施的安全，设施和设备的维护等，这些工作量及安全还可有相应的造价审计公司对其进行评估付费；司机班组可使用互联网工具进行记录，将公里数和出车次数作为绩效评估指标等。

三、个人层面的绩效指标

在医院的临床科室，个人层面的绩效指标也被称为是科室二次分配。这个绩效方案通常不会出现在第一层的战略中，而在人力资源战略中会有涉及。个人层面的绩效可以按照临床与非临床来划分，旨在充分体现个人的价值，充分调动个体的工作积极性，体现效率优先、兼顾公平的原则。临床的绩效评估需要更多地考察医师诊治疾病的难易程度（CMI）、工作量（门诊量、住院量）等。总的来说，职工通过完成绩效指标来实现医院设定的战略目标，而医院则以支付奖金的方式来对职工的努力进行回馈。好的战略目标成就了好的医院，好的职工绩效也成就了其个人价值的实现，两者相辅相成，相互作用。

第四节　医院质量指标

医疗质量在某种意义上就是生命的底线。《孰能无错——创建更加安全的医疗卫生保健系统》（To Err Is Human：Building a Safer Health System）的作者估计：美国“每年因为医疗事故死在医院的患者至少有4.4万，也可能多达9.8万”，致死人数超过乳癌、空难和吸毒过量。

医疗质量的相关理论包括冰山理论、奶酪理论、海恩法则和PDCA理论等。世界卫生组织（WHO）从六方面对医疗质量进行了阐释。安全性：避免或减少医疗服务造成直接或潜在的伤害。有效性：患者得到期望的和满意的效果。适宜性：根据需要和循证医学原则提供服务和干预。患者参与：给患者参与医疗服务计划、检测、评价和决策的条件和机会。可及性：医疗服务不取决于顾客的年龄、性别、种族、信仰、地理、社会经济状况的差别。效率：以最小的投入为患者提供最大的健康收益。美国医学研究院（IOM）研究报告显示，大多数医疗错误不是医务人员个人的鲁莽，而是医院管理系统出现了偏差，并把患者安全、有效的医疗服务、以患者为中心、及时的医疗、效率和公平定为21世纪医疗体系的六大目标。

从世界卫生组织及美国医学研究院的理解可以看出，医疗质量的范畴已经不仅局限在医疗行业本身，它的内涵已涉及患者就医的全过程，这是非常不同的两个范畴。

一、医疗质量安全核心制度指标

我国的卫生行政管理部门对医疗质量的管理一直比较严格，开展了诸如医院管理年、医院管理评价指南、医疗质量万里行和三好一满意活动等。2016年，中华人民共和国国家卫生和计划生育委员会公布《医疗质量管理办法》，将医疗质量定义为在现有医疗技术水平及能力、条件下，医疗机构及其医务人员在临床诊断及治疗过程中，按照职业道德及诊疗规范要求，给予患者医疗照顾的程度。

医疗质量安全的核心制度有十八项：首诊负责制度、三级查房制度、会诊制度、分级护理制度、值班和交接班制度、疑难病例讨论制度、急危重患者抢救制度、术前讨论制度、死亡病例讨论制度、查对制度、手术安全核查制度、手术分级管理制度、新技术和新项目准入制度、危急值报告制度、病历管理制度、抗菌药物分级管理制度、临床用血审核制度、信息安全管理制度。这十八项核心制度可以说需要医务工作者人人遵守、人人执行，像飞行员的“安全操作手册”一样重要。

二、医院层面医疗质量控制指标

2011年，中华人民共和国卫生部下发了《三级综合医院医疗质量管理与控制指标（2011年版）》，对三级医院提高医疗质量，保障医疗安全提出了规范化、专业化、标准化、精细化的管理规范，其指标体系可以分为7个一级指标、52个二级指标和115个三级指标，具体如表10-3所示。

表10-3　三级综合医院医疗质量管理与控制指标（2011年版）

一级指标	二级指标	三级指标
住院死亡类指标	住院总死亡率	1个指标
	新生儿患者住院死亡率	4个指标
	手术患者住院死亡率	4个指标
	重点病种住院死亡率	6个指标
	恶性肿瘤手术患者住院死亡率	6个指标
	重返手术室再次手术患者住院死亡率	1个指标
	重点手术麻醉分级（ASA分级）住院死亡率	6个指标
重返类指标	住院患者出院31天内再住院率	5个指标
	重返手术室再次手术发生率	3个指标
	重症监护室患者转出后重返重症监护室总发生率	1个指标
	经皮冠状动脉腔内成形术后同一天进行冠状动脉旁路移植术手术率	1个指标

续 表

一级指标	二级指标	三级指标
医院感染类指标	医院感染总发生率	1个指标
	与手术相关医院感染发生率	1个指标
	手术患者肺部感染发生率	1个指标
	新生儿患者医院感染发生率	1个指标
	手术部位感染总发生率	1个指标
	择期手术患者医院感染发生率	2个指标
	手术风险分级（NNIS分级）手术部位感染率	1个指标
	重症监护室与中心静脉置管相关血液感染发生率	1个指标
	重症监护室中与呼吸机相关肺部感染发生率	1个指标
	重症监护室与导尿管相关泌尿系统感染发生率	1个指标
	与血液透析相关血液感染发生率	1个指标
手术并发症类指标	手术患者并发症发生率	1个指标
	手术患者手术后肺栓塞发生率	1个指标
	手术患者手术后深静脉血栓发生率	1个指标
	手术患者手术后败血症发生率	1个指标
	手术患者手术后出血或血肿发生率	1个指标
	手术患者手术伤口裂开发生率	1个指标
	手术患者手术后猝死发生率	1个指标
	手术死亡患者手术并发症发生率	1个指标
	手术患者手术后呼吸衰竭发生率	1个指标
	手术患者手术后生理/代谢紊乱发生率	1个指标
	手术患者麻醉并发症发生率	1个指标
患者安全类指标	住院患者压疮发生率	1个指标
	新生儿产伤发生率	1个指标
	阴道分娩产妇产伤发生率	1个指标
	输血输液反应发生率	2个指标
	手术过程中异物遗留发生率	1个指标
	医源性气胸发生率	1个指标
	医源性意外穿刺伤或撕裂伤发生率	1个指标
	医院内跌倒/坠床发生率及伤害严重程度	2个指标
	剖宫产率	1个指标

续 表

一级指标	二级指标	三级指标
医疗机构合理用药指标	处方指标	5个指标
	抗菌药物用药指标	7个指标
	外科清洁手术预防用药指标	4个指标
医院运行管理类指标	资源配置	3个指标
	工作负荷	3个指标
	治疗质量	6个指标
	工作效率	4个指标
	患者负担	2个指标
	资产运营	6个指标
	科研成果	3个指标

三、科室层面医疗质量控制指标

自2015年以来，中华人民共和国国家卫生健康委员会为进一步加强医疗质量管理，规范临床诊疗行为，促进医疗服务的标准化、同质化，陆续颁布了至少14个专业的359项医疗质量指标。详见表10-4。

表10-4 科室层面医疗质量控制指标

专业	亚专业或专病	指标	年份
麻醉	—	16项指标	2015
医院感染	—	13项指标	2015
病理	—	13项指标	2015
急诊	—	10项指标	2015
临床检验	—	15项指标	2015
重症医学	—	15项指标	2015
产科	—	10项指标	2019
药事管理	—	15项指标	2020
护理	—	12项指标	2020
呼吸内科	急性肺血栓栓塞症	7项指标	2019
	慢性阻塞性肺疾病急性加重	7项指标	
	住院成人社区获得性肺炎	5项指标	

续 表

专业	亚专业或专病	指标	年份
心血管	急性ST段抬高型心肌梗死	16项指标	2021
	心房颤动	5项指标	
	心力衰竭	11项指标	
	高血压	4项指标	
	冠状动脉旁路移植术	13项指标	
	二尖瓣手术	9项指标	
	主动脉瓣手术	9项指标	
	主动脉腔内修复术	12项指标	
	先心病介入治疗技术	8项指标	
	冠心病介入治疗技术	11项指标	
	心律失常介入治疗技术	7项指标	
神经内科	癫痫与惊厥性癫痫持续状态	20项指标	2020
	脑梗死	27项指标	
	帕金森病	11项指标	
	颈动脉支架置入术	10项指标	
	脑血管造影术	7项指标	
肾病	IgA肾病	10项指标	2020
	血液净化技术之医院感染控制	5项指标	
	血液净化技术之透析质量管理指标	7项指标	
	血液净化技术之透析并发症管理指标	9项指标	
输血科	临床用血	10项指标	2019

除了我国发布的医疗质量指标以外，世界卫生组织（WHO）发布的医院质量改进绩效评估工具（the performance assessment tool for quality improvement in hospitals，PATH），经济合作与发展组织（Organization for Economic Co-operation and Development，OECD）发布的健康质量指标（health care quality indicator，HCQI），美国开发的国际医疗质量体系（international quality indicator project，IQIP），国际医疗机构认证联合委员会的医疗质量标准（Joint Commission International，JCI），英国的国家医疗监管机构照护质量委员会（Care Quality Commission）的标准都可以作为医院战略管理中医疗质量指标制定的参考依据。

第五节　应用案例

案例：根据近年我国卫生统计年鉴的数据，我国约有三级医院2750家，其中三级甲等医院1500余家；二级医院约9700家，其中二级甲等医院4300余家。随着分级诊疗、医联体、医共体、DRGs支付制度改革、高值耗材集中采购、药品零差价等政策的实现，医院面临的竞争压力越来越大。

作为“紧密型”医联体的代表，深圳市罗湖医院集团自2015年挂牌以来，围绕以“人民健康为中心”，构建权、责、利、管四位一体的医疗卫生服务体系改革，几年来罗湖地区居民的健康素养水平由13.57%提高至41.59%，居民就医经济负担得到减轻。

讨论：①试从不同角度对罗湖医院集团的战略进行评价。②站在新的历史时期，面对新的挑战，罗湖医院集团的战略该如何适应新的发展？

本章小结

在我国，公立医院属于具有一定福利性质的社会公益事业，政府在基本建设、大型设备购置、重点学科发展、人才队伍建设、离退休人员费用和承担公共卫生服务等方面对公立医院予以补助。公立医院具有“公益性”的属性，对医院战略的评估不能仅从企业的营利性角度去考虑。公立医院的运营在很大比例上还需要通过提供相应的医疗服务来获取，外部竞争环境也日趋激烈，医院想要获得更大的发展就需要制定出符合自身发展的战略。医院战略评估可以有总体评估和专项评估，如绩效评估和质量评估。只有结合医院内外部环境，依据相关的政策法规和医院的实际情况，才能够对医院的战略作出正确的评估。

（张智国）

第十一章　医院战略管理控制

学习目标

1. 掌握　管理控制的概念及基本目标；管理控制的主要理论和类型；管理控制的原则和要求。

2. 熟悉　管理控制的基本流程设计；管理控制的行动方案制定。

3. 了解　管理控制概念的发展历程；管理控制的理论发展历程和系统框架。

案例讨论

【案例】魏文王问名医扁鹊："你们家兄弟三人，都精于医术，到底哪一位最好呢？"扁鹊回答："长兄最好，中兄次之，我最差。"文王再问："可否介绍得再详细些？"

扁鹊解释说："我长兄治病，是治病于病情发作之前，那时患者自己还不觉得有病，但大哥能及时下药铲除病根，结果，他的医术难以被人认可，所以没有名气，只有我们家的人才知道，在我们家中受到推崇。我二哥治病，是治病于病情初起之时。一般人以为他只能治轻微的小病，所以他的名气仅在本乡里，乡里人认为他只能治疗一些小病。而我扁鹊治病，是治病于病情严重之时。患者痛苦万分，患者家属心急如焚。此时，他们看到我在经脉上穿针管放血、在皮肤上敷药以毒攻毒或动手术直指病灶，使得重病得到缓解或很快治愈，大家认为我的医术高明，名气因此响遍全国。"

【讨论】

1. 扁鹊三兄弟看病分别对应管理控制的哪些过程？

2. 请结合管理控制的相关知识点，谈谈对扁鹊三兄弟看病的认识和启发？

第一节　管理控制概述

一、管理控制思想的产生

（一）管理控制思想的由来

早期管理控制（management control）思想起源于19世纪初的英国，产生于早期的管理思想中。古典管理理论代表人物泰勒（Taylor）、法约尔（Fayal）、韦伯（Webber）等人对早期管理思想的发展和管理控制思想的产生提供了重要的理论根据。而后，对管理控制理论进行研究的国家主要以欧美等发达国家为主。早期管理思想是管理控制思想的产生基础。

查尔斯·巴贝奇在19世纪初期就特别重视产品的加工制造过程，以及生产系统的升级改善。同时，他还对工人的操作过程、工作的技能、每道工序所需要产生的费用等进行了细致的计算分析，并提出了具体的改善方法和途径。产业革命后期，巴贝奇还进一步研究了劳动分工与劳动效率的关系、薪资制度与生产效果和效率的关系；此外，还对经理人如何实施管理和控制提出了许多建设性意见，可以说，他的研究对管理控制思想的形成产生了积极有益的影响，并作出了直接的贡献。

（二）管理控制思想重要的理论根基

20世纪初，作为科学管理思想代表人物的泰勒，潜心研究工厂管理中如何提高工人的工作效率，并进行了一系列试验。泰勒认为科学管理的中心问题，其实就是如何提高劳动生产率。基于此，他围绕提高劳动生产率，提出了一系列的改进措施。同时，他还提出了管理控制上的例外原则。泰勒的这些观点代表着科学管理理论的基础和核心内容，他认为科学管理理论主要围绕着强调控制标准、制度控制和严格控制这样一条主线，正因如此，他也奠定了管理控制思想的原则体系，并形成了其代表性著作《科学管理原理》。

1920年，弗朗西斯·劳森（Francis Lawson）著述的《工业控制》是世界范围内第一部完全以管理控制为主题的著作。该书的目的在于“要将支配指挥和控制的真实的基本原理置于那些从事组织工作的人面前……”。后人对这本书的评价是：将控制原理引入了科学管理，使得科学管理得以正确应用。20世纪中期，法约尔和韦伯对管理理论以及关于控制职能的理论作出了重大贡献。1916年，法约尔率先把控制作为组织的基本职能提出，并将其作为管理的五大职能之一，认为控制适用于组织和机构内的所有事情。而韦伯关于控制的思想在其经典著作《经济与社会》中，得到了充分体现。他主张建立一种高度结构化的、正式的、非人格化的“理想的行政组织体系”；他认为这是对个人进行强制控制的最合理手段，是达到组织目标、提高劳动生产率的最有效形式，而且，在精确性、稳定性、纪律性和可靠性方面优于其他组织。

这些早期管理控制思想的产生，为未来管理控制理论的发展奠定了良好的基础。可以说，科学管理思想的发展是形成管理控制思想的重要基石。然而，尽管这些有实际经验的理论工作者的思想非常盛行，并成为该领域研究的基础，但这些理论工作者却过于追求经济行为的理性，并太过于寻求解决问题的“普遍适用”的方法，希望通过一种最好的方式来设计操作流程，以达到管理效率和效果的最优化。因而，这一时期的理论基本停留在对“作业控制”的探讨，而没有真正深入到“管理控制”的理论层次。

二、管理控制概念的发展历程

管理控制的基本职能最早由法约尔在1916年率先提出，此后也陆续出现了各种关于“管理控制”的内涵界定。从20世纪60年代开始，控制职能逐步被细分为运营控制（operating control）、管理控制和战略规划（strategic planning）。在哈佛商学院、美国会计学会等相关组织机构和安东尼（Anthony）、西蒙斯（Simons）等众多学者的共同努力下，管理控制理论体系不断得到完善，相关研究成果也陆续在组织战略实施过程中得到应用，新的管理控制模型和控制方法也不断涌现。

尽管该领域研究历史较短，但研究思路却比较统一、开放，围绕对战略目标实现过程的控制，从输入、输出与过程多个角度博采众长，陆续吸收了控制论、交易成本理论、委托代理理论、行为会计学、行为心理学等众多研究领域的最新研究成果，自成一体，逐步发展成为特色明显的新兴研究领域。

安东尼（1965）认为:“管理控制是经理人员为实现组织目标，富有效率（effectively）和效益（efficiently）地获取和使用资源的过程”。同时，他还认为:“管理控制是介于战略规划和运营控制之间的中间环节。通过管理控制可以把两者联系起来，能够把战略目标分解成组织内部各部门的次级目标，把长期目标转换成短期目标”。

罗沃依（1971）则认为:“管理控制是一种为组织信息的寻找、收集、传输和反馈而设计的系统，目的在于确保组织适应外部环境的变化，并使雇员的工作行为根据一系列经营分目标（符合组织整体目标）得以衡量，以使两者的差异得以协调和纠正”。这种观点强调管理控制是帮助组织实行自我管制的一整套范围广泛的控制机制。

玛金（1983）在全面界定“管理”“控制”“系统”这三个术语之后，在安东尼所下的管理控制定义的基础上，进一步分析认为：“管理控制是管理者为了实现组织目标，富于效率和效果地获取和使用资源的过程，管理控制系统是为了便于管理控制而设计的那些正式的、系统性发展的、组织范围的数据处理系统”。

玛金的这一定义避免了管理控制概念的争议，但由于其定义范围过于宽泛，导致其管理控制的内涵不太精确。安东尼对管理控制理论的发展完善作出了最初的重要贡献，由于其过于强调以财务和会计控制方法来实施管理控制，而受到不少学者的批评。但无论如何，安东尼对管理控制理论所做的贡献是开拓性的，他将管理控制划分为三个层次主体的控制，这有利于不同层次控制的深入和细化研究。而且，事实上，安东尼在早期的研究中就已经强调了社会学中的心理学和行为学等的重要性，但鉴于财务和会计角度的控制比较容易形成一套成形的控制技术和方法体系，于是基本上通过借助会计基本原理和财务计划的制定来实施管理控制。尤其是后来安东尼在对以前的理论进行检验和修订的过程中，重新界定了管理控制的内涵，认为管理控制是“管理者影响组织中的其他成员落实组织战略的过程”，这一观点在与现代管理控制手段结合后，逐步成为管理控制研究中的主流概念。

三、管理控制及医院战略管理控制概念的界定

（一）管理控制概念的界定

总体而言，西方理论界对管理控制概念的界定可分为两种类型：广义的管理控制（administrative control），认为管理控制应充分发挥管理的职能，尤其是控制职能，指的是组织为引导员工实现目标而采取的所有方法；狭义的管理控制（management control），认为管理控制可以通过确定标准、评价业绩、纠正偏差等环节进行控制，是指按照计划标准衡量计划完成情况和纠正计划执行过程中的偏差，以确保计划目标的实现，或适当修改计划，使计划更加适合实际情况。

根据管理控制的定义，管理控制的特点有以下几个方面：①管理控制具有整体性，包括组织内全体成员以及各个方面。②管理控制具有动态性。③管理控制是对人的控制，并由人来执行。④管理控制是提高组织内全体员工管理、业务和自我控制等能力的重要手段。

（二）医院战略管理控制概念的界定

医院战略管理控制（hospital strategic management control）指在医院的实际工作中，为达到一定时期内医院全局、长远的发展规划、目标、任务和政策，对所需的所有资

源进行正确、合理而有效地组织、计划、协调，并建立起相应的一系列正常的工作秩序和管理制度的活动。其实质就是医院管理者通过各种手段，影响医院内其他成员的行为，以实现医院战略的过程，确保实际活动与医院规划相一致。

四、管理控制目标的界定

管理控制的目标界定与管理控制的内涵密切相关，广义的管理控制和狭义的管理控制，其目标也存在一定差异。从总体上来说，管理控制的目标就是要通过组织的管理层来协调和驾驭组织各个部门和组织的全体员工，以实现组织的整体目标。组织的目标可以分为整体目标和个体目标，或者是层次目标。基于此，管理控制目标可以分为战略目标、经营目标和作业目标。

（一）战略目标

战略目标是企业或组织管理控制的最高目标。战略目标作为企业发展的长期目标，是管理者进行管理控制要保证的最根本的目标。战略目标控制涉及对战略分析、战略选择、战略实施及战略调整等过程的控制。

（二）经营目标

经营目标是在明确战略目标的基础上，通过对战略规划、战略计划的分解，依据经营管理的特点、内容与要求所制订的控制目标。经营目标的实现是保证战略目标实现的基础。经营目标控制涉及企业经营活动的各个领域，以保证各项经营活动的有效性，即效率和效果。

（三）作业目标

作业目标是企业各项作业活动所要达到的标准与要求。管理控制对战略实施的控制最终要体现在对各种作业活动的控制之中。战略控制、经营控制和作业管理三者紧密相关。以员工为主体的作业控制或任务控制的主要任务是使员工有效地执行各项作业任务。没有作业目标的实现就没有经营目标的实现和战略目标的实现。

一个组织的各个层次目标或个体目标是相互作用、相互影响的。而要实现组织的总体目标及长远目标，必须协调好组织内部各项控制目标之间的关系。

五、管理控制的原则和要求

由于管理控制相对科学技术领域的控制而言，复杂程度高、涉及面广、不确定因素多，因此，进行管理控制必须遵循一定的原则和满足一定的要求。控制原则侧重于控制的内在性，控制要求则侧重于控制的外在性。

（一）管理控制的原则

管理控制，作为一种控制，或一种内部控制，其一般原则或内部控制原则都应对管理控制起作用。管理控制由于与其他控制不同，在管理控制原则方面也有其特殊性，主要有以下六个原则：

1. **计划性原则**　是指管理控制必须反映计划的要求，完成计划目标。管理的首要职能是计划。管理控制实质上就是要保证计划目标的顺利实现。因此，计划性原则是管理控制的本质要求。

2. **适宜性原则**　是指管理控制必须考虑组织的环境特征，因地制宜、因人制宜、因事制宜。控制环境是管理控制的基本要素，脱离控制环境，不结合自身的环境特点、各个组织的环境特点，选择适宜的管理控制模式，是不会取得理想成效的。因此，适宜性原则也是管理控制的关键性原则。

3. **重要性原则**　是指在管理控制中必须抓住关键的控制点进行控制。坚持重要性原则，将有利于控制目标的分解与落实；有利于规避财务活动与经营活动风险；也有利于提高控制的效率，用较少的控制投入获得较大的控制成果。

4. **趋势控制原则**　是指在管理控制中要善于从历史资料和现状中发现规律和倾向，采取纠正措施，以防患于未然。根据控制对象的现状及变化趋势，及时发现潜在的问题及风险，使组织发展按战略目标和规划进行。

5. **例外控制原则**　是指在管理控制中要注重对非正常、非常规的情况进行控制。所谓非正常和非常规的界定要根据组织特点和控制程度要求进行。不同类型的组织、不同的业务其正常与否的判断标准是不同的；不同的控制程度要求，其例外的判断标准也不同。如在严紧控制下，2%的以上的变动就属于例外；而在宽松控制下，4%以下的变动都属于正常。

6. **直接控制原则**　是指在管理控制中通过提高控制主体的素质开展事前预防控制。直接控制原则强调控制主体的重要性或对控制者的培养，是控制的关键。因为合格的控制者能够观察到即将出现的问题，并能及时采取措施加以纠正。直接控制克服了间接控制事后纠偏所带来的问题。

（二）管理控制的要求

为保证管理控制目标的实现，遵循管理控制的原则进行管理控制，还应满足以下要求：

1. **以人为本**　管理控制无论从主体还是从客体看，都是人（管理者）进行的控制和对人（组织中其他成员）进行的控制。管理控制要求以人为本，就是说在管理控制理论与实务中，必修抓住人这一根本。

2. **标准客观**　管理控制标准是管理控制的关键与难点。管理控制标准是否客观关系到管理控制能否有效。只有管理控制标准客观，才能既保证控制者的利益与目标实现，又规范被控制者的行为，调动被控制者的积极性和创造性。管理控制客观标准的制定要考虑历史水平、行业特点、组织目标等因素。

3. 控制效率 管理控制的根本目标是讲求效率与效果。要保证管理控制目标的实现，就必须在投入方面控制各种人力、物力和财力消耗，这些消耗的货币表现就成为管理控制的成本；在产出方面要控制经营收入和收益。管理控制的有效性不仅要追求组织的有效性，而且要讲究管理控制本身的有效性，即以尽可能少的控制成本，取得尽可能多的控制收益。

4. 灵活实用 管理控制的灵活性是指在管理控制过程中要根据控制环境等的变化对控制目标、控制标准及控制方式等进行适当调整，即以权变理论为指导，以管理控制基本理论为依据，根据组织的特点和实际情况进行控制调整，保证管理控制的实效性。

5. 过程可控 管理控制的可控性是指管理控制主体与管理控制客体或对象的协调一致，即控制主体有权力和义务对控制客体的行为与结果负责。管理控制中强调过程可控性，要求一个组织在其机构设置、目标分解、职权划分等方面必须将可控性放在重要位置，以保证整体管理控制系统的有效运作。

6. 综合系统 管理控制是一个全面综合的系统，管理控制系统的各个要素、各个环节、各项内容、各级组织之间都相互关联、相互作用。管理控制的本质就是要使组织中各部门、各环节的目标与组织的整体目标协调一致。因此，无论在管理控制系统的设计，还是在管理控制运行过程中，都必须考虑全面性、综合性和系统性。

知识拓展

1948年，维纳的《控制论——关于在动物和机器中控制和通讯的科学》广为流传，使得管理控制研究深受其影响。控制论对于极具复杂性的管理控制系统的主要贡献在于，它试图应用相关的、简单的反馈机制解释复杂系统的行为。以控制论为理论基础研究管理控制的学者认为，管理控制是以财务与会计为手段，由确定标准、评价业绩、纠正偏差所构成的信息反馈回路。

与此同时，系统论也逐渐融入管理控制的研究中，系统论对于管理控制的重要贡献在于其所采用的“系统的方法”，使得人们不再仅仅关注单纯的脱离于其环境的某个变量的控制，而是将注意力放在组织的全面控制上，即管理控制系统的构建上。系统论引入到管理控制的研究中后，管理控制系统的界定成为继管理控制概念之争后的又一个基本话题，从而引起了人们对建立开放系统还是封闭系统的争论。

第二节　管理控制理论

一、管理控制理论的演变过程

管理控制作为管理者确保资源获得和利用效率效果，以实现组织战略目标的一种组织系统，其理论发展经历了四个阶段。

奥特利等人（1995）在斯科特（1981）对组织进化的研究基础上，提出了管理控制的四个发展阶段：封闭－理性阶段（the closed rational perspective）、封闭－自然阶段（the closed natural perspective）、开放－理性阶段（the open rational perspective）和开放－自然阶段（the open natural perspective）（表11-1）。

表11-1　管理控制理论的基本演变

发展阶段	产生时期	环境特征	研究基础	主流观点	创新模式
封闭－理性	20世纪60年代以前	4S	古典管理理论	试图设计一种最好的管理控制模式以应用于所有的企业	诊断控制模式
封闭-自然	20世纪60年代末期至70年代	仍处于渐变阶段	一般管理理论	管理控制模式的设计与应用应考虑行为性结果	信任控制模式
开放-理性	20世纪80年代	4D	权变管理理论	管理控制模式设计和应用主要取决于外部环境变量	边界控制模式
开放-自然	20世纪90年代	3C	权变管理理论 企业再造理论 学习型组织理论	管理控制模式的设计和应用应根据控制模式运行的内外部环境而定	互动控制模式

封闭－理性阶段：大约出现在20世纪60年代以前，组织外部环境普遍属于一种“4S”状态，即静态的（static）、单一的（single）、简单的（simple）和安全的（safe）。由于外部环境变化相对平稳，组织可以相对准确地把握市场需求。因此，在这个阶段的多数学者普遍受到古典管理理论的影响，在这种背景下，许多学者试图寻找出“一种最好的方式”设计管理控制系统，认为存在“一种最好的管理控制模式”能够普遍应用于所有企业和组织。因此，这一阶段的管理控制理论研究是以普遍应用为导向，以理性思维为方法的。

封闭－自然阶段：大约出现在20世纪60年代末期至70年代期间，与上一阶段相比，企业外部环境的变化并不明显，仍处于“渐变”阶段。在此背景下，一方面，多数学者仍坚持管理控制模式内生于企业和组织的观点；另一方面，学者们开始注意管理控制模式运行的行为性结果，并开始关注企业的内部环境，尤其是人的因素对管理控制模式的影响，力图对管理控制模式进行创新。这一转变同时反映了管理控制研究基础已从古典管理理论转变为一般管理理论。

开放－理性阶段：20世纪80年代以后，社会经济发生了一系列变化，导致企业市场需求具有不确定性，企业的外部环境呈现出动态（dynamic）、多样（diverse）、困难（difficult）和危险（dangerous）的特征。企业外部环境的这种“4D”变化已经威胁到企业的生存与发展，促使人们逐渐认识到企业是一个开放性的，而不是封闭性的系统；企业不仅高度依赖于环境，而且必须适应环境的不断变化，才能在充满危机和动荡的环境中保持竞争优势，最终获得成功。在这种背景下，权变管理理论开始被应用到管理控制研究领域。

开放－自然阶段：20世纪90年代，企业外部环境发生了巨大的变化，主要体现在经济全球化、竞争加剧化、需求多样化与个性化方面。同时，随着知识资本在企业生产经营中起到越来越重要的作用，企业内部环境也发生了显著的变化，组织结构、人力资源、文化观念等因素也对企业的目标实现和管理行为产生了深刻的影响。因此，人们开始通过协作（collaboration）、满足（content）和抉择（choice）三方面的互动，谋求能够灵活适应企业内外环境变化的管理控制模式。权变管理理论仍然是这一阶段管理控制研究的理论基础，同时一些最新的管理理论，如企业再造（reengineering）、学习型组织（learning organization）等理论也被应用于这一领域的研究。

二、管理控制理论的分类

从西方管理控制理论研究的发展历程看，控制理论研究发展的两条主线是管理控制行为因素的研究和管理控制权变因素的研究。

行为因素研究是从理性观点到自然观点的转折点；权变因素研究是从封闭观点到开放观点的转折点。管理控制的行为因素主要包括决策参与程度、工作目标难易程度、认知因素、控制位置等内容；管理控制的权变因素是指那些对管理控制系统运行产生直接影响的环境性因素。

三、管理控制理论的系统框架

在管理控制理论发展的过程中，西方学者根据自己对管理控制概念的界定，分别从财务会计、控制论等不同角度对管理控制系统进行了长期深入的研究，形成了不少较为成熟的理论成果。现有的理论成果多是针对管理控制系统中具体程序实施、管控变量界定、管控标准或应用等进行研究。主要观点包括以下几个方面：

（一）以控制论为基础的管理控制系统框架

该类理论的代表人物是彼得·罗伦基和麦克尔·斯科特，他们用单纯的控制反馈机制来解释组织运行的发展行为，认为管理控制是以财务和会计为手段，由确定标准、评价业绩、纠正偏差构成的信息反馈回路，其根本目标是帮助管理部门完成组织目标。管理控制系统的规范化框架包括：①相关控制变量的鉴别。②良好的短期计划的设计。③整套控制变量中短期计划实际完成程度的记录。④偏差的分析。

（二）以财务和会计理论为基础的管理控制系统框架

该类理论的代表人物是罗伯特·安东尼，他构建的管理控制系统框架包括：①管理控制的环境，包括理解战略、组织行为、责任中心、转移价格等因素。②管理控制的过程，包括战略计划、预算编制、财务报告、业绩评价等。③管理控制的变化，包括不同的战略控制、服务组织、项目管理控制等。

（三）以控制手段为基础的管理控制系统框架

该类理论的代表人物是罗伯特·西蒙，他提出了四种管理控制系统模式：①边界控制系统，即规定组织可接受的活动范围。②诊断控制系统，即用于监督结果、纠正偏差。③信任控制系统，即激发和指导组织成员去探索、发现和追求组织的核心价值。④交互控制系统，即追踪不确定性，注重持续变化的信息，考虑潜在战略。

知识拓展

西方内部控制理论的发展大致经过了内部牵制、内部控制制度、内部控制结构与内部控制整体框架四个不同的阶段。

1949年，美国注册会计师协会（American Institute of Certified Public Accountants，AICPA）首次正式阐述了内部控制的定义，即“内部控制包括组织机构的设计和企业内部采取的所有协调方法和措施，旨在保护资产、检查会计信息的准确性和可靠性，提高经营效率，促进既定管理政策的贯彻执行”，这就形成了内部控制制度思想。这一定义强调内部控制“制度”不局限于与会计财务部门相关的控制方面，还包括预算控制、成本控制、定期报告、统计分析和内部审计等关于管理控制方面的内容。由于该定义的含义过于模糊和宽泛，AICPA于1953年在其颁布的

《审计程序说明》第19号中，对内部控制定义做了正式修正，并将内部控制按其特点分为会计控制和管理控制两个部分。由此，管理控制正式纳入内部控制的体系之中，成为内部控制的重要组成部分。

AICPA在其1988年颁布的第55号审计准则公报《会计报表审计中对内部控制结构的关注》中，用“内部控制结构”的概念取代了“内部控制”，指出内部控制结构由控制环境、会计系统和控制程序三个要素组成。内部控制结构将内部控制环境纳入其中，不但涉及会计控制，而且也包括了更多管理控制的内容，因此，此时的内部控制融会计控制与管理控制于一体。也有学者认为，内部控制在此阶段依然被认为是“各种政策和程序”，仍然是作为从企业管理抽象出来为审计服务的一个工具。从内部控制的理论进展可以看出，内部管理控制从无到有，不仅成为内部控制的一个重要组成部分，并且逐渐在内部控制整体框架中处于主导与支配地位。在内部控制体系中，财务报告可靠性控制属于内部会计控制，它是内部控制的基础和前提；营运效率效果控制属于内部管理控制，它是内部控制的核心和关键；遵循相关法令的控制是内部会计控制和内部管理控制的保证，也是内部控制的保证。

第三节　管理控制的类型及要素

一、管理控制的类型

（一）事前控制、事中控制和事后控制

1. 事前控制　指组织在一项活动开始之前所进行的管理上的努力。它主要是对活动最终产出的确定和对资源投入的控制，其重点是防止组织所使用的资源在质和量上产生偏差。

2. 事中控制　在某项活动过程中进行的控制，管理者在现场对正在进行的活动始终给予指导和监督，以保证活动按规定的政策、程序和方法进行。

3. 事后控制　它发生在行动或任务结束之后。传统的控制方法几乎都属于此类。

（二）预防性控制和纠正性控制

1. 预防性控制　指为了避免产生错误和尽量减少今后的纠正活动，防止资金、时间和其他资源浪费的一种控制方式。

2. 纠正性控制 指由于管理者没有预见到问题，当出现偏差时采取措施，使行为或活动返回到事先确定的或所希望的水平。

（三）反馈控制与前馈控制

1. 反馈控制 指从组织活动进行过程中的信息反馈中发现偏差，通过分析原因，采取相应的措施纠正偏差。

2. 前馈控制 又称指导将来的控制，即通过对情况的观察、规律的掌握、信息的分析、趋势的预测，预计未来可能发生的问题，在其未发生前即采取措施加以防止。

二、管理控制的要素

目前理论界对管理控制要素的研究存在着四种主流观点，即两要素、三要素、四要素和五要素观点。

（一）两要素观点

两要素观点指内部控制由内部会计控制和内部管理控制两个要素组成。1947年，AICPA下属审计程序委员会在其《审计准则暂行公告》中第一次提出了内部控制的概念，但是，它既未划分内部控制的构成要素，也满足不了审计人员只关心与会计报表相关的内部控制这一需要，于是内部控制概念又被内部会计控制和内部管理控制概念所取代。1958年，AICPA下属审计程序委员会发布的第29号《审计程序公告》指出，“内部控制，从广义上讲既有会计又有管理特征的控制”，即明确指出了内部控制分为两要素——内部会计控制和内部管理控制。

（二）三要素观点

管理控制三要素的划分标准存在着若干争议，归纳起来主要有两种划分标准。其一，从管理的控制职能角度出发，将管理控制的要素从管理程序方面进行界定，即有控制标准、评价绩效和纠正偏差三种构成要素。许多学者提出了类似的观点，如罗宾逊（Robinson）提出了控制的三要素，即预测结果、记录结果和指出偏差及责任；而纽曼（Newman）界定了控制过程的三个关键步骤，即依据战略目标设置标准，检验和报告业绩，采取纠偏行动。其二，从内部控制结构角度出发，将内部控制要素从制度结构方面进行界定，将内部控制要素分为控制环境、会计制度和控制程序三种。

（三）四要素观点

四要素观点也有两种划分标准。其一，罗伯特·安东尼在《管理控制系统》一书中认为，内部管理控制系统包括计量、评估、执行和沟通四个要素。其二，郑石桥认为，所谓控制是一定的主体为了实现其既定目标，以信息沟通为基础，采取一定的方法，对影响其目标实现的可控因素所作出的一切努力。这一概念包括了控制的四个要素，即控制的主体、目标、客体和手段。

（四）五要素观点

五要素观点同样也有两种划分标准。其一，古登堡（Gutenberg）教授给出了一个管理控制系统的五要素：标准、信息系统、评估能力、执行矫正能力和联系能力。其二，美国反欺诈财务报告委员会（The Committee of Sponsoring Organizations of the Treadway Commission，COSO）报告归纳出内部控制的五大要素：控制环境、内部评估、控制活动、信息及沟通和监督控制。

第四节　行动方案

常见的应用在组织管理控制中的方法有很多种，比如标杆法、平衡计分卡、品管圈等。本节以品管圈为例，介绍品管圈在医院管理中的应用，以及如何在医院开展品管圈的具体行动方案。

品管圈（quality circle control，QCC）是由5~10名岗位工作性质相类似的工作人员组成的，类似于基层工作人员的性质，同时又称为“质量小组”，是为了改善医疗质量，提高服务品质，医疗人员经过商讨，自发成立的品管小组，进行品管活动。同时，它是一种自下而上、全员动员、全民参与的高效管理工具。

在医院开展品管圈活动的基本步骤一般都是按照PDCA循环进行的，以下介绍目前医疗机构推行的最广的步骤/模式。

1. 主题选定　包括发现主题和选定主题。首先，发现主题。按照医院管理的方向、医院重视、医院患者经常抱怨和大家讨论最后所得重点问题，从中发现活动的主题。其次，选定主题。按实际需求、讨论和投票选择、阅读多方面的资料等来选定活动主题。

2. 拟定活动计划书　一般采用头脑风暴法等搜集圈员的意见，讨论并拟定活动的具体内容、举办的时间、期限以及各圈员的工作分配等，制定一份具体的活动计划书。

3. 现状把握　一般采用流程图、直方图、柏拉图等方法进行。需到现场把握工作情况和工作进度，充分了解并掌握活动的实施过程。在实施过程中要全面看待问题，搜集多方面的资料，包括对自己有利的和不利的因素，以保证活动实施后数据的可靠性和活动成效。

4. 目标设定　一般采用数据和图表进行分析，如简易的图表、直方图、柏拉图。

设定目标达成的时间，其内容表达方式为完成期限、目标项目以及目标值的总和。目标制定时要考虑目标达成的可能性，可通过查找资料，或参考熟悉医院的方法来设定。

5. **解析**　一般采用因果图和系统图等，罗列所存在的问题，并逐一分析原因（包括主观因素和客观现实因素）。

6. **对策拟定**　集思广益，一般采用头脑风暴法、评价法等进行。通过讨论，针对存在的问题制定切实可行的方案。同时要考虑对策的成效和时效性，圈员实施的难易程度以及上级领导的批准。

7. **对策实施与检讨**　一般采用直方图、柱状图、柏拉图等方法。实施过程一般采取分段实施，以保证活动的条理性；各科室部门之间要相互协作；发现问题后记录并积极解决，以及向上级部门汇报工作情况；定期总结实施过程中出现的问题，检讨并及时调整。

8. **效果确认**　一般采用直方图、柱状图、柏拉图和雷达图等。包括有形成果和无形成果。有形成果即直接和可量的成果，其目标达成率=[（改善后数据-改善前数据）÷（目标设定值-改善前数据）]×100%；进步率=[（改善后数据-改善前数据）÷改善前数据]×100%；目标达成率过高：> 150%；目标达成率过低：< 80%。当目标达成率 > 150%或 < 80%者时应用图表提出说明。无形成果是指无形间接的成果，可用雷达图评价法表示，也可用文字方式表达。

9. **标准化**　对活动结束后所取得的效果应制定相应的标准，该标准应具有原因和结果、具体方法和目标等。

10. **检讨与改进**　活动结束后应对本活动实施过程中出现的问题等进行检讨，总结优缺点，关注活动中遗留下的问题，并规划今后应努力和发展的方向。

第五节　平衡计分卡

一、平衡计分卡的概念

平衡计分卡（balanced score card，BSC）是一套管理工具与机制，可以将抽象的制度战略转化为一套明确的绩效指标，以实践战略管理。平衡计分卡被视为自20世纪以来最重要的管理工具。平衡计分卡不仅可以帮助创建组织的战略，还可以帮助组织有效地执行计划。事实上，大多数组织都缺乏战略。《战略核心机构》一书指出，公司或组织只有不到10%的战略得到成功实施，只有不到5%的员工了解公司战略的含义；

85%的管理层每个月花在讨论战略上的时间不到一个小时；有战略但总是执行力不够的机构最需要平衡计分卡。平衡计分卡是包括营利与非营利在内的各种机构常用的绩效评估方法之一。平衡计分卡包含四个要点：学习和成长、内部运营、客户管理和财务绩效。平衡计分卡主要使用图表、卡片和表格来制定战略计划，是一种基于指标和目标的新型战略管理和绩效管理系统。设计平衡计分卡的目的是建立一个“实现组织战略导向”的绩效管理机制。因此，平衡计分卡被认为是近年来加强组织管理战略实施的最有效的战略管理工具。平衡计分卡基本框架，如图11-1所示。

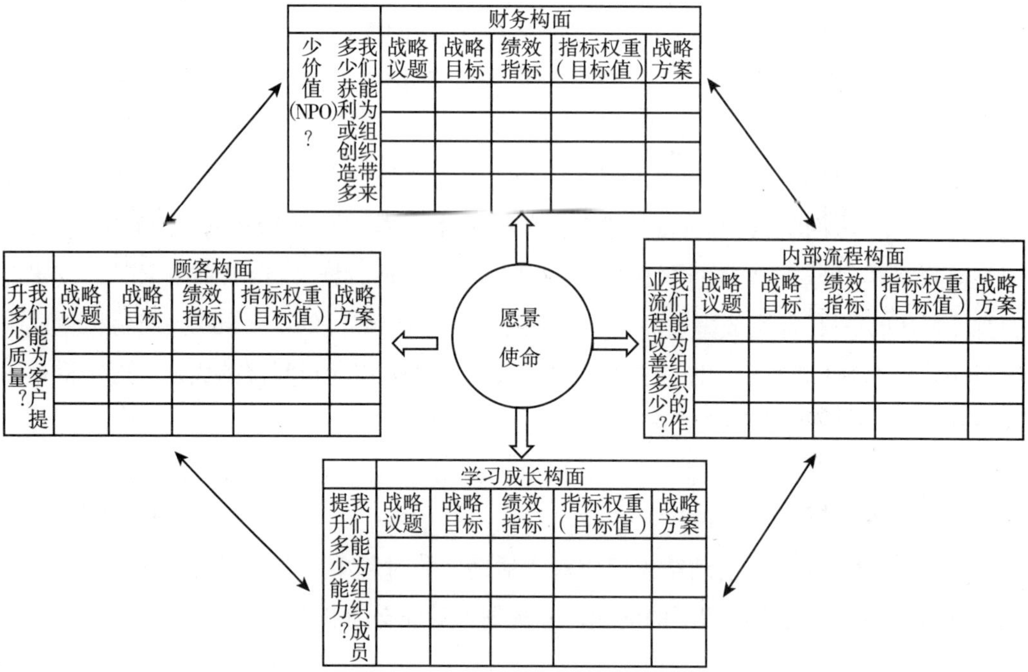

图11-1　平衡计分卡基本框架

二、平衡计分卡的发展与关键活动

（一）平衡计分卡的发展

目前企业中最常用的平衡计分卡概念是在1992年由美国的卡普兰（Robert Kaplan）和诺顿（David Norton）提出的。此后，经过不断的完善和发展，平衡计分卡整合了公司的战略目标，成为一种以目标为中心的绩效管理工具。最初，平衡计分卡是为以绩效管理为重点的公司设计，帮助营利性公司制定战略计划，但随着平衡计分卡的应用，它逐渐应用于医院等非营利组织。卡普兰和诺顿认为平衡计分卡在改善政府部门和非营利组织方面亦是有效的。平衡计分卡使组织能够在各方面实现协同发展，促进不同部门之间的顺畅沟通。

（二）平衡计分卡的三个时期

1.“平衡计分卡”时期　1992年卡普兰和诺顿在《哈佛商业评论》提出“平衡计分卡”。基本上，平衡计分卡只能测量常见的传统财务会计模式，可评量“过去的”已产生的结果（落后的结果指标），无法评估公司“未来的”目标（关键驱动因素）。组织绩效的四项指标分别是：学习与成长（learning and growth）、内部运营（internal business processes）、客户关系管理（customer management）与财务绩效（financial performance）。通过衡量这四个指标，组织可以清楚而严谨地诠释其战略。它保留了衡量历史业绩的传统财务指标，同时也考虑了对业绩贡献因素的衡量。通过一系列交互式因果关系，组织可以将产出（outcome）和绩效驱动因素（performance driver）联系起来，以衡量指标及其标准。作为一种沟通语言，它将组织的使命和战略转化为一套前后一致的系统性评量指标，将复杂而笼统的概念转化为准确的目标，在财务指标和非财务指标之间寻求短期和长期目标之间的平衡，落后和预测的指标以及外部和内部绩效之间的关系。

2.“平衡计分卡+战略地图”时期　此时期研究的结论主要指战略地图，平衡计分卡指出：战略本质包括股东价值、客户管理、流程管理、质量管理、核心竞争力、创新管理、人力资源、信息技术等。尽管上述领域不同，但都具有深刻的见解，然而没有哪个领域可以提供一个全面的、综合的观点来解释战略，所以没有公认单一的方式可解释战略。

“如果你不能解释它（战略），你就不能评价它（战略）”，就管理而言，没有评价就无法管理。

当一个不断壮大的企业集团面临庞大、多层次、多区域的管控挑战时，其必须掌握简单有效的工具来描述并说明集团战略，使其战略能应用于公司的所有成员。平衡计分卡系统成功地解决了这个问题，它的主要功能是通过战略地图来描述和规划群体战略。战略地图的构成文件主要是“地图、卡片、表格”。所谓“地图、卡片、表格”是指《战略地图》《平衡计分卡》《单项战略行动计划表》，是使用战略地图来描述文档的三个必需组成部分。

战略地图提供了集团战略、次集团战略和职能战略的可视化展示。这些原本只能通过数百页战略规划文件来说明的问题，现在用几张简明的图表便可清楚地解释。“一张地图胜似千言万语”，战略地图是企业集团战略描述的一个集成平台。“平衡计分卡”本身就是一张详细说明战略地图的表格，这些是战略目标和主题、核心指标和战略指标。

价值和个人战略行动计划是以“单一战略行动计划”列出的单个战略行动计划的摘要。

3. “平衡计分卡+战略地图+战略中心组织”时期 平衡计分卡+战略地图+战略中心组织是第三代平衡计分卡体系的核心思想。卡普兰和诺顿认为，在当今的商业环境中，战略非常重要。然而研究表明，巨大的记录背后隐藏着不可否认的事实，大多数公司继续使用专为传统组织设计的管理流程，尚未成功实施其平衡计分卡及组织战略。

第三代平衡计分卡系统“以战略为中心的组织”与其他常见组织的区别在于能够系统地描述、衡量和管理战略。卡普兰和诺顿构建以战略为中心的组织的五个关键原则为：①将战略转变为业务目标术语。②使组织目标与战略目标一致。③使战略目标成为每个人的日常工作。④使战略目标成为连续的过程。⑤通过果断、有效的领导方式动员改革。

（三）战略的关键分析活动

运用平衡计分卡体系演绎企业集团的战略，需要将传统的战略环境扫描与分析决策支持工具整合到战略地图的绘制中来。对于一个多元化的控股集团来说，战略包括以下关键分析活动：①集团战略环境扫描、SWOT分析。②开发《战略地图》《平衡计分卡》《战略计划表》。③开发各业务单元的《战略地图》《平衡计分卡》《战略计划表》。④开发职能部门的《战略地图》《平衡计分卡》《战略计划表》。⑤结合全面预算管理，将图、卡、表与年度目标管理相连接。平衡计分卡的关键分析活动，如图11-2所示。

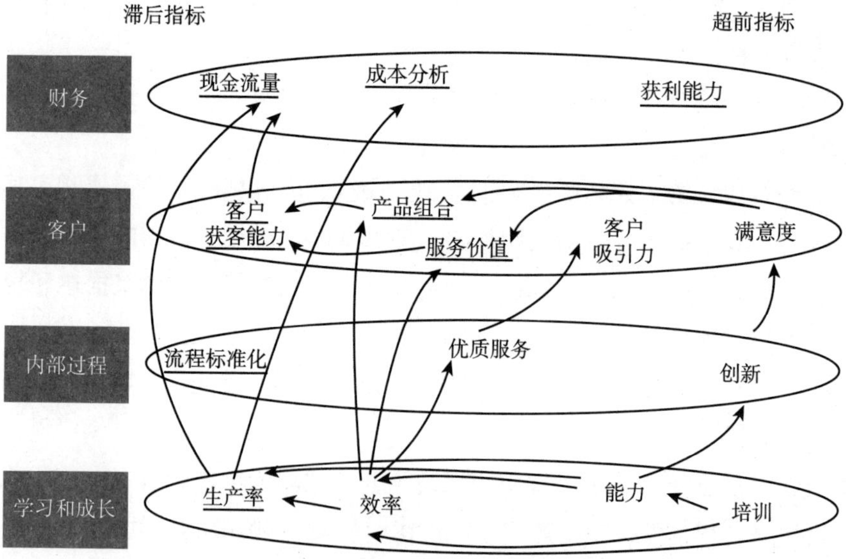

图11-2 平衡计分卡的关键分析活动

知识拓展

在卡普兰和诺顿研究平衡计分卡之前，Analog Device（简称ADI）公司最早于1987年就进行了平衡计分卡的尝试。

ADI是一家半导体公司，其每5年进行一次战略方案调整，在制定新的战略方案的同时检讨原方案的执行情况。但是，如同管理者们经常遇到的战略问题一样，在“制定战略方案”被当作一项“任务”完成后，形成的文件便被束之高阁，并不能在公司的日常经营工作中得以执行。1987年，ADI公司又开始了公司战略方案的调整。与以前所不同的是，公司决策层意识到这次的战略方案制定不仅要注重制定过程的本身，还要注意战略的实施。他们希望通过面对面与公司员工进行交流与沟通，使他们充分理解并认同公司战略。同时，公司高层还希望将战略紧密落实到日常管理中来推动战略的执行。此次ADI公司的战略文件在形式上发生了重大的变化，他们摒弃了以往那种长达几十甚至几百页的战略文件，而将全部的战略文档资料精简到几页纸的长度。在制定战略的过程中，ADI公司首先确定了公司的重要利益相关者为股东、员工、客户、供应商和社区，然后在公司的使命、价值观与愿景下，根据上述利益相关者的“利益”分别设定了战略目标并明晰了战略重点。

这个计分卡除了传统的财务指标外，还包括客户服务指标、内部生产流程指标和新产品发展指标，在帮助ADI公司的过程中，卡普兰发现了ADI的平衡计分卡，并认识到它的重要价值。

三、平衡计分卡的重要性

平衡计分卡方法的引入改变了以前只关注财务指标的估值系统的缺点。若一家公司只关注财务指标意味着这家公司只关注短期运营带来的绩效，而牺牲了长期运营的好处。例如，员工培训和发展、客户关系开发和维护都需要长期的运营，不容易在短时间就从财务指标反映出绩效等。平衡计分卡最大的优点是可以从财务、客户、管理、人力资源开发四个方面建立衡量体系，这四个方面相互关联，相互影响，客户、管理、人力资源这三方面指标的实现最终保证了财务指标的实现。同时，平衡计分卡建立的指标包括过去和未来的绩效评估。

平衡计分卡的重要性如下：①平衡计分卡将传统的绩效管理从绩效考核评价工具

转变为战略实施工具。②平衡计分卡为领导者提供了综合管理工具，用于协调战略、人员、流程和执行四个关键要素。③平衡计分卡让领导者拥有能够平衡长短期、包含组织内外部、确保可持续发展的管理工具。④平衡计分卡被公认为20世纪最重要的管理工具和方法。

第六节　应用案例

案例：上海交通大学医学院附属上海儿童医学中心（简称“儿童中心”）是由上海市人民政府与世界健康基金会（Project HOPE）合作共建的一所集医、教、研于一体的三级甲等儿童专科医院。1998年6月1日医院正式开业，江泽民同志为医院题写院名，希拉里·克林顿女士为医院开张剪彩。2011年，时任美国驻华大使骆家辉先生到访医院，将儿童中心誉为“中美医学成功合作典范”。医院树立“一切为了孩子”的服务宗旨，传承和发扬敢为人先的“创新文化”、精勤不倦的“奋斗文化”、饮水思源的“感恩文化”和海纳百川的“包容文化”；并将提供一流医疗服务，培养儿科卓越人才，创造转化科技成果作为医院的使命；以打造学科领先、品质优良的儿童医学中心，成为儿童健康事业的引领者作为医院的愿景；以“进取、合作、尽职、自信”作为医院的核心价值观。经过20余年的发展，医院已拥有美国医学科学院外籍院士、中国工程院外籍院士和中央“千人计划”等一批顶尖人才，涵盖32个临床亚专业。另有6个国家重点学科/临床重点专科、1个卫生部（现国家卫生健康委员会）重点实验室。作为国内首家通过JCI认证的儿童专科医院，儿童中心还获得HIMSS EMRAM-6级、ISO15189及GCP等国内外质量（资质）认证；在国内率先主持开展的铅中毒预防、新生儿听力筛查及干预、睡眠对儿童生长发育影响三项研究，成功推动了国家政策转化，荣获三项国家科技进步奖；作为上海服务体量最大的儿科医疗联合体，年门急诊总量超过300万人次。2017年，医院成功获批国家儿童医学中心主体建设单位之一；2018年，问鼎上海市政府质量金奖；2019年，在国家三级公立医院绩效考核评价结果中，儿童中心位列全国儿童专科医院第一。

讨论：①在上海儿童医学中心的医院发展中，应用了哪些控制手段和方法？②上海儿童医学中心使用的医院管理控制手段对医院的发展起到了哪些作用？

本章小结

管理控制思想是基于科学管理思想发展而形成的，管理控制思想围绕着对于实现战略目标过程的控制，从输入、输出与过程多个角度，吸收了众多研究领域的研究成果，逐步发展成为特色明显的新兴研究领域。管理控制的主要观点为“管理者影响组织中的其他成员落实组织战略的过程”，这一观点与现代管理控制手段结合成为管理控制的主流概念。医院战略管理控制的意义是“医院管理者通过各种手段，影响医院内其他成员的行为，以实现医院战略的过程，确保实际活动与医院规划相一致”。医院战略管理控制的目标界定与管理控制的内涵密切相关，因此，在医院进行管理控制时，必须遵循一定的原则。本章以品管圈及平衡计分卡为例说明医院战略管理控制的应用与实操方法，此两种方法是近年来在加强医院管理的战略实施中最有效也是最常用的管理工具。品管圈是为了改善医疗质量、提高服务质量，由医疗人员自发成立的质量管理小组，是一种自下而上、全员动员、全体参与的高效管理工具。平衡计分卡包括过去和未来的绩效评估，使医院能够在各方面实现协同发展，促进不同部门、科室之间的顺畅沟通，平衡计分卡最大的优点是可以从多个方面建立衡量体系的方法，最终保证财务指标的实现。

（赵列宾　袁加俊　王炳龙）

第六篇

医院战略管理的案例应用

Part 6

第十二章　整合性（急慢性）医院战略管理案例

学习目标

1. 掌握　医院发展战略与资本市场的相互影响；新经济时代资本参与医疗的新业态。

2. 熟悉　医院在重大突发公共卫生事件中的应急响应战略；慢性病医院恶性肿瘤的多学科团队模式；医院联合体在肿瘤防治中的意义；康养医院中的物联网服务体系和文化组织战略的演进。

3. 了解　大健康产业、大健康城、医院建设的定位与发展路径的关联。

案例讨论

【**案例**】2021年10月，国家卫生健康委员会发布《关于开展康复医疗服务试点工作的通知》，为贯彻落实党中央、国务院关于全面推进健康中国建设，实施积极应对人口老龄化国家战略的重大决策部署，推动各地落实《关于印发加快推进康复医疗工作发展意见的通知》(国卫医发〔2021〕19号)要求，加快发展康复医疗服务，切实增加康复医疗服务供给，满足群众多样化康复医疗服务需求，选取了15个省份作为康复医疗服务试点地区，并确定了增加提供康复医疗服务的医疗机构和床位数量，加强康复医疗学科能力建设，加强康复医疗专业人员培养培训，创新开展康复医疗多学科合作模式，加快推动居家康复医疗服务发展，积极推动康复医疗与其他服务的融合发展，探索完善康复医疗服务价格和支付机制等八项试点任务。

【讨论】

1. 结合本章学习内容，分析该政策将对康养医院的发展战略产生哪些影响？

2. 该政策对试点地区的康复医务人员和患者会有什么影响？

3. 如何落实中华人民共和国国家卫生健康委员会的政策？如何合理调配相关资源？

第一节　医院危机与紧急灾难应变战略

近年来，随着社会科技水平和人们生活水平不断提高，全球一体化进程加剧了人口的流动，新发和再发传染病不断出现甚至暴发，早期一些已被控制的传染病如结核等又再次袭来。新型冠状病毒肺炎疫情持续冲击着人们的正常生活，也给医疗机构带来新的挑战。在这样的背景下，医疗机构必须要加强对急性传染病的应对管理，尽量避免传染病在医疗机构内暴发。现以新型冠状病毒肺炎（COVID-19，简称“新冠”）为例，根据目前发布的各级卫生健康部门、感控专业领域的指南文件等，概括地谈谈医疗机构在抗疫管理中的相关战略。

一、强化组织架构，加强部门协作科学防控

新冠疫情期间，医疗机构应根据工作需要，发布全院各部门共同参与，成立多部门协作工作小组，如综合协调组、医疗护理组、人力资源组、物资储备组、疫情督导组等，分工明确、各司其职、相互协作，加强新冠疫情防控的组织领导和科学规范管理。加强院感防控和护理管理的组织架构，明确工作人员职责，落实责任和分工，整体推进各项工作。

根据新型冠状病毒（简称“新冠病毒”）的病原学特点，结合传染病的三大要素（传染源、传播途径、易感人群）以及我国医疗体系及各个医疗机构的基本情况，完善感染预警机制和预防控制措施，优化标准操作规程，制订不同应急状态下的预案并培训演练，确保各部门各环节步调协同、衔接顺畅，保证应急工作体系完备。

医疗机构要制订细化并落实本机构的感染防控全员培训方案，针对不同人群有选择性地开展相关培训，进一步推动“人人都是感控实践者”的理念，将感染防控措施落实到临床诊疗活动的全过程、全环节，特别是要加强对专科医院、中医医院、基层医疗机构及社会办医疗机构等的培训。医疗机构应进一步重视感染防控工作，梳理本

机构存在的薄弱环节及漏洞隐患，持续开展全员培训。在全员培训基础上，对感染高风险科室和部门，如发热门诊、急诊、感染病科、口腔科、耳鼻喉科、重症医学科、内镜室、血液透析中心（室）、CT检查室、核酸检测实验室、手术部（室）等制订针对性培训内容，使相关人员熟练掌握感染防控尤其是传染病防控的知识、方法与技能。

二、外防输入，把好医疗机构入口关

医疗机构应优化体温检测，核验健康码、行程码和流行病学调查等预检分诊流程，提升预检分诊能力，避免人群在入口处聚集。医疗机构应落实首诊负责制，门急诊医务人员应对就诊患者加强症状、接触史及工种等流行病学问诊，早期识别传染病尤其是新冠病毒的感染风险。对具有发热等疑似新冠病毒或其他传染病感染的患者，医疗机构应制定完善的流程，规范引导患者至发热门诊等就诊。急诊设置应符合隔离救治要求，可为疑似或不能排除新冠病毒感染者提供就地急救服务的诊疗区域或急救室，应制定急救患者手术、心导管检查等诊疗操作的应急预案并进行演练。

严格落实非必要不陪护、禁止探视的相关制度，执行新住院患者及陪护人员新冠病毒核酸检测“应检尽检”要求，对于进入医疗机构的其他访客应加强等级管理。根据当地新冠疫情流行态势和疫情防控需要，应确定住院患者及陪护人员的核酸检测频次。陪护人员应固定，不得随意更换，不得随意进出病区，严格限制活动范围。

三、落实早发现、早隔离，尽快控制传染源

医疗机构门急诊应将有发热或/和呼吸道症状且无法明确排除新冠病毒感染的患者分诊至发热门诊就诊。对发热门诊就诊的患者均应进行核酸、血常规检测，必要时行胸部CT、新冠病毒抗体检测，以排除新冠病毒感染可能。医疗机构应根据患者症状、体征、检验检查结果及相关流行病学信息，及时预警患者可能的传染病。核酸检测结果反馈前，应当将患者安置在发热门诊进行留观。接诊儿童患者的医疗机构应在发热门诊设置单独的儿科诊室或儿科诊区，满足发热患儿就诊需求。

发热门诊预检分诊人员应经过严格的感染病相关知识培训，每班应安排具有中级以上职称的感染科或呼吸科等有感染病诊治经验的临床医生坐诊，接诊医务人员应当掌握新冠病毒感染的病原学特点与临床表现，按照临床诊疗规范进行诊疗，对明确新冠病毒感染者要即刻上报并专车转往定点医院。

三级医疗机构应设置有不少于10~15间的留观病房，留观病房应单人单间，配备有独立卫生间。对于高度疑似新冠患者，医疗机构应将患者留置于留观病房进行隔离，

连续采集两次鼻咽拭子标本，且间隔时间应超过24小时。检测结果如均为阴性方可解除隔离；如为阳性应尽快报告相关部门送标本至疾病预防控制中心（CDC）进行复核，确定后由专用负压救护车转运至定点医疗机构进行隔离治疗。

医疗机构内每个病区应设置规范的过渡病室，用于收治暂无新冠核酸检测结果的急诊患者或隔离排查可疑新冠感染的住院患者。过渡病室不需设置“三区两通道”。过渡病室应设置独立卫生间，保持良好的通风，标识清晰明确，应为工作人员设置防护用品的穿脱空间，应单人单间安置患者。建立过渡病房管理的相关工作制度及流程，病区（房）内发现疑似新冠病毒感染者时，即刻启动应急预案，按要求实施及时有效的隔离、救治和转诊，并及时上报。

四、落实人防，加强医疗机构内人员管控

医疗机构必须成立独立的具有行政管理职能的医院感染管理部门。医疗机构应根据国家相关文件标准配备数量充足、结构合理的院感专职人员。暴发本土疫情后的定点医院感控专职人员的要求：专职院感工作5年以上，中级以上专业技术职称。各临床及医技科室应成立感控工作小组，指定专人负责本科室（部门）的感控工作，疫情期间应建立感控督导员队伍，统一接受医院感染管理部门的业务指导。医疗机构应有感控督导员名单、工作制度，定期公布工作开展情况和发现漏洞风险的整改情况，定期开展院感事件的应急处置演练。

医疗机构参与新冠诊治的医务人员、管理人员、保洁人员、后勤人员（含餐饮服务人员、通勤司机、医疗废物收集转运人员）、保安人员，必须100%接受感控部门组织的岗前院感防控及个人防护培训，100%考核合格方能上岗。定期开展院感事件以及医务人员意外职业暴露的应急处置和演练，确保全员熟悉处置流程。

所有参与新冠诊治的工作人员必须做到“七个一律不上岗”：没有全程接种疫苗一律不上岗；没核酸阴性证明一律不上岗；感控培训考核不合格一律不上岗；亚健康状况一律不进红区；健康码黄码红码一律不上岗；大数据显示与确诊新冠患者有社会上行程交集一律不上岗；既往14天去过中高风险区域一律不上岗。严格执行轮转、健康监测及核酸检测等相关制度。根据疫情防控需要，医院应对全体工作人员（含实习生、休息/休假人员、工勤等第三方人员等）开展健康监测，实行每日健康报告。

医疗机构应制定健康监测方案，指定专门部门和人员负责工作人员健康监测工作。健康监测内容包括体温、新冠病毒感染相关症候群、健康码等，发现异常情况及时报告，并就地隔离观察，组织专家组进行研判和排查，合理开展新冠核酸检测、胸部CT、血常规、新冠抗体检测等检验检查。医疗机构对所有工作人员应定期常规开展新

冠肺炎病毒核酸检测，根据岗位特点和风险评估结果，合理确定新冠病毒核酸检测频次，发现异常及时报告并按照规范流程开展处置工作。本土疫情暴发后，对定点医院、高风险工作岗位人员要增加核酸检测的频次，建议隔天检测；其余工作人员可每周开展两次检测。

医疗机构应调配人力资源并合理安排班次，优先保障隔离病区和发热门诊等重点部门提供诊疗服务的人力及资源需求，减少医务人员暴露规模，缩短人员暴露于新冠病毒污染场所时间，避免医务人员过度疲劳。为医务人员提供营养膳食，保障其充分休息及睡眠，增强医务人员对感染的抵抗能力。根据疫情防控实际，科学测算工作人员工作负荷，合理配置工作人员数量，既满足医疗服务需求，又保障医务人员休息及睡眠时间。根据疫情防控需要，在本土疫情暴发期间，应对参与新冠相关诊疗的发热门诊工作人员严格落实闭环管理，实行“医院-驻地”两点一线集中封闭管理，调派专门通勤车用于往返医院和驻地，驻地实行单人单间。

五、落实技防，执行标准预防措施

医疗机构日常诊疗不仅仅是传染病诊疗，均需严格落实标准预防措施。标准预防是保护医患双方安全的重要措施，主要包括手卫生、正确使用个人防护用品、呼吸道卫生和咳嗽礼仪、诊疗设备及环境清洁消毒、患者安置、安全注射、医用织物洗涤和医疗废物管理等。落实标准预防的关键是规范每个医务人员的行为，在物理屏障的基础上建立起行为屏障；同时，与诊疗流程、物资保障、人员培训等因素密切相关。

（一）严格执行手卫生

根据《医务人员手卫生规范》（WS/T 313—2019），医务人员应严格落实手卫生依从性，做到在接触患者前、清洁或无菌操作前、暴露患者血液体液后、接触患者后、接触患者周围环境后5个时刻均进行手卫生。手卫生措施包括流动水洗手和卫生手消毒等，如手上有可见污物，应当使用流动水和洗手液清洗双手；如无可见污物，应用快速手消毒剂进行卫生手消毒，新冠患者应首选含醇类的快速手消毒液。

（二）正确使用个人防护用品

医疗机构应当加强工作人员的个人防护管理，包括选购并储备质量优良、数量充足的防护物资。医务人员应当根据诊疗操作暴露风险，正确合理选用医用外科口罩或医用防护口罩、护目镜或防护面屏、手套、隔离衣或防护服、靴套等个人防护用品，确保医务人员个人防护科学规范。在隔离病区、发热门诊及核酸采样点、核酸检测实验室等重点场所工作，接触到新冠病毒可能性较大的医务人员，要加强防护，严格落实佩戴医用防护口罩等要求。从事发热门诊、定点医院隔离病区工作的人员要做医用防护口罩适合性测试和密合性测试，合格者方可上岗；每次进入发热门诊、定点医院隔离病区工作前，要做医用防护口罩密合性测试。同时，应指导监督患者、陪同人员及其他进入医疗机构的人员做好个人防护。

（三）正确实施呼吸道卫生和咳嗽礼仪

所有人员应减少飞沫及气溶胶对环境的污染，在咳嗽或打喷嚏时用纸巾或肘部衣袖遮掩口鼻，如手部接触呼吸道分泌物后应即刻实施手卫生。所有进入医疗机构的人员均应佩戴合格的口罩，尤其不应佩戴有呼气阀的口罩，患者接受诊疗时非必要不摘除口罩。避免人群聚集，在不影响正常诊疗工作前提下，应当保持1米以上的安全社交距离。

（四）加强环境及物品的清洁消毒管理

严格落实《医疗机构消毒技术规范》（WS/T 367—2012）、《医院空气净化管理规范》（WS/T 368—2012），做好诊疗环境（如空气、物体表面、地面等）、医疗器械、患者用物等的清洁消毒。一次性使用医疗器械不应重复使用，应严格落实一用一抛弃；可重复使用的医疗器械应根据规范进行清洁消毒或灭菌，有条件的医疗机构宜专人专用。医疗机构空气首选自然通风，不具备自然通风条件的应当选择机械通风或动态空气消毒等，必要时可采用负压设计。环境表面应首选用清水和清洁剂彻底清洁，然后再用有效消毒剂对环境物体表面，尤其是高频接触部位进行规范消毒，隔离病房、发热门诊等高危场所可先消毒后清洁。患者呼吸道分泌物、排泄物、呕吐物可直接倾倒入有集中污水处置的下水道进行规范处理。疑似或确诊新冠患者出院后，规范实施终末消毒，消毒后按《疫源地消毒总则》（GB 19193—2015）进行消毒效果评价。

（五）合理安置并隔离患者

根据新冠等传染病病原学特点、传播方式和特定人员感染风险评估结果，对不同类型的疑似感染者、感染者、易感者采取科学合理的分区分类安置及隔离措施，降低不同风险人员交叉感染的风险。

（六）规范医用织物和医疗废物管理

疑似或确诊新冠病毒感染者诊疗过程中使用的医用织物，洗涤处置应严格执行《医院医用织物洗涤消毒技术规范》（WS/T 508—2016）的要求；疑似或确诊新冠病毒感染者诊疗过程中产生的医疗废物，严格执行《医疗废物管理条例》和《医疗卫生机构医疗废物管理办法》等有关规定，感染性废物使用双层黄色垃圾袋，损伤性废物使用锐器盒，标上“新冠”字样后由专人回收处置。

六、加强定点医疗机构建设

各地应合理确定新冠等急性传染病的定点医疗机构，首选综合实力好、技术水平高、感控基础好、重症救治能力强的二级甲等以上医疗机构作为定点医院，应同时确定备用定点医疗机构，制定完善的定点医疗机构启用和保障预案。定点医院和备用定点医院应制定本机构启用机制及启用后相应的管理方案。定点医院及隔离病区的建筑布局、管理制度、工作流程、人员保障等应符合新冠等急性传染病的防控标准和规范，配备质量优良、数量充足的个人防护用品，原则上储备量应能满足医疗机构满负荷运转30天的需求。

定点医疗机构应综合考虑满足规范临床诊疗、保障感染防控、提升管理效率、合理控制成本等各方面的需要，合理选择定点收治医院及其隔离病区设置。建筑布局和流程应当符合《医院隔离技术规范》（WS/T 311—2009）要求，按照“三区两通道”设置，即污染区、潜在污染区、清洁区和清洁通道（医务人员和清洁物品）、污染通道（患者和污染物品），清洁区与污染区之间的潜在污染区最少可设置两个脱卸区域。各分区之间应有物理隔断，各区域和通道出入口设有醒目的标识，保障正确的工作人员进出流程。

定点医院应合理规划不同人群个人防护用品穿脱区域，脱卸分为一区和二区且保证通风良好。每个脱卸位应至少1.5m^2，应按照每脱卸位每小时6人脱卸来设计脱卸位数量，一脱区：二脱区脱卸位设置建议为3 ： 2。每个脱卸位同时仅能有1人，避免人群聚集，保持门常闭状态，尽量避免手动开门。穿戴区域应配备防护用品、穿戴流程图、生活垃圾及医用垃圾桶、凳子、穿衣镜、快速手消毒液、消毒湿巾，脱卸区域应配备脱卸流程图、医用垃圾桶、穿衣镜、快速手消毒液、消毒湿巾。

定点医疗机构应根据国家相关法规指南制定相关制度及标准操作规程（SOP），并持续更新。制度及SOP应符合医疗机构实际，具有可操作性。制度及SOP应对相关人员进行培训，保证落实到位。制度及SOP应做到随手可及，重要制度，如穿脱流程、职业暴露应急处置流程等应上墙，相应部门操作时可随时查阅。制度及SOP应包括但不限于人员岗前风险排查制度、医务人员岗前培训（后勤、保洁）制度、定点医院人员排班及闭环管理制度、医务人员健康监测及核酸检测制度、定点医院隔离病区的设置及布局流程制度、规范的个人防护用品选择及穿脱流程（确诊患者、康复病区）、环境物表清洁消毒SOP、医用织物管理、医疗废物处置、病区环境及设备设施的终末消毒SOP。

第二节　慢性病医院

一、肿瘤概况

（一）我国恶性肿瘤概况

中国慢性病患病率和死亡率迅速增加，慢性病死亡的人数约占总死亡人数的85%，其中，恶性肿瘤为首要死亡原因，占全部死亡原因的23.91%。2015年，我国恶性肿瘤新增病例约392.9万人，死亡约233.8万人，占全球恶性肿瘤新发病例和死亡病例的23.7%和30.2%。肺癌、肝癌、胃癌、食管癌和结直肠癌等是主要的肿瘤死因。目前我国恶性肿瘤的5年生存率达到40.5%，比10年前提高10%左右。但是，由于患病基数大、早筛早诊率低、晚期肿瘤治疗效果有限等原因，恶性肿瘤仍然是严重威胁我国人民健康的重大慢性疾病。2019年7月，国务院印发《关于实施健康中国行动的意见》，提出要求：到2022年和2030年，我国恶性肿瘤总体5年生存率要分别达到43.3%和46.6%以上。

（二）恶性肿瘤学科分类的变化

传统的肿瘤诊治以手术、内科、放疗为主，形成了一批具有肿瘤特色的专科医院。肿瘤学作为综合性医院的重要组成部分，肿瘤相关科室的发展日益成熟，涉及普外科、肝胆外科、胸外科、泌尿外科、妇科、肿瘤内科、放疗科、介入科、影像科、检验科、病理科、核医学科等。其中肿瘤外科交叉于普通外科之中。综合性医院的优势在于其他科室，包括心内科、呼吸科、风险免疫科、消化科、肾病科等，为肿瘤伴随症状以及诊治相关的不良反应管理提供了坚实的后盾。目前，肿瘤单病种管理模式日益兴起，将改变单个科室作战、“各自为政”的“一对一”服务形式，推行“多对一”的升级医疗服务，即以瘤种分类，由不同学科的多位医生同时会诊，对各个学科的资源和优势进行整合，深入推进肿瘤规范化、个体化诊疗，使患者看病“一站到位”。

二、医院对肿瘤患者的全程管理

肿瘤患者的全程管理是一种覆盖肿瘤预防、筛查、早期诊断、综合治疗、康复随访和临终关怀的全程管理模式，贯穿肿瘤诊治全过程。从简单的患者管理提升至肿瘤的全程管理，最终转变为健康管理，这是医院对慢性病管理的新理念和新策略。多学科的肿瘤全周期健康管理模式，实现了肿瘤患者预防筛查、综合治疗、延续照护以及临终关怀四大方面的全程无缝连续管理。必须实现跨学科、跨专业，甚至跨医院的多学科协作的长期管理，以此帮助患者得到最大的获益。所以，实施肿瘤全程康复管理的前提是必须在医疗机构内组建由外科、病理科、放射科、肿瘤内科、放疗科、麻醉科、护理部、营养科、心理科、疼痛科以及网络信息部、医务部（科、处）共同参与的肿瘤患者全程康复管理的多学科团队。

（一）预防和筛查是全程管理的首要任务

肿瘤的一级预防，即病因学预防，是为了消除或降低常见的致癌因素，对一般人群进行的防患于未然的措施。预防措施包括控烟、节制饮酒、合理膳食、免疫接种、降低职业致癌因素、健康宣教等。肿瘤的二级预防，即临床前预防，指对于高风险人群进行癌前病变或早期肿瘤的筛查，从而做到早发现、早诊断和早治疗。从1991年到2018年，美国的癌症死亡率下降了31%，主要原因是严控吸烟、早期发现以及治疗手段的进步。从1990年至今，美国成人吸烟率从42.4%降到了16.8%，男性和女性的肺癌死亡率分别降低了45%和19%。因此，有效的预防和筛查对降低肿瘤发病率具有重要作用。

医院在肿瘤预防和筛查中的作用是通过建立完善的疾病监测体系，掌握恶性肿瘤疾病负担、与肿瘤相关的人群行为危险因素；通过肿瘤宣传及其各类科普宣教活动，持续地普及肿瘤预防和早诊知识；通过控制吸烟、公共营养改善项目、生活方式促进项目，对人群的癌症风险因素进行干预和控制；通过公共卫生服务项目，向人群提供社区管理服务和肿瘤筛查服务；通过公共卫生信息平台，推广以人群为基础和以个体为基础的恶性肿瘤风险干预和癌症筛查。

（二）综合诊治是全程管理的关键

当患者出现肿瘤相关症状于医院就诊，首诊科室可能分布于各个科室，比如因为腹痛就诊于普通外科，因为乳腺结节就诊于乳腺外科，因为高血糖就诊于内分泌科，因为呕血就诊于急诊科等。首诊科室通常会根据患者症状和体征开具相应的辅助检查，包括实验室检查（如常规项目、免疫学指标、基因检测等）、影像学检查、病理检测，涉及科室包括检验科、影像科、核医学科、内镜中心和病理科。随着检查的深入，肿瘤的真实面貌逐渐浮出水面，患者因此就诊于肿瘤专科医院或者综合性医院的肿瘤相关科室进行治疗。

随着医学的发展和进步，肿瘤的治疗手段不仅仅有手术、化疗、放疗，还包括微创治疗、内分泌治疗、靶向治疗、中医药治疗、生物免疫疗法、基因疗法、干细胞移植、器官移植等。每种方法都有严格的适应证，但无论哪种手段都必然存在不足之处。

现代循证医学证据表明，大部分肿瘤都需要综合治疗，在不同的阶段采用不同的综合治疗方式，由此衍生了肿瘤的多学科诊疗。恶性肿瘤的多学科团队（multidisciplinary team，MDT）是由多个学科的专家共同分析肿瘤患者的临床表现、影像、病理和分子生物学等资料，对患者的一般情况、诊断和分期/侵犯范围、预后等各个方面作出全面和准确的评估，根据当前的国内外诊治规范/指南或其他循证医学证据，为患者制定最合理的治疗策略，并贯穿每一位患者的治疗全程。MDT将个体化治疗、精准医学和快速康复理念融入肿瘤的诊疗，通过建立标准化操作流程，加强对医务人员和患者的宣教，提高肿瘤诊疗水平和效率，为患者提供科学、有效的治疗方案，改善患者的生存质量。相关研究显示，经过MDT模式治疗，不同癌症患者的五年生存率增高15%~40%。为了提高医疗质量，2007年我国部分三甲医院开始采用MDT模式，但到目前为止总体开展率不高。2018年国家卫生健康委员会公布第一批231家肿瘤（消化系统）多学科诊疗试点医院名单，通过开展肿瘤多学科诊疗试点工作，发挥试点医院的带动示范作用，以点带面，逐步扩大瘤种范围，希望在全国广泛开展多学科诊疗模式。

基于当前移动数据网络的先进技术，网络化运作的实时多学科诊疗平台（real-time MDT）突破当前多学科团队诊疗体系受时间和地点限制的应用瓶颈，并基于多维度信息化数据生成可供智慧医疗工具分析的医疗元素，全面提高多学科团队诊疗的效率和精准度，跨地域覆盖更广泛的肿瘤患者，实现医疗资源跟着患者走，降低异地就诊率。同时，强化关键临床节点数据监控，完善并发症评估和记录体系，进而促进恶性肿瘤的精细化管理与质控体系的完善。

（三）康复和随访是全程管理的延续

肿瘤康复包括心理和生理康复，需要心理科和康复科的支持和介入。通过健康宣教或心理咨询，让患者及家属了解肿瘤的基本常识，对患者可能存在的心理问题或不良情绪进行分析和疏导，使患者能够正确认识肿瘤，积极配合治疗，改善心情，减轻治疗的不良反应，提高生存质量。对于肿瘤本身或治疗所导致的生理功能障碍，应积极采取相应的治疗措施，主要包括运动疗法、物理治疗、康复锻炼等。定期复查和随访对早期发现肿瘤复发或转移至关重要。随访方式包括电话随访或上门随访，并记录随访结果，填报至相关随访系统。

三、医院联合体在肿瘤防治中的意义

（一）医联体的概念和建设模式

我国对于恶性肿瘤全方位、全周期的防治管理理念以及临床研究水平依然存在很大的地区差异性，防治水平和诊疗资源分布不平衡，城乡、地区、人群间的癌症防治水平差距明显。建立合理、高效、有序的分级诊疗体系，是解决当前我国看病难、看病贵等医学管理难题的主要途径。具有肿瘤诊疗能力的医院分为三级医院、二级医院、社区医院等。医联体是以政府主导统筹规划为原则，按照网格化，根据不同级别医院的功能和定位，将同一个区域内的医疗资源整合在一起，组成一个医疗联合体。以区域三级医疗机构为核心、二级医院为枢纽、社区医院为桥梁，实现“预防-诊疗-舒缓疗护”全程管理模式。在联合体内，形成以人为本、以患者为中心的全链条的连续化的医疗服务，是实现分级诊疗的重要路径。医联体有四种形式：一是城市的医疗集团，二是县域内的医共体，三是跨区域的专科联盟，四是远程医疗的协作网。以问题为导向，推进在医联体内医师多点执业、信息共享、资源共享、人才共享，推进异地医保支付方式改革，促进优质医疗资源下沉，为患者提供高效规范的同质化医疗服务，形成基层首诊、双向转诊、急慢分治、上下联动的分级诊疗格局。

（二）国家医学中心和区域医疗中心的意义

国家肿瘤医学中心是响应国家分级诊疗医改方向、践行医疗资源整体联动的顶层设计思路的必然要求。2016年中共中央、国务院印发的《“健康中国2030”规划纲要》指出，依托现有机构，建设一批引领国内、具有全球影响力的国家级医学中心，建设一批区域医学中心和国家临床重点专科群，推进区域医疗卫生协同发展和整体水平提升。2017年中华人民共和国国家卫生和计划生育委员会印发《“十三五”国家医学中心及国家区域医疗中心设置规划》，明确提出构建以国家医学中心为引领，区域医疗中心为骨干的国家、省、市、县四级医疗卫生服务体系，全面推进临床研究、人才培养、技术转化、技术辐射和管理示范等方面的工作，促进我国医疗技术与国际对标，提高我国整体医疗服务水平。

四、智慧型医院和大数据赋能肿瘤管理

（一）大数据和智能AI的作用日益重要

智慧型医院是在智慧医疗概念下对医疗机构的信息化建设。顺应国家医疗卫生改革、大数据人工智能等方面的战略规划，利用大数据、人工智能、5G、云计算、物联网等技术，从数据、知识、信息化管理等方面，开展肿瘤健康科普、筛查、诊疗规范推广、药械研发、分级诊疗和人才培养。以信息化平台为支撑，建立起覆盖全生命周期的、从生活衣食住行开始的，包括运动健康、医疗干预、康复保健、生活习惯等元素在内的、全方位的肿瘤防、治、研体系。通过信息化与医疗的深度融合，加强肿瘤

患者从诊断到治疗、康复的全程健康管理，建立医院、医生与肿瘤患者之间的新型服务关系，并推动肿瘤患者群体间的互动互助。借助信息化手段，结合肿瘤患者“互联网+”医疗方式，进行医疗服务模式和患者社群交流模式的创新，建立线上线下相结合的全新肿瘤健康管理模式。

大数据和互联网技术的飞速发展给肿瘤诊治和研究领域带来极大的进步。临床大数据和生物医学大数据整合，推动以临床需求为导向的数据挖掘，为医院系统和患者提供个性化的信息分析和辅助决策，包括精细化管理、预测建模、智能辅助、商业智能（business intelligence，BI）、专家知识库等内容。通过对医院数据库里的数据进行深度挖掘，打造个体化和精准医疗，为医学科研提供精密的数据支持。化除医院数据孤岛，真正连通医院内外，是大数据时代医院系统的目标。未来，大数据将全面应用到医院系统中，并广泛应用于肿瘤的管理之中。

（二）大数据和智能AI在肿瘤管理中的应用

大数据和智能技术助力多维度肿瘤病理及分子诊断。大数据整合各种肿瘤病理学数据资源，包括免疫组化、细胞形态、基因变异、表达、代谢及蛋白空间分布等信息，通过先进的智能化数据处理方式，将患者多维检测数据科学合理地整合，建立多维度数据库及开放的、实时诊治分析平台，为肿瘤精准治疗和个体化治疗提供解决方案。

大数据和智能技术助力不良反应管理。采用移动互联平台可以采集患者数据、进行用药警示及预测药物不良反应。通过计算机录入数据与标准词汇相似度辅以人工处理的方法建立标准化的不良事件病例报告数据库，在标准化评价法的基础上，综合运用多种统计学方法建立药品不良反应预警程序，实现程序自动学习优化和药品不良反应信号挖掘，为临床合理用药提供参考，促进药品不良反应监测工作的标准化和科学化。

大数据和智能技术优化医疗资源分配。借助大数据的理论和方法，构建肿瘤日间化疗和日间手术管理决策流程，对日间化疗和日间手术的参与者进行行为研究，对床位管理进行科学规划，提高日间病房管理水平。大数据和智能技术助力肿瘤临床研究管理。围绕信息系统的安全认证及医院信息系统数据共享，采用AI智能辅助系统进行临床研究筛选、伦理审查以及不良事件报告与管理。

大数据和智能技术助力价值医疗管理。价值医疗是追求性价比的医疗服务，即以同样或较低的成本取得医疗质量或医疗效果的最大化。通过智能数字化绩效管理，优化目标管理体系，统一精确管理抓手。对健康结果和成本数据进行分析和基准制定，根据患者病情和经济水平，综合费用成本、时间成本、医疗供给等，在特定的时机，给予最合适的诊疗。做到以患者为中心，满足成本控制、治疗效果、患者需求三个要素。

第三节 康养医院

《“健康中国2030”规划纲要》中，“康复”一词出现27次，涉及心理、生理、全生命周期、重点人群等多方位、多角度的健康关注点。建设健康中国的战略主题“共建共享、全民健康”强调通过早诊断、早治疗、早康复，实现全民健康。为实现全民健康的目标，首先要完善优质高效的医疗卫生服务体系，《“健康中国2030”规划纲要》强调要加强康复、老年病、长期护理、慢性病管理、安宁疗护等接续性医疗机构建设。为促进健康老龄化，推进老年医疗卫生服务体系建设，《“健康中国2030”规划纲要》提出健全医疗卫生机构与养老机构合作机制，支持养老机构开展医疗服务。推动医养结合，为老年人提供治疗期住院、康复期护理、稳定期生活照料、安宁疗护一体化的健康和养老服务，促进慢性病全程防治管理服务同居家、社区、机构养老紧密结合。十五项健康中国行动中亦将实施“老年健康促进行动”作为维护全生命周期健康的重要行动之一。面向老年人普及膳食营养、体育锻炼、定期体检、健康管理、心理健康以及合理用药等知识。健全老年健康服务体系，完善居家和社区养老政策，推进医养结合，探索长期护理保险制度，打造老年宜居环境，实现健康老龄化。并将实施目标制定为到2022年和2030年，65~74岁老年人失能发生率有所下降，65岁及以上人群老年期痴呆患病率增速下降。

医疗健康物联网（medical internet of things，MIoT）是物联网技术在医疗健康行业的一个重要应用领域。随着与互联网+、区块链、大数据等前沿技术的充分整合和运用，医疗健康物联网对助力深化医药卫生体制改革、加快“健康中国”建设和推动医疗健康产业发展，起到重要的支撑作用。特别是在新冠疫情防控工作中，医疗健康物联网发挥了巨大的作用，体现了医疗健康物联网的巨大潜力。当前，我国医疗健康物联网的发展正在加速，并体现出了良好的发展态势。但是，在顶层架构、系统设计和落地模式上，我国医疗健康物联网还在发展完善中。2016年《“健康中国2030”规划纲要》发布以后，医疗健康物联网建设方向及时完成了从医疗卫生到医疗健康的转变，并对相应的解决方案进行了调整。针对新时代、新任务和新要求，康养医院的发展战略结合医疗健康物联网的战略规划也在不断迎来机遇和挑战。本节以上海永慈康复医院为例，讲述康养医院的战略管理实践，为康养医疗健康结合物联网产业的系统性规划发展提供决策参考，并与业内同仁分享相关经验与思考。

一、中国康复医疗产业市场

我国康复医疗产业的发展大致经历了三个阶段。20世纪80年代至1995年是我国康复医疗产业的起步阶段，在这个时期我国开始引进现代康复医学，全国各地陆续开始建立康复机构。接下来的10年是我国康复医疗产业的试点推广阶段，在全国20多个省份、自治区、直辖市先后成立康复服务机构。2005年至今，康复医疗产业进入全面发展阶段，国家不仅关注康复面的扩大、康复数量的增长，同时兼顾康复质量的提高。

医疗健康物联网是实现对患者及医疗设备智能化识别、定位、跟踪、监控和管理，减少医疗差错及提高工作效率的有效技术手段。在医疗健康物联网内，物理和虚拟医疗对象都具有特定身份与物理属性，通过智能接口将其无缝融合到信息网络中，再利用医疗射频识别（RFID）、红外感应器、全球定位系统（GPS）、激光扫描等传感设备，按约定协议，实现医疗对象自动识别和监控。全球市场研究和咨询公司Marketsand Markets最新研究数据显示，全球物联网医疗设备部门（可帮助诊断、监测和治疗患者）的市场规模预计将从2021年的265亿美元增至2026年的942亿美元，全球医疗保健云计算市场规模预计将从2022年的394亿美元增到2027年的894亿美元。

以物联网思维实现重症康复产业的升级迭代，以关爱健康生命状态的“医患合一”理念提供物联网+医疗服务的上海永慈康复医院，以“医患合一”作为“人单合一”的战略模式在医疗领域的实践，推动医疗从业者转型为医疗创客，营造创客自创业、自组织、自驱动的积极氛围，并形成“医护围着患者转”的常态化医疗服务模式；让医务人员主动承担责任，始终重视患者的体验，将个人价值的提升反映到患者及其家属的满意度上，即用户价值的创造上。

二、智慧康复的服务体系

有别于传统的康复医院，永慈康复医院在品牌战略塑造上主推“智慧康复”，战略执行具体体现在四方面：智联病房、智联脱机、智联诊疗、智联结算。智联病房主要包括智慧大屏、输液瓶、心电监护仪、智慧床垫等。医护人员通过操作移动智能终端，能确保患者“时不错、人不错、药不错”，将医嘱精准执行。如通过智能输液管控系统，能精准监测到患者输液的完成情况，输液过程中是否有堵塞等。智慧床垫能实时监测患者卧床或坐起的状态，有防坠床的预警，同时通过心电监护仪监测心率来判断患者睡眠状态。这些信息在护士站的智慧大屏有相应的提醒和语音播报，使得护士能第一时间知晓并处理。以往的呼吸机需要人工在一旁监测，避免停电或管道脱落的隐患，永慈康复医院通过物联网把重症病房的心电监护仪和呼吸机都连起来，并在不同楼层实现互连互通，心电或者呼吸机参数一旦报警，信息就立即传到科主任、专家手机软件上，科主任和专家就可以实时跟现场医生一起检查结果、处理问题。智能诊疗APP，解决了转诊的信息交互问题，同时三级医院的医生能知道患者转诊之后的后续情况，追踪有助于医生进行深入研究。通过智联结算实现诊间支付，病患在诊间或病区就能实现缴费，并查询各种治疗的明细，以及打印相关的病例报告，这样就省去了患者在医院间来回地奔波，同时也提高了财务包括收费员的工作效率，减少了财务、法务的人工核算，以及在网银上制单等相关的工作量，基本上能够做到账实相符，资金零误差。

三、"医患合一"文化战略

"人单合一"是由时任海尔集团董事局主席、首席执行官的张瑞敏于2005年9月20日首次提出并命名的一种商业模式。"人单合一"模式中，"人"即员工，"单"是用户价值。"人单合一"的基本含义是，每个员工都应直接面对用户，创造用户价值，并在为用户创造价值中实现自己的价值分享。员工不是从属于岗位，而是因用户而存在，有"单"才有"人"。"医患合一"是海尔"人单合一"模式在医疗领域的跨界复制，它将当代先进的商业管理模式思维充分融入医疗领域。其中的重点就是，让医务人员主动承担责任，始终把患者的体验作为中心，将个人价值的提升反映到患者及其家属的体验上。

永慈医患合一模式的本质是满足患者的个性化需求，同时利用相关物联网技术以消费者为中心提供智慧服务。内部的员工作为自由连接的个体划分为创客、小微主和链群主。这让每一个个体的积极性得到提高，使得各有所长的员工在组织中更好地发挥各自的长处。同时，平台提供充足的资源实现共享。治理体系呈现出"动态化、智慧化、生态化"的特征。岗位是动态优化的，即"竞单上岗、按单聚散"和"高单聚高人、高人树高单"，任何人都可以凭借个人能力竞争上岗，成为拥有三权的创业者和动态合伙人。智慧化是指充分运用物联网、人工智能、大数据等技术，实现全院设备、信息和管理的智慧化。通过实现用户个性化、员工创客化和企业平台化，最终将企业迭代为一个平台化的生态。

四、康养医院的组织管理战略

在医患合一模式的指导下，上海永慈康复医院的组织特征相应地表现在客户体验、物联网交互、链群创造、增值分享、自驱动、网络协同这六个维度。首先，快速响应患者的个性化需求，把客户体验放在第一位。客户体验重点关注的是为客户提供增值、创新、深层次的个性化体验。其次，在人单合一共创共赢模式下，每个创客小微都是一个互联节点，借助互联网进行互联互通。再次，从2019年以后进入生态品牌战略阶段，此时互联网进一步发展成为物联网，物联网利用通信技术把传感器、控制器、机器、人员和物等通过新的方式联在一起，形成人与物、物与物相联。充分利用物联网技术交互实现非线性管理，使得网状节点组织基于共享平台提供服务，促使组织降低信息沟通的成本，并实现资源利用最大化，更好地满足患者的个性化需求。

链群创造是指通过“创客制”的激励机制，充分利用链群合约，使得组织最大限度地提高员工的积极性，使其发挥各自的能力，从而提高创造力。个人能力层面，知识型员工和个体的潜能与力量进一步释放。资源支撑层面，链群合约中的以财务、人事、行政等为主的创单链群为以一线医护人员为主的体验链群赋能，提供资源支撑。

增值分享是指基于用户付薪的理念，持续推进以用户体验迭代为目标的创新实践。因为用户价值牵动着每个攸关方的切身利益，进而各方才会充分创造用户价值。要实现多方共创共赢离不开组织对内对外的透明开放，对内实现信息公开共享、员工之间学习分享；对外保持沟通交流的畅通与及时，各类医疗设备、专家等资源整合共享，共同推动医疗行业的发展。

自驱动是通过不断“赋权”让一线员工拥有决策权、用人权、分配权，从而形成“自下而上”的倒逼机制，促进管理体系不断改进，提高组织中员工的活力。组织扁平化且呈动态网状的结构。

网络协同是指组织以满足客户需求为导向，为响应个性化诉求，前端以自发性的业务单元进行动态组合、发展与演变，各单元相互间紧密连接，打造内外接合、去中心化、灵活的组织形态，实现高效资源调配。其重点关注的是协同的工作效率和决策精准性，以及单边或多边网络效应的有效激发和科学治理。

五、康养医院未来的发展和挑战

技术上的革新和应用对康养医院尤为重要，因此如何进一步推进康复技术是首要考虑的发展战略。上海永慈康复医院作为海尔的物联网医疗生态的尝试，通过物联网实现护理安全的闭环，从事中事后控制到事前控制，像防坠床、输液监控，通过医疗射频识别（RFID）电子标签扫描枪采集患者、药品、物资信息，存储相关信息，并借助无线网络实时传输信息到数据库中心，可以准确地将人与物关联，保障数据的准确性与及时性，实现医护全流程跟踪，能有效加强医疗机构的管理水平并降低医疗风险。上海永慈康复医院的技术革新主要来自于一线医护人员从日常业务的角度提出的需求以及使用过程中的反馈，同时也有针对患者个性化的需求。患者入院以后，护理打破传统的全责护理模式，变为患者“小管家”，创新了“两全”护理模式，即全流程、全方位。人作为技术的使用者，新技术的推行离不开人的学习和适应以便提高使用效率。在刚刚推进新上线的系统时，部分员工根据自己的认知认为这样反而增添了麻烦，因而在对于新技术的接受、适用并进一步主动创新上需要全员的认知和提升。

其次是对于人的培养。上海永慈康复医院作为上海市第一家三级标准康复医院，主打重症康复，专业服务离不开人才的培养。上海永慈康复医院内部人员共计463人，其中20~30岁年龄段员工占比最大，约为23%，面对这样一支年轻的队伍，上海永慈康复医院未来计划着重打造团队的专业化，根据链群合约，依靠物联网技术，积极链接内外部资源，与欧洲、美国、日本的一些医学院签订了互派学习的协议，旨在提高医护人员的业务能力和专业技能。同时，未来医教研（医疗、教学、科研）要协同发展，需要不断培养和吸引优秀的人才。

从规模增长向质量增长的转变。2017—2019年，随着病区的不断开放，上海永慈康复医院的收入呈现翻倍增长。而到2020年，病区的床位建设已经基本趋于饱和。进一步在保证医保政策有效实施的情况下，需要在现有基本服务质量保证前提下，创新增值服务特色项目，但核心依然是以患者为中心，保证服务质量，真正让患者感受到增值服务是值得的。开发增值服务的基础首先是要求医护人员的业务能力强，能切实地帮助病患解决问题；其次针对部分病患群体，需要推出个性化服务内容；同时，新开发的增值服务（如关节神经控制点上的肉毒素注射、针对颈椎病、腰椎病的训练、瑜伽等）在不进入医保前提下病患支付意愿高。这些需要技术和人的多重投入。

突发重大公共卫生事件的考验。基于上海永慈康复医院物联网云平台的智慧服务体系，智联病房、智联脱机、智联诊疗、智联结算在疫情期间保证了上海永慈康复医院的服务质量和水平。利用物联网技术可与家属面对面视频沟通，医生在终端更新相关信息动态后，也可以让家属在第一时间了解到患者的病情变化。同时，远程会诊的应用整合各方医院专家、资源、医护同步在线，随时让患者享受专业的医疗服务。智联结算新增“无卡式”支付功能，实现了用户快捷、安全缴费，让家属“足不出户”就可完成缴费环节，同时也为医院与家属之间筑起牢牢的一层防护网。线上服务环节既避免了交叉感染，又让更多需要康复的患者第一时间获得康复治疗。物联网的本质是人连接，面对未来在线上和线下整合形成的有温度的智慧服务体系的需求，需要康养医院进行更多的创新和探索。

第四节 医院发展大健康城战略

“共建共享、全民健康”是建设健康中国的战略主题。与传统的无病即健康的认识不同，健康的概念在新时代得到了拓展与升华。研究与发展大健康产业、大健康城建设是全球的热点。大健康时代已经来临。以维护、改善和促进健康为目标，在大健康城整体布局医院、产业、研发部门、旅游、康养等，产业链长，辐射面广，未来发展市场前景广阔。大健康城的建设必定以人民健康为核心，改革创新为动力，健康场景有形无形布满大健康城。以大健康城为单元，落实预防为主，区域与整体结合网格化推进健康生活方式，尽量减少疾病与重大疾病的发生，一旦发生疾病，强调早诊早治早康复，追求包含身体、精神、心理、生理、社会、环境等方面的全面健康。

一、以医疗服务为根本，提升综合实力

国际上大健康城体系近年来正在不断探索与实践中。国外成熟的案例值得我们借鉴。例如日本，在政策引导和财政支持保障下，自1980年起，大健康产业发展迅速。其以医疗服务为根本，前端保健，后端康复，向全生命健康周期方向扩展；搭建三级医疗圈，细化不同医疗服务之间与病床功能分类的协同，推进居家医疗的相关事业。日本厚生劳动省以市町村为基础发展一级医疗圈，实行一人医疗法人制度，只要一名医师即可开设具有法人资质的诊所，增加了边远农村对医疗服务的可及性，并建立了市町村保健中心的十年发展目标；再根据人口密度、地理情况、交通便捷度等因素，将邻近的几个市町村合并为二级医疗圈；而三级医疗圈主要作为对二级医疗圈的补充，以此设定形成了相互协同的三级医疗圈。诊所与诊所间的转诊，医院与诊所间的转诊，上下联动。以医疗服务为根本，建设大健康城。医疗与护理、康复深度协同，形成了“养老-护理-医疗”无缝衔接的服务模式。

在人口老龄化、城市化等因素影响下，我国的医养结合医疗服务市场同样需求明确而巨大。目前，国内大健康产业市场占比的1/2为医药产业，另有1/3为健康养老产业。其实，不仅是养老，健康全链条也体现在出生前、幼儿期、青少年期、中老年期、临终期人生的全生命周期。医与养在未来的健康城中将有更深度的融合。医院承担的健康责任随着新时代的到来，由以医疗为根本，扩展延伸，变得更加多元化。未来的医院与健康相关的各个领域各个行业在大健康城推进的波涛中互相交叉、融合、再交叉再融合，达到一个新的大健康生态平衡。无论是公立医院还是私立医院，在做好医

疗传统服务的基础上，辅以新的各种健康服务功能，比如慢病管理、健康咨询、科普宣教、妇幼保健、营养配置、医护联合等，在医疗与相关健康服务功能之间，互相促进，良性循环，提高人民群众的健康水平，提升健康指数。未来医院的发展有着更高的要求，硬件设备场地的提升发展是刚需，与此对应的软实力的提升更是医院发展的灵魂。国内的医疗资源分布仍将在相对长的一段时间内存在不均衡，主要是人力人才资源的分布不均衡，医疗资源的供需匹配难度大，共享医疗的模式正在兴起，医生线上诊疗、多点执业，医学人才资源的流动模式也许将在更大范围内展开。如何在医院发展战略中培养人才、留住人才将是大型公立医院在前进的道路上不得不面临的一大挑战。在大健康城中，私立医院如何进一步吸引人才，公立医院如何继续保持人才梯队的完整性，都是需要深入思考的。

二、以医院自身优势为基础，找准发展方向

未来医院的发展将是一个崭新的模式，符合城市的整体规划定位与布局。在一线城市，各种社会资源聚集，必将继续引领医疗的创新发展，成为大健康城的标杆，辐射周边的健康小镇，并形成上下联动，互相促进。随着国家卫生事业的发展，中西部地区的医疗援建工作取得了阶段性成果，倡导大病不出城，小病不出县，大型综合医院为主导的大健康城将进一步向医疗的高精尖方向发展，向国际化方向发展，成为世界一流的大健康城。

国内的大健康城如雨后春笋般正在蓬勃兴起，比如在海南，国务院在2013年2月正式批准设立博鳌乐城国际医疗旅游先行区，在医疗健康等很多领域都出现了较大的破局和开放；国内唯一的“全球特药险”这一创新健康城新模式的推出，让我国的患者可以合规使用没有在中国境内上市的抗癌新药；另一个重磅举措是，首创临床真实世界数据用于药械注册，正吸引着众多国际创新药械企业积极入驻；全面推行“极简审批”，根据“探索建立与国际商业保险付费体系相衔接的商业性医疗保险服务”的国家战略要求，推行各种层次、各种类型的保险产品创新，在乐城先行区将健康医疗、养老养生形成闭环，对国际商保深度探索，运用现有制度优势，推动国际医疗资本、技术、人才等要素自由流通，为大健康城的创新改革探路。

这是一个医院发展的最好的时代，大健康的蓝海正在向我们召唤；这又是一个医院发展的最具有挑战的时代，现行的医院运行模式正在慢慢逐步转型，虽然充满着机遇，但是不进则退，发展战略出了偏差，可能造成无法挽回的颠覆性损失。

高质量发展是公立医院新时代发展的内在要求，在大健康城的建设中，公立医院在城市医疗集团中要发挥牵头作用。三级甲等公立医院医疗实力相对雄厚，是全国的

危重疑难病症聚集之处，慢病疾病统筹兼顾，在发展大健康战略中，更应该当好国家队，辐射周边，带动全国，开拓国际影响力，在大健康城中起到医疗创新技术引领、高层次人才培养、高水平创新研究和成果转化标杆作用。公立医院在发展大健康城中位于关键核心地位，在有形或无形的大健康城建设中，公立大型医院应该做到国内领先、国际知名、特色鲜明，积极牵头统筹，负责网格内居民预防、治疗、康复、健康促进等一体化、连续性医疗服务；并建设国家医学高原上的高峰，做好重大疾病攻关，做好排头兵，带动与其相关的健康行业一同发展，成为国家医学高峰的策源地。公立医院集中优势资源，整合二级医院、社区服务中心、养老院等机构组建医院集团，合作形成紧密型城市医疗集团；支持郊区，辐射周边乃至全国，并在未来的多元办医格局中，与社会医疗机构良好协同发展。三级乙等和部分有条件的二级综合性公立医院的战略定位是：建设成为区域医疗中心，或转型为康复医疗机构或者老年医疗护理机构。

不同性质、不同级别的医院在未来扮演的角色也在不断地演化，需要随时调整战略，以期发挥医院自身优势，在未来获得更大的发展，做得更好。社区卫生服务中心应该重点打造五个平台和一个场所，一是政府履行基本卫生计生服务职能平台；二是全科医生执业平台；三是市场资源整合平台；四是居民获得基本卫生计生服务项目的服务平台；五是医养结合支持平台。社区卫生服务中心应该成为慢病长周期服务的主要场所。区域检验、病理、影像、心电、消毒供应等资源可以通过大健康城的规划予以整合；通过大健康城的医疗联合体建设，共享检查，互认结果；打破固有服务体系，建设新型大健康智慧城，提供扁平化高效健康服务。

三、以有形与无形相结合，形成大健康网络

目前国内大健康城的模式处于初级探索阶段。有在有形的地方区域内配套大型公立医院、社区服务中心、养老院、妇幼保健院、健康产业园区；也有无数无形的互联网时代以数据信号为纽带构成的信息大健康城。无形与有形的大健康城互相交织，形成了一张张大健康保护网，正在越织越大，越布越密。优势互补、上下协作、流程便民的智慧型大健康城医疗全方位服务体系正在形成。

在2021世界人工智能大会健康高峰论坛上，中国科学院院士、复旦大学附属中山医院院长樊嘉介绍了由复旦大学附属中山医院和青浦区合作共建的长三角（上海）智慧互联网医院。这是国内第一家开通线上异地医保结算的互联网医院，是上海医疗服务数字化转型的亮点项目，正发挥着长三角示范区效应；也是一项新型的医院发展大健康城项目。长三角（上海）智慧互联网医院依托复旦大学附属中山医院的强大综合

实力，运用“中山标准”持续建设，以5G互联网技术赋能，实现远程线上门诊与多学科会诊、超声影像与检验病理、智慧病房等多个平台，主要面向长三角一体化示范区和青浦区基层居民。以有形的青浦区大健康城结合无形的AI中枢为依托的大健康网络城，全方位赋能区域医疗，使得患者享受统一服务，也将打造成为上海优质医疗资源辐射长三角的智慧枢纽。

“有”不稀奇，“无”成为数字化时代的新目标。医疗数字化时代，有和无相互融合，直击医院管理、员工教育、临床研究、患者就医体验等各个点面，更新理念，为患者提供覆盖全生命周期的服务，实现优质远程医疗对基层医疗机构全覆盖。樊嘉院士介绍，“无院墙的医院、无感的技术支撑、无微不至的个性化服务、无障碍的便捷服务”正是中山医院近年来信息化建设参与医院管理的创新成果。医院依托信息技术，发展智慧医疗，为居民提供咨询、预约、查询、支付等线上健康智慧服务，引导新时代就医新模式，优化就医流程，使就医更加个性化、精准化，让患者体验到了有温度的现代智慧医疗。

大健康城的战略要求必定与大数据发展同行，也因如此，大数据使用的安全性、规范性也是摆在各家医院面前不得不面对的复杂问题。如英国，有着世界领先的医疗健康保障体系，积累了丰富而又宝贵的数据资源，为大数据在医疗健康领域的应用创造了良好的条件，Care.data项目是其重要的探索。但在项目实施过程中，由于缺乏必要的规划部署和试点探索，没有正确处理好家庭医生与项目的关系，缺乏公众的理解和支持，不当的商业开发及技术方案不够完善等原因，最终导致了项目失败。

我国正在大力推进大数据在医疗健康领域的应用，大健康城的建设必定绕不开医疗健康大数据这个重要环节，信息安全管理制度作为医疗质量安全核心制度，应当引起各界的重点关注，医院与相关健康产业链必须吸取前车之鉴，做好大数据安全管理，保证健康医疗服务与物联网、可穿戴设备、移动互联网等新技术在未来有效衔接。如果把健康城看作是一个人体，那么大数据、大信息技术就是人体中流动的血液，保证血液的健康有效循环，才能保证未来医院、智慧健康产业、健康管理服务产业在数字化健康时代的可持续发展。

四、以急慢病诊疗共推进，造福百姓健康

新冠肺炎疫情以来，线上慢病管理服务得到了进一步的拓展，面对大健康的未来蓝海，联网慢病管理服务潜力巨大。我国仅心血管病与糖尿病两类疾病的患病人数就达4亿之多，每年医疗花费巨大，经济负担日渐加重，已成为重大的公共卫生问题。这个巨大的人群基数与庞大的医保费用支出，需要政府与医院共同发力，通过网络大健

康城的建设，将慢病患者的饮食起居，血压、血糖、血脂等指标监测，服药打针进行大数据分析，帮助患者控制疾病的发展，减少并发症，减轻经济负担，并研发可穿戴监测与治疗设备，提高其生活质量。像心脑血管病、糖尿病、慢性肾功能不全、神经系统退行性变、肿瘤这样的常见慢性病，需要医院内与医院外在共同的大健康城体系中对患者进行长程的共同健康管理，医院仍将是慢病管理的领头羊，每个人都是健康的第一负责人，也应更多地参与健康自我安全管理，把慢病管理质量提升落到细处。

智慧医疗的建设，让三级医院医护与社区医护及基层医护、医护与慢病患者通过数字化平台获得了无缝长期衔接联系，医院内与医院外一体化管理，疾病的急性期与慢性期得到了连贯的高质量诊疗。专科医生与全科医生与患者的共同通力合作，将是大健康城医院发展战略的一大重要组成部分。基层医疗机构要着力家庭医生实践培养，打通与三级医院的双向转诊，在医联体内、区域内，急性的重症患者、疑难患者上转到上级医院，慢性稳定期患者下转到康养机构。大型公立医院还应在做好医疗的同时，做好慢性病的临床研究，加快免疫细胞治疗、干细胞治疗、基因治疗相关技术的临床和产业化研究。

健康城各类医疗机构密集，健康城建设运营的品质也体现在配套交通等基础设施的建设。紧急特殊情况下救护车能够快捷通行关系重大，南京江北新区国际健康城交通组织优化策略，结合控规中的人口规模、开发强度、岗位数量等指标，采用四阶段预测方法，构建TC交通预测模型，构建的交通运行状况模型精准供给交通方式，优化交通组织措施。在规划时应保障救护车行驶畅通，给予救护车优先路权，配套交通等基础设施的建设为健康城的急病综合管理作出了有力的保障。大健康城的各个医疗、康养机构理顺环节，四通八达，循环流畅，放大优质医疗资源辐射效应。妇幼、老年护理、急救、康复与公共卫生事业在健康城中全面覆盖，造福百姓。

五、以产城健康融合发展为契机，创新引领时代

医院大健康城的战略，需要了解大健康城医院周边的大环境，大健康城必定是健康服务的综合体系。现代的发展，要求产业与城市功能融合、空间整合，同样医疗健康同样要深度融合，形成产城健康融合性生态，包括以健康为导向的医院、高等院校、研究机构、产业园区、园区内现代健康服务产业链等融合创先发展，建设生物医药产业高端产品研发中心、制造中心、服务中心、商业中心。在上海的新虹桥国际医学中心，国外医疗机构如美国安德森癌症中心、新加坡百汇医疗集团、日本BML株式会社纷纷参与，资源的综合实力雄厚；比邻有大型公立医院复旦大学附属华山医院西院，以重点建设国家神经医学中心等为医疗优势特色，同时也是国家传染病医学中心、

国家老年医学临床研究中心，民营医院和公立医院共同协作发展。以上海新虹桥国际医学中心为扩展，整合医疗影像技术、检验病理、基因技术、大数据技术，精准医疗服务。形成的“大虹桥大健康城”不仅仅是国内外优质医疗资源的整合集聚地与高端医疗服务业集聚地，也是产城融合发展的健康产业承载区，大交通、大会展、大商务资源，宜商、宜业、宜居、宜医，不断吸引知名企业与海内外优秀人才集聚。健康与养老、旅游、健身休闲、食品、科技、文化融合，催生健康新产业、新业态、新模式，构建国内国际双循环相互促进的新发展格局。

医养结合机构的建设也在不断地进行理论探索与实践创新，开展医养结合可以通过“养老机构开设医疗机构、医疗机构内设养老机构、养老机构与医疗结构合作”三种形式完成。有专家提出“三+三”服务模式，以“居家为核心、社区为依托、机构为补充、医院为支撑”为设计理念，建三个中心——管理与信息中心、照护中心、医疗中心；建三个机制——信息联通机制、签约服务机制、双向流动机制。各中心内部具有高度的专业化和智能化，又以现代信息网络技术和大数据技术为基础，通过联动机制彼此互联互通，协同配合，可以有效克服以往信息沟通不畅，资源利用效率低下，服务质量不高的种种弊端。该模式以管理与信息中心为联动中心按需调配，打造医院-机构-社区-家庭分层服务体系，形成“服务适宜，流动有序，利用合理”的医养结合服务格局。美丽健康产业、咨询健康服务、个性化健康管理服务、可穿戴设备升级换代、智能健康电子产品、移动远程医疗、类脑人工智能、基因检测及编辑技术、生物医药研发与转化等慢慢形成体系，将是未来健康产业发展的新业态，推动健康配套服务与生物医药制造业向高端健康城模块转型。

横琴粤澳深度合作区，在中央出台总体建设方案后，致力于休闲度假、会议展览、体育赛事观光等旅游产业和休闲养生、康复医疗等大健康产业。目前，在合作区注册的医药健康类企业超过4200家，涉及生物医药、中医药、医疗服务、医药流通等业态，初步形成以生物医药和中医药为主的大健康产业群。合作区建成了粤澳中医药科技产业园，拥有符合国家及欧盟认证标准的GMP中试生产平台和中药制剂中心；引进包括广药集团、以岭药业等在内的200余家知名成熟的医药企业，引进培育澳门企业49家。生物医药产业加快发展，一大批知名药企落户合作区，建立了一批医药科研试验平台，产生了一批具有国际先进水平的医药产品和技术，在mRNA新冠病毒疫苗、干细胞新药等领域走在行业前列。医疗与康养服务蓄势发展。广州医科大学附属第一医院横琴医院、横琴至和国际生命科学中心等项目在建，将成为合作区集三级甲等综合性医院和五家国际专科医院以及健康管理、科技研发等功能于一体的高水平医疗综合体。合作区同时建成了以瑞莲庄度假酒店、臻林山庄等为代表的高端康养项目，将引领合作区康养与旅游融合发展。

医院面临着种种新的发展机遇，需要把握时代脉搏，围绕健康中国战略主题，制定符合时代发展趋势的战略，将大健康发展战略融入医院新的发展建设中。不同性质、不同级别的医院发展大健康城战略各有不同，共性是要以医疗为核心，发挥自身优势，畅通信息互联、加强疾病分级管理、科技赋能行业、创新思路、永葆活力、合作共赢。

第五节　资本市场的医院战略管理

由于中国人口基数大、老龄化趋势严重、人民生活质量提升等，中国医疗大健康市场的市场规模大、增速快、增量高，与世界级顶尖医疗的差距在逐渐缩小。由于人民物质生活水平的提高，医疗消费需求大量释放，随着政策的引导，2015年至2019年，中国医疗保健服务市场总额由人民币29 540亿元增加至人民币45 430亿元，复合年增长率为11.4%。然而，中国医疗保健开支总额占其GDP的百分比与发达国家相比相对较低。2019年，中国医疗保健开支总额仅占其GDP的6.1%，而美国及日本的医疗保健开支总额在2019年分别占其各自GDP的17.1%及11.7%。此外，中国人均国民医疗保健开支在2019年仅为674.0美元，而美国人均为11 597.0美元，日本人均为4823美元。随着医疗保健及人口老龄化意识的日益加深，中国医疗保健服务市场总规模将会继续增长。

2013年至2021年上半年，中国医疗健康服务并购投资总额累计超2800亿元。其中，2016年和2019年至今呈现行业并购投资高峰，主要受以下因素影响：2014年至2015年国家密集政策出台，深化资本市场改革，鼓励社会资本办医；公立及企业医院改制热潮从2013年开始攀升，在2016年达到高峰；2016年大量资本密集投向国内和海外医院。主要案例包括：泰康大健康收购香港上市公司和美医疗，华润集团收购澳大利亚癌症与心脏病治疗服务提供商Genesis Care。

考虑到医院投资的盈利回报以及资本运作和上市退出，资本倾向于投资营利性医院，而部分医院由于非营利性无法转成营利性，导致在资本运作过程中出现各种难点，而早期凤凰医疗的IOT/OT等模式在资本运作和退出过程中受到监管机构问询，新建医院培育期长，从投资的时间价值上考虑，回报相对较慢。因此，医疗机构市场投资逐渐回归理性，更强调价值投资理念。

自2019年以来，随着《中华人民共和国基本医疗卫生与健康促进法》颁布，资本从原先热衷的与公立医院合作以及公立、企业医院转制的合作模式，逐步转为投资并购优秀的民营医疗机构，包括综合性医院和具有可复制性较强的专科医院，相比于综合性医院，专科医院盈利能力、估值标准更简单清晰，运营相对标准化，投资后价值提升空间大且更可以量化。

新冠疫情暴发后，数字医疗受到资本的热捧。数字医疗按下游客户可划分为以下两类：To C为主，主要提供药品销售和诊疗服务的互联网医疗；To B/G为主，主要提供数据分析和信息化服务的医疗信息化及大数据，如传统的医院信息化厂商、新兴的医疗大数据公司。

在我国出台“互联网+”医疗的政策引导下，2015—2016年曾出现互联网医疗投资高峰；后因落地模式不成熟、盈利能力差，2017—2018年该投资赛道跌入低谷；2019—2020年，互联网公司巨头的强势布局和新冠疫情带来的政策突破，又一次卷起数字医疗投资新潮；2021年起，医药电商和在线诊疗赛道最为活跃，借助这一轮资本带来的资金、人脉资源及投资组合的业务协同潜力，数字医疗企业将继续深挖市场增量机遇，同时提升数据积累、算法应用、服务水平等方面的能力。

一、综合性医疗机构

（一）以华润医疗为代表的IOT模式

华润医疗前称为华润凤凰医疗控股有限公司，是中国最大的医院集团之一，其成员机构均在北京，涵盖大型综合医院和社区医疗机构，其中有以控股投资拥有的北京市健宫医院，和以IOT模式（Investment-Operation-Transfer，投入－运营－移交模式）管理的北京燕化医院、北京市门头沟区医院、北京京煤集团总医院以及北京市门头沟区中医医院；此外，集团的成员医疗机构还包括7家一级医院和28家社区医疗机构，形成了以社区卫生、基本预防保健、重症诊疗等服务为一体的综合医疗服务体系。公司的医院网络已经覆盖国内9个主要省级区域，共运营107家医疗机构（总计约1.3万张床位，其中24家二级、三级医疗机构）。

值得注意的是，华润医疗旗下的医院较多为非营利性医院，IOT模式也是其上市时的主要模式。

中国医疗机构分为三个大类：公立非营利医疗机构、私立非营利医疗机构及私立营利医疗机构。营利和非营利对于投资者最大的影响在于：非营利性组织的收入只能用于自身的发展，不能用于分配、向外投资或用于投资人的经济回报；营利性组织自主决定收入的使用方向，可以分配，也可以用于自身发展和向外投资。IOT模式即是“由投资方承诺作出固定投资，改善医院医疗设施和服务水平，以换取在管理和营运相关的医院权利，在某一定约定期限内收取基于协议的管理费，并提供药品、医疗器械及医用耗材，并在协议约定结束后将管理、运营转还给医院所有人。”IOT模式也是限制财务投资者的部分，财务投资者一般可以接受的项目退出期是3~5年，而如果以IOT模式管理运营医院，存在协议终止的风险。因此华润医疗在市场上整体估值不高，主要也是因为其非营利性医院规模过多并以IOT模式为主。

（二）以和睦家医疗为代表的全科+高端品牌

和睦家医疗最初的发展可以追溯到20世纪90年代，其是中国医疗服务行业最知名的品牌之一。1994年，和睦家医疗的母公司美中互利在美国纳斯达克上市，这家公司起初主要是做进口医疗器械的代理商，在深入了解中国市场的过程中，于1997年，与中国医学科学院联合创办了第一家和睦家医院，落地北京。经过20多年的发展，和睦家医疗已经在国内四个一线城市和部分二线城市共运营10家综合医院和16家卫星诊所，医生团队超过800人，顾问团队超过2000人，总注册床位1000多张。作为中国第一家外资医院，北京和睦家医院的规范和制度被国内高端医疗市场作为范本。和睦家医疗打造一整套以全科照护切入的覆盖妇儿、普外、骨科等多学科的，综合医院。虽然医院在成立之初无法做到全科覆盖，只能选择从产科、儿科、家庭医学入手，对于无法在本院完成治疗的患者，北京和睦家医院会和三甲医院合作实现转诊，待患者病情缓解后再转回本院，继续提供后续的医疗服务，医疗的无缝对接使患者的全科治疗成为可能。逐渐地，北京和睦家医院培养了自己的各专科实力，用“快钱”做起了“慢生意”。

此外，和睦家医疗的高端品牌打造也非常值得学习。创立之初，和睦家医疗的客户定位是驻华使节和跨国企业的外国雇员。医院聘请欧美国家的执业医师和具有海外工作经验的护理人员，所有医疗管理和服务流程均采用美国高端医院标准。英语为医院工作语言，同时向驻华外国人群提供十几种外语服务。和睦家医疗自开始运营以来，逐步把“高端”“优质”“安全”“可信赖”的品牌形象深深植根于目标用户心中。复盘和睦家医疗的成功，除了医疗技术、优质服务之外，品牌赋予和睦家医疗的竞争力和生命力也不容小觑。科普文章、手术直播、线下活动、新媒体矩阵，通过一个个品牌动作，和睦家医疗成功占领目标用户高净值人群的“心智”，品牌内涵与外延得到放大。医疗品牌的运营不仅是要获得经营上的成功，也应让大众获取正确的健康科普信息、建立正确的就医观念。

2016年5月，北京和睦家医院上线了第一期达芬奇机器人微创手术直播，直播期间在线人数突破8.5万，回放期间在线人数超过18万，并在微博上获得400万网友点赞。杨元庆、王利芬、石述思等网络红人纷纷转发，并引发业内数百家媒体自发传播。达芬奇机器人微创手术直播开创业内之先，正是因为这场亿万级别品牌曝光的直播，让很多人第一次知道“达芬奇”，知晓这种先进的医疗新技术。

北京和睦家医院致力于将优质、安全、领先的医疗技术及以人为本的服务理念传递给更多人，同时追求高品质的医疗服务、赋能品牌价值，提高在高净值人群中的品牌影响力和认可度，使品牌影响力最大化。

（三）以复星健康为代表的生态产业链＋线上线下一体化

作为国内领先的医疗健康产业集团之一，复星健康线下的医院集团拥有4328张床位，业务范围覆盖了珠三角大湾区、长三角及淮海经济区等地区。复星健康将其分散的各医院资源逐渐形成统一的运营体系，并且通过协同复星体系内的其他生态企业，如复星集团下的宝宝树、复星联合健康险、复地等相关企业，复星医药旗下药品制造与研发、医疗器械与医学诊断等企业，实现独特的大健康生态。只有在这样跨产业、多维度的生态下，极具前瞻性地布局，才可造就复星健康的独特模式。复星健康从2013年收购禅城医院开始，此后持续扩大增长，营收稳定增长，增速常年在20%以上。

“健康蜂巢模式”是复星健康在复星集团的生态体系下的多元化医疗服务模式之一。复星健康于2018年投资21亿在佛山市禅城区中心医院启动健康蜂巢项目，以医疗、健康、康养为基础的，以家庭为端口的全生命周期的管理，把治疗型的平台转变为以治疗为核心能力的全生命周期的健康管理平台，整合复星大健康产业链条的全球优质资源，集聚复星医药、复星康养、佛山市禅城中心医院等头部资源，打造了全球一流的健康蜂巢标杆精品。其中，国际妇儿中心是禅医健康综合体的重点项目，目的是打造实现母婴的全生命周期健康管理，同时该中心也将成为复星集团在全国妇儿连锁医院的旗舰和标杆。除健康综合体国际妇儿中心以外，还提供高端养护院、“星禅”宝丰府健康住宅，整合复星的全产业链、健康管理资源和“复星健康+”互联网医疗资源，为禅医健康城综合体的用户提供国际化标准的全家、全生命周期的健康管理服务。

此外，线上线下一体化也是复星健康的战略之一，随着医疗行业的整体趋势推动，复星健康协同线下的医院资源，打造医疗级、一站式、全平台、全场景的健康平台。复星健康打造互联网医院平台，促进线下医疗资源与医疗产业、其他相关生态环境垂类布局，从而加大互联网医疗业务推进。在现有的线下医院资源基础上，推动互联网医疗业务往前拓展，给客户提供一站式健康方案解决方式。复星健康不仅停留在提供诊疗服务，还将对客户进行家庭医生呵护管理，提供整体健康管理方案。

二、专科连锁医院

相比于综合性的医疗集团，专科连锁医院的特点是盈利能力更清晰，且可进行标准化复制，尤其是消费类的医疗，如眼科、口腔科等，医保占比低，定价灵活，模式自主，如下，而爱尔眼科的核心模式就是：“合伙人”＋国际医疗服务＋“运营+产业基金”双轮驱动模式。

截止2020年底，爱尔眼科在我国境内有医院146家，门诊部88家，具有完备的分级医疗体制，通过省会城市一城多院、眼视光门诊部（诊所）以及爱眼e站的横向同城分级诊疗网络建设，多个省区形成“横向成片、纵向成网”的布局，区域内资源配置效率及共享程度进一步提高。通过上级医院对下级医院进行技术支持，下级医院的疑难患者可以得到集团专家会诊或转诊到上级医院，实现了资源配置的最优化和对患者全覆盖。爱尔眼科的服务类型包含白内障手术、青光眼手术、屈光手术、眼前节手术、眼后段手术、飞秒激光和全飞秒手术。得益于全国的规模和转诊制度的建立，爱尔眼科可以服务的患者病患类型更多，使得他们拥有了更好的人才储备。此外，公司先后收购美国著名的MING WANG眼科中心及欧洲最大的连锁眼科集团CB，公司品牌国际化影响力大大提升，爱尔眼科已由国内眼科龙头一跃成为世界眼科龙头。爱尔眼科将医院的成功模式快速地进行异地复制，体现了它强大的异地复制能力。2010年30来家医院，2017年体内+体外约200家医院，计划至2020年，将医院网点拓展到1200余家（200家地级市医院+1000家县级市医院），覆盖一半以上的县级区域。另外，“公司+产业并购基金”双轮驱动模式，一方面通过并购基金实现对大量眼科医院项目的筛选和储备；另一方面公司利用自有资金新建医院。“体内体外”的紧密协作，让爱尔眼科既不会错过优质项目，也能对市场趋势作出快速反应。

三、互联网医疗

在线下医疗发展的同时，数字医疗也在蓬勃发展。各“大厂”近几年也对互联网医疗生态做了布局。京东集团和阿里巴巴集团分别成立京东健康和阿里健康；百度集团将原有品牌升级为百度健康全新品牌；腾讯公司投资了包含微医、丁香园、好大夫在线等几十家互联网医疗企业；字节跳动公司直接布局线上+线下医疗体系，推出小荷医疗和松果门诊；平安集团早在2015年便已推出平安好医生。资本方面，红杉资本、启明创投、星界资本、中信证券、中金资本等明星资本也是多方布局。互联网医疗赛道竞争加剧。

互联网医疗服务方面，健康管理板块代表产品“京东家医”，为用户提供家庭医生服务，7×24小时健康咨询，不限次专科问诊、处方服务，顶级专家面诊，2700+三级医院门诊预约等一系列暖心服务。此外，京东健康还为用户提供包括体检、医美、齿科、基因检测、疫苗预约等在内的消费医疗服务等。京东健康的医药零售业务和互联网医疗服务协同整合，“医+药”闭环，形成了“双轮驱动”的业务模式。京东健康医药零售的用户，同时是潜在的高质量的医疗健康服务用户；而医疗健康服务用户又成为反哺医药零售和消费医疗服务业务的重要流量。

互联网医疗市场现阶段正处于流量获取的红利期，运营商通过频繁地试错、调整、补位，把握住流量红利。下一阶段，行业将逐步探索用户流量变现的商业模式。长期来看，稳定的产品创新和长期的用户运营均是互联网医疗的成功要素。

本章小结

整合性（急慢性）医院战略管理案例一章主要介绍了急性传染病危机应对战略、慢性病医院战略、康养医院战略、大健康产业战略和医疗资本市场战略五种类型的实际案例，供学生了解战略管理理论应用于具体领域的实施效果。医院战略管理并不是一成不变的，会根据所处的历史条件和政策环境等因素而适时调整，还会根据突发重大事件，如COVID-19全球大流行而孕育出新的战略思想。在丰富多样的现实案例中，学生们能体会知行合一的思想，反过来进一步加深对理论篇章的理解。

（孙　湛　刘盛东）

第十三章 特色医疗战略管理案例

学习目标

1. 掌握 特色医疗战略管理的定义与目的；特色医疗蓝海战略发展轨迹。

2. 熟悉 我国特色医疗战略管理案例；国外特色医疗战略管理案例。

3. 了解 战略管理特色个案研究与讨论

案例讨论

【案例】医疗旅游是指旅行者可以根据自己的医疗需求、病情，通过网上搜索、亲友转介和医生建议，选择合适的区域，在旅途中享受治疗服务和健康服务。这意味着旅行者可以有效地管理自己的健康，达到身心健康的目标。世界旅游组织将医疗旅游定义为以医疗、疾病与健康、医疗美容与康复为主题的旅游服务。

2022年3月14日，中国与希腊共同签署了《中华人民共和国文化和旅游部与希腊共和国旅游部2022—2024年旅游领域联合行动计划》，除在未来加强两国之间的旅游业、巩固传统领域合作外，双方还将进一步探索拓展在旅游领域，特别是医疗和健康旅游领域的关系。

【讨论】

1. 何谓特色医疗？为什么需要发展特色医疗？

2. 特色医疗成败受哪些因素影响？

3. 在特色医疗中，政府可以扮演的角色为何？中国有哪些地方适合旅游医疗？

特色医疗指有关健康产业价值链三段五级中的各医疗机构，包含预防医学、诊所、医院、长照服务机构，或是生物医药产业等，在市场竞争的推力以及民众需求的拉力下，除传统医疗照护服务外，各自发展的具有特色的医疗技术或是服务。常见的特色医疗有国内外旅游医疗、观光医疗、高端健检、特殊人工受孕、医学美容、精密移植手术、干细胞治疗等。狭义而言，特色医疗在医疗机构提供一种以上的特殊、急性、复杂医术、医美或是康复疗养等医疗服务，住院期间部分需要高技术性医疗观察或复杂的诊断过程，同时也需要以跨专业团队提供完整性服务、经常反复评估病患、回顾临床历程，提供数天到数月有期限的疗程，直到个案治愈或达到原本预定的疗效为止。

第一节　医院发展特色医疗的蓝海战略

一、蓝海战略的缘起

《蓝海战略》（*Blue Ocean Strategy*），是由韩国学者金伟灿（W. Chan Kim）和法国学者勒妮·莫博涅（Renée Mauborgne）共同著作，于2005年出版的一本战略管理学畅销书。书中主要将过去企业惯用的获益方程式——压低成本、抢占市占率、大量倾销等传统商业手法，称为红海战略（red ocean strategy），将其在现今市场竞争中产生的种种弊端，及其获利不易、成本提高等企业竞争力衰退事实找出根本原因。同时提出蓝海战略（blue ocean strategy），即不完全竞争的市场，开创尚未被开发的全新市场或是新技术、创造独一无二价值等“新”商业手段作为解决方案。借由传统恶性削价竞争所代表的红海市场与“开创新兴市场”所代表的蓝海市场两相对照，完全颠覆了传统商业一元化的获利思维，以全新创意为现今“后资本主义时代”那些深陷恶性竞争的企业找出一条全新的生存之道。在蓝海战略中，只要企业有足够的创意和创新就能获取高额的报酬〔如特斯拉（Tesla）电动车和苹果公司的iPad与iPhone〕，大部分的获利因不需进行大规模的设备投资而得以保留下来。这也就是为何蓝海战略的概念一推出，就立即造成轰动的原因。蓝海战略与红海战略的比较见表13-1。

表13-1　蓝海战略与红海战略

蓝海战略	红海战略
规避竞争	参与竞争
发展非竞争市场	在现存市场内竞争
创造并寻找新的需求	在现有需求之中竞争
采用兼具差异化与低成本企业战略	根据差异化与低成本制定企业战略
打破成本与价值交换定律	遵循成本与价值交换定律

二、蓝海战略的六大规划

（一）战略行动（strategic move）

在解释蓝海战略的想法时，作者金伟灿和莫博涅（2005）首先指出需要定义正确分析基本单位（basic unit of analysis）；并将“战略行动”（strategic move）描述为企业利润增长基本因素的分析单位。这里的战略行动包含开拓市场的重大企划案所牵涉的一套运营措施和决策。战略行动分析单位的重要意义在于否定过去以公司或企业为单位的认知，认为蓝海企业如何开发并维持优异绩效的正确分析，应该是企业当时采取的战略行动而非企业本身。这一命题的背后，是对20世纪80年代和90年代企业管理思想中流行的《追求卓越》（*In Search of Excellence*）以及《基业长青》（*Built to Last*）等相关理论“永续、有远见、杰出”的反驳。

（二）价值创新（value innovation）

能否打造蓝海，完全取决于战略如何制定。蓝海战略采用“价值创新”，此为蓝海战略的基石。价值和创新同样重要且必不可少。创新的价值不仅仅是创新或市场的领导者，它完全符合“创新与实用”和“价格与成本”两两配合。过去红海的竞争理念认为，企业只能增加成本，为客户创造更高的价值（如技术服务差异化），或者以更低的成本创造合理的价值，即价值-成本抵换（the value-cost trade-off）。蓝海思维在追求技术差异化和低成本的同时两者兼顾。作者以著名的太阳马戏团（Cirque du Soleil）为例，解释如何创建一个无人竞争的新市场。只有当医院采取的行动对其成本结构及其为客户提供的价值产生有益影响时，才能产生价值创新。简而言之，医院领导可以为您的医院和您的患者创造“价值跃进（leap of value）”。价值创新不仅仅是医疗服务创新等次要活动，而是一种涵盖医院的战略。价值创新以未来的知识与技术为基础，进行医疗市场和医院的结合，可以通过医院信念和行动进行重构，在此称为“重建主义观点”（reconstructionist view）。这种观点的目标是打破“价值-成本抵换”模式，创造新的实践规律。

（三）战略草图（strategy canvas）

“战略草图”是探索价值创新、开创蓝海的基本分析框架。战略草图为医院诊断当前竞争格局并采取行动提供了参考框架。建立战略草图有助于医院了解行业当前的战略组合（strategy profile）和价值曲线（value curve）。价值曲线是战略组合的基本要素，代表了医院在行业中各种竞争因素的相对表现。如果一家医院确定其价值曲线与其他竞争对手没有区别，需要通过战略草图分析进行重新调整，建议企业必须重新定位自身的战略焦点，一方面从“竞争对手”转移到“另类选择”，另一方面要从既有顾客转移到“非顾客”。一旦把战略焦点从当前的竞争转移开，医院便会对如何重新定义产业问题的聚焦有了全新认识，借此重建买方价值。在如何拟定战略草图的问题上，提供四个主要步骤作为参考：①眼见为凭；②观察入微；③战略比较；④视觉沟通。详细内容请参阅原著《蓝海战略》（*Blue Ocean Strategy*）。

（四）四项行动架构（four actions framework）

为了重建买方价值并塑造新的价值曲线，作者发展出所谓的“四项行动架构（four actions framework）”。图13-1说明了这四项行动架构的意义与相互关系。简单讲，这四项行动架构意指：eliminate（消去）、reduce（减低）、raise（提升）、create（创造）这四个分析动作（简称ERRC）。

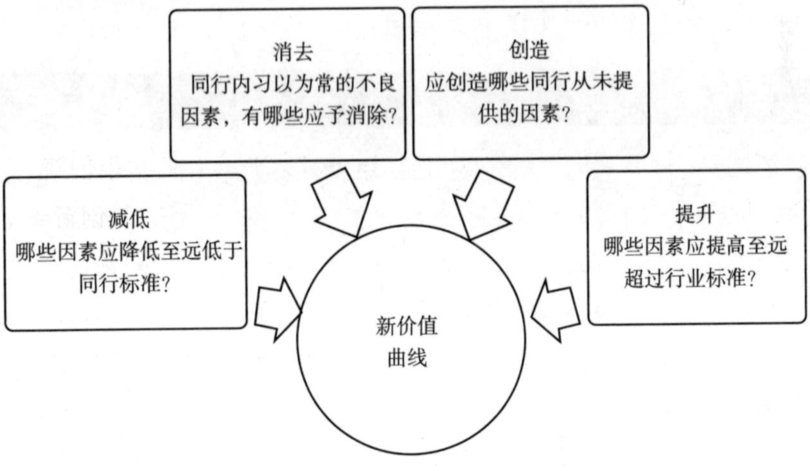

图13-1　蓝海战略四项行动架构

Eliminate 是指产业内习以为常的因素有哪些应予以消除；reduce 是指哪些因素应该减低到远低于产业标准；raise 是指哪些因素应该提升到远超过产业标准；create 是指

哪些未提供的因素应该被创造出来。前两个关键问题的目的是帮助医院认识如何调整成本结构，使红海竞争的影响消除或降低；后两个关键问题的目的则有助于思考如何提升买方价值及创造新需求。作者认为消去和减低两项行动尤为重要，因为它能促使医院超越并跳脱当前的竞争标准，让现有的竞争规则失去着力点。将这四项行动架构放入战略图，能让决策者重新看待习以为常的事实，获得全新的领悟。ERRC矩阵表（grid）是一目了然的辅助分析方式。

（五）优质战略（excellent strategy）的三个互补特征

一个有效、高质量的蓝海战略需要三个互补的特征：焦点明确、独树一帜及画龙点睛的标语。缺少上述三个特征，通常意味着该医院的战略是模糊无特色的。医院需要以这三个特征进行初步审查，确认医院的蓝海战略能与ERRC四项行动架构契合。

（六）六大途径架构（six paths framework）

"重建市场边界"的原则，即所谓的"六大途径架构（six paths framework）"。以下前四项属于蓝海战略的起草原则，后两项属于实施原则：①重建市场边界；②专注于愿景；③超越现有需求；④战略顺序正确；⑤克服组织障碍；⑥实施包容战略。此即重建市场边界的六种基本方法。这些方法可以应用于所有领域，并有助于医院的发展。蓝海战略强调战略来自愿景，用蓝海想法以获取利润，并作为"聚焦愿景"原则的一部分。

知识拓展

"时代考验大师，大师影响时代"。自20世纪初泰勒（Frederick Taylor）提出科学化管理以来，美国学者一直在管理学界独领风骚。然而，2003年印度的夏蓝（Ram Charan）随着《执行力》声名鹊起，韩国的金伟灿（W. Chan Kim）也因《蓝海战略》热卖，成为媒体瞩目焦点。长江后浪推前浪，管理大师的版图似乎已经悄悄移位。"世界经济由大西洋时代进入太平洋时代，亚洲企业开始蓬勃，管理也会应运发展"。随着中国被视为未来最大经济体，印度成为全球科技公司的外包中心，加上韩国企业突飞猛进，亚洲急速成长使其影响力水涨船高。拥有扎实西方理论基础，且能应用东方文化背景的学者，即坐拥显著的优势。"管理是以成败论英雄，随着经济起飞，亚洲学者对于管理自会逐渐形成一套理论"，虽然至今尚未出现驰名全球的亚洲管理理论，但是可以肯定的是，"拥有跨国文化的学者，在世界舞台上将愈来愈重要"。

第二节　蓝海战略在医院的应用

一、医院应用蓝海战略的意义

在竞争激烈的医疗市场，医院和企业一样都面临着生存和发展的危机。医院可以被视为是一个企业般的组织体系。医院诊断和治疗活动是医院的生产过程，医疗服务是医院的一部分。医院的基本使命是提高医疗质量，优化诊疗过程，为人们提供优质的医疗服务，提供满足人们健康需求的医疗技术和服务。那么，医院如何在市场经济的“红海”之外，找到属于自己的“蓝海”？这是医院战略管理面临的重要问题。

医院在追求顾客/患者价值的过程中优于竞争对手，而且不容易被竞争对手模仿或超越，这能够为医院的医疗服务增值，提升医疗的价值，这就是医院核心竞争力。而所有构建核心竞争力的要素，都可以概括为“创新性与差异性的战略优势”。面对未来激烈的市场竞争，医院需要建立自己的竞争优势，才能打败竞争对手，最大限度地提高市场份额。为此，医院管理者精心采用多种工具，实施核心技术、打造医院文化、创新服务。蓝海战略要求医院超越“成本优势”的范畴，专注于显著提升顾客/患者价值，打造伟大而持久的品牌。同时，通过价值创新实现高成本、高性价比，最终形成对医院和顾客/患者都有利的双赢局面。

二、如何制定医院蓝海战略

（一）重建市场边界

蓝海战略的第一个原则是重塑市场的边界，以消除竞争，创造蓝海。医院管理者需要开放，思考事情要超越传统概念。传统的客户对于医院是患者，但在现实中，患者是许多不同的链接，每一个链接都直接或间接地决定了患者最终选择哪家医院。老年人就诊需要儿女们送诊与照顾，一个职工的体检可能是由单位统一组织，链条中的不同环节对服务的侧重点也会不同，有的注重质量，有的则注重成本。因此，医院通过跨越买方需求，就有可能得到新的启发。

医院主要提供医疗服务，但若仅限于行业本身的技术服务，则难以开辟新的蓝海；如果局限于产业自身的技术服务，同样难以开拓新的蓝海。如一位因某医院的医疗技术慕名而来的患者，很可能因为无法找到停车位，或就诊环境嘈杂，或拿药不便捷，而不再选择来此医院就诊。为患者服务的方方面面，都是需要考虑的问题。

（二）关注全局

蓝海战略的第二个原则是着眼大局，而不只是数字，这是降低规划风险的关键。医院不会只花费大量精力和时间来规划红海行动，医院需要根据自身实际情况制定自己的战略布局图，这样就可以发挥医院各类工作人员的创造力，引导医院的蓝海战略行动。医院管理者可以通过战略布局找到影响医疗服务竞争的因素，有些因素是已知的，有些则是未知的。最重要的是，医院还可以找到自身的战略概览，了解哪些因素是主要或潜在的竞争对手，并了解未来要投资什么以及如何投资。

（三）关注客户与非客户

医院作为特殊服务机构，在未来市场竞争中维护患者关系方面发挥着重要作用。通过开展有效的患者服务，并设法吸引患者，创造患者价值，已成为医院运营的焦点之一。医院对患者的信息进行全面的掌握，通过多个患者价值科学的数学模型，用来计算患者的各种价值；医院也可根据自身需求对患者价值模型进行任意配置或管理，从而达到患者分类、分层、精细化管理的目的。

医院合作伙伴也是医院不能忽视的因素，如专业人士、社区和媒体。他们虽然不是医院服务的直接客户，但也是医院管理的重要组成部分。在医院管理的工作环节中，需要有人负责记录与合作伙伴之间的所有联系和活动信息，并对合作伙伴进行关系维护，如定期回访、节假日关怀、发送医学新知识等。

（四）遵循理性的战略秩序

建立医院的蓝海战略必须遵循合理的战略顺序。首先，要查核医院为患者提供的服务对于患者有何价值，这是蓝海的创造性和可行性的基础，否则就毫无潜力可言。其次，要看医疗服务的价格是否合理。在就医难、看病难的今天，价格问题始终是一个敏感的问题，若价格超过了一般患者的承受能力，再好的服务也成为空谈。再次，应计算“再次提供服务”的成本是否在医院可以接受的范围之内，因为开创蓝海战略的根本目的是实现获利性增长，如果成本过高，那也只能放弃。最后，要解决蓝海创意的障碍，才能保证蓝海创意最终目标的实现。

三、医院蓝海战略的未来规划

（一）蓝海战略的差异化竞争

蓝海战略的差异化竞争理念无疑已经在众多医院管理者中达成共识，但蓝海战略的下一步是什么？如何才能找到真正的差异化？能做到吗？差异化不等于核心能力，那么在找到差异化核心能力后如何建立医院竞争力？

核心竞争力是医院持续竞争优势的源泉，然而它本身不会自动转化成竞争优势，如果没有相应的机制和条件加以支持，核心竞争力将毫无价值。也正是基于这一点，如今人们又把核心竞争力拓展到医院的方方面面，包括各个职能系统，而不是像过去局限在医疗技术的开发上。目前，技术和服务都是可以通过购买得到的，而如果核心竞争力的确定果真是来源于外部的变化和需求，需要医院把患者的痛点当作自己的痛点，帮助患者解决痛点然后成就自己，那么，医院自身的需要有什么改变？核心竞争力除了外部环境的需求，再深入下去还有资金技术、管理，单纯的人、财、物是整合不起来的，一定要有规范。这也是重新关注医院核心竞争力、重点探讨的一个内容，不但要找到医院的核心竞争力，还要培养并实现核心竞争力的能力。

（二）医院实行蓝海战略需要思考的问题

蓝海战略的提出，固然为医院发展开辟了新的空间，但也必须考虑蓝海战略实施过程中可能面临的问题。图13-2说明了蓝海战略思考问题的框架。

（1）创造蓝海系统的成本：同时具有创新和差异的蓝海战略，肯定是令人兴奋的。但蓝海战略的实际执行情况并不那么简单。一个伟大的想法，需要有支付系统的成本的能力，但在同一时间也必须考虑潜在失败的巨大风险。这个系统成本包括创建蓝海前在软、硬件上的投入，也包括蓝海建立后的维护和管理。医院是否有能力对这一未知领域作出巨大的投入，值得医院管理者深思。

（2）创造蓝海可持续性的能力：在《蓝海战略》一书中，有专门的篇幅阐述了蓝海战略的可持续性，但医院管理者要做好准备，当用心良苦地创建了一片蓝海，可能只能在一定的时间或周期内享受到巨大的利益回报，然后静看着蓝海变成红海，其独占性利益将瞬间土崩瓦解。这时可能会发生三种结果：一是在激烈竞争中重新创建蓝海；二是在红海中竭力谋取生存；三是死于竞争。

（3）创造蓝海竞争意识的丧失：如果医院为了避免残酷的竞争而去开创蓝海，很可能导致竞争意识的丧失和对竞争的恐惧。事实上，医院的竞争异常残酷，刻意躲避竞争不仅不现实，而且不足取，它会让医院付出惧怕竞争的高昂代价。当“蓝海”再次变成“红海”时，医院面临针锋相对的竞争，难免倒闭。因此，通过精心航行“蓝海”，成功打造医院核心竞争力，医院将实现持久发展，为患者创造更大价值。

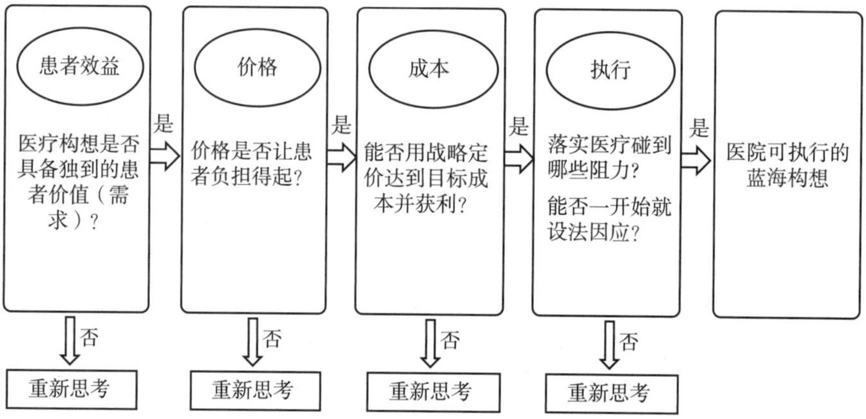

图13-2　蓝海战略思考问题框架

第三节　国内医院应用战略管理的案例

以下提供几家国内知名且具有特色的医疗机构案例，阐述战略管理在医院的应用。

一、北京协和医院的应用案例

（一）医院历史与沿革

北京协和医院（Peking Union Medical College Hospital，PUMCH）成立于1921年，是集医疗、科研、教学为一体的大型综合三级甲等医院，是北京协和医学院的临床教学医院，同时也是中国医学科学院的临床医学研究所，是中华人民共和国国家卫生健康委员会指定的诊治疑难重症的技术指导中心之一。北京协和医院所属的北京协和医学院的前身是由美国洛克菲勒基金会于1917年创办的“协和医学院”。1951年，中华人民共和国中央人民政府接办北京协和医院。2002年3月，北京协和医院同邮电总医院合并为中国医学科学院北京协和医院。北京协和医院是中国最早承担外宾医疗任务的单位，医院专门设立外宾和高干门诊部，开设专门的高干、外宾、特需病区。2006年7月28日，医院被中国奥委会定为“国家队运动员医疗服务指定医院”。北京协和医院在复旦大学医院管理研究所公布的中国医院排行榜中连续十一年名列榜首，其在中国乃至世界享有盛名。

知识拓展

北京协和医学院前身是美英基督教教会于1906年共同创办的协和医学堂，2006年定名北京协和医学院。

在成立之初，北京协和医学院的使命就是在整个中国建立起现代医学教育体系。协和医学院的主要职能是教育，同时也提供进行基础医学和临床研究。它的职责不仅传授知识也增进知识，形成有影响力的医学教育的标准和方法，为行业培养教师和领导者，为中国的许多疾病问题提供解决方案。

中国工程院副院长、中国医学科学院北京协和医学院院校长王辰院士指出：一个世纪以来，协和引领着中国现代医学的方向，绘就了中国现代医学的一条主线。1957年11月，北京协和医学院与中国医学科学院合并。院校合力承担起当代医学教育与研究的重任，以科学护佑国人生命，保障人类健康。国家卫生健康委主任马晓伟评价：百年协和科技创新成绩斐然，秉承尊科学济人道的精神，勇攀医学科技高峰，围绕创新驱动发展，健康中国战略，在决策咨询、战略研究等方面作出了突出的贡献，取得了近2000项科研成果，填补国内多项空白，攻克了一道一道医学难关。

（二）医院发展特色

1. 历史 北京协和医院建成于1921年，由洛克菲勒基金会创办。建院之初，医院就志在建成亚洲最好的医学中心。中央人民政府于1951年接管北京协和医院后，医院的发展建设得到历届党和国家领导人的高度重视和大力支持。100年来，医院始终拥有一支以优秀的临床医学家、医学教育家和医学科学家为骨干的专业队伍，培养和造就了张孝骞、林巧稚等一代医学大师和多位中国现代医学的领军人物，也向全国输送了大批的医学管理人才。共有10余家当今知名的大型综合及专科医院是由协和人建立的。在长期发展过程中，医院形成了独特的文化和优良传统，以及“严谨、求精、勤奋、奉献”的协和精神。“教授、病案、图书馆”是著名的协和“三宝”，现代医学教育的“三基”“三严”理念就起源于这里。

2. 教学研究 北京协和医院属于综合实力出众的三级甲等医院，拥有一批优秀的医学家、医学教育家和医学科研队伍，拥有大量与世界接轨的先进设备，医院专科齐全，技术力量雄厚，医疗、科研、教学等方面在国内属于一流的水平。

医院建成于1921年，目前共有4个院区，总建筑面积61万余平方米，在职职工

4000余名，两院院士3人，临床、医技和平台科室60个，国家级重点学科20个，国家临床重点专科29个，国家级科研平台5个，博士点32个，硕士点26个，国家级继续医学教育基地6个，国家住院医师规范化培训专业基地20个，国家专科医师规范化培训试点基地8个。开放住院床位2000余张，2020年手术量36 697人次，年出院患者7万余人次。北京协和医院在内科、外科、妇产、骨科、皮肤科等方面很有专长，各专业方向均很强，没有弱的科室，综合实力强大，各专业方向通力协作使北京协和医院在解决疑难重症方面的实力尤其突出。

3. 荣誉与精神 医院连续多年荣获多项荣誉，如全国医院管理年活动先进单位、卫生系统护士岗位技能竞赛金奖、全国百佳医院、全国五一劳动奖状、全国建立文明行业先进单位、卫生系统先进集体等10余项国家级奖项；北京市十佳医院、首都五一劳动奖状、首都“双十佳”人民满意医院、首都文明标兵单位、首都民族团结进步先进单位、首都精神文明建设先进单位等多项市级荣誉。100年来，协和人以执着的医志、高尚的医德、精湛的医术和严谨的学风书写了辉煌的历史，今天的协和人正为打造“国际知名、国内一流”医院的目标而努力奋斗。

（三）医院的使命、价值与愿景

（1）使命：以人民为中心，一切为了患者。

（2）价值：执着的医志、高尚的医德、精湛的医术、严谨的学风。

（3）愿景：国际知名、国内一流。

二、清华大学附属北京清华长庚医院的应用案例

（一）医院简介

清华大学附属北京清华长庚医院是由清华大学与北京市共建共管的大型综合性公立医院，其建设和运营过程得到了台塑企业和台湾长庚纪念医院的无私捐助和援建。医院坐落于北京市昌平区天通苑地区，总规划床位1500床。医院于2014年11月28日开业，一期开设1000张床位；2015年11月正式为医保患者服务；2017年6月，实现异地医保直接结算；2019年12月30日，医院二期工程正式奠基，规划新增500张床位。

（二）医院特色

清华大学附属北京清华长庚医院秉承“医疗服务以患者为中心，医院运营以医师为核心，医院发展以职工为重心”的宗旨，创立并践行精准医疗、精益管理、精诚服务的“三精医疗”理念，着力打造现代健康医疗服务体系。医院致力于建构卓越医师培养体系和先端健康科技创新体系，塑造医教研三位一体的国际化学术型医院

（academic hospital）。医院开业之初即确立以国际一流医学中心为目标的“三步走”十年发展规划，即2014—2017年，“综合建构，奠定基础”；2018—2020年，“特色发展，塑造品牌”；2021—2025年，“卓越品质，成就一流”。

医院借鉴并在地化台湾长庚纪念医院管理模式，构建现代医院管理体制和运营模式，实行党委领导下的院长负责制，专业化医疗团队与职业化行政团队分工协同治理，提高医院管理的效率和效益。

医院以优越的事业平台、舒心的工作环境和体面的薪酬待遇，从海内外引进了一批优秀的专家，组成高水平医疗团队。首任院长董家鸿为国际著名肝胆胰外科和肝脏移植专家，于2017年当选中国工程院院士。医院实行主诊医师负责制、全责护理制和全人照护模式，并全面推行以疾病为导向的整合式医疗，持续优化医疗过程，为各类病患提供高效、优质、经济的诊疗服务，不断提升疾病治愈率和康复水准。

医院已经形成了涵盖内科部、外科部、妇儿部、专科部、急重症部、医技部、全科与健康医学部的7大医疗部和50余个临床医技专科，初步建成临床布局合理、专科设置完善、优秀人才汇聚、医院治理良善、医疗品质一流，在业界和社会享有美誉的综合性精品医院；形成了肝胆胰中心、神经中心、消化中心、急重症中心等优势突出的整合式医疗中心，涌现出心脏内科、妇产科、耳鼻咽喉头颈外科、泌尿外科、骨科、放射科、麻醉科等重点专科。医院开展国内外领先的医疗技术百余项，创下多项世界记录，以先进技术和优质服务成功救治了大批来自海内外的复杂危重病患，综合水平进入全国三级公立医院绩效考核前百位。

医院充分借鉴台湾长庚纪念医院和国际顶尖学术型医院的先进医学教育理念和成功经验，创新医学教育模式和方法，业已建立了完善的住院医师–专科医师一体化培训体系，启动了基于器官系统的临床医学教育体系建设。医院于2018年成为国家住院医师规范化培训基地和国家专科医师规范化培训试点基地。肝胆胰外科成为国际临床专科Fellowship培训中心；泌尿外科成为世界腔内泌尿外科学会培训基地，同时获批欧洲泌尿学会“Set up”泌尿外科内镜手术标准化培训项目。2018年12月，医院获批为首批国家临床教学培训示范中心。医院以解决临床问题和满足社会健康需求为引擎，依托清华大学雄厚的综合性学科优势创建了跨学科、跨领域交叉融合的清华健康科技创新体系，形成B2B2C（Bedside-Bench-Customer）临床转化科学研究体系。

医院借鉴台湾长庚纪念医院经验，建立起完善的社会服务工作体系，设立志愿服务团队，为患者提供暖心服务。医院设立清华长庚发展基金和社会服务基金，募集社会善款发展临床医学并救助困难患者；响应健康中国行动，每年举办近百场健康公益讲座和义诊活动。2015年始，医院积极参与医疗援疆援藏，并开展精准医疗帮扶。具有自主知识产权的清华长庚远程医疗系统于2017年9月正式上线，开展线上学术交流和远程会诊业务。

作为诞生于国家医疗改革背景下、成长于健康中国战略推展进程中的新型医院，清华大家附属北京清华长庚医院秉持“人本、济世、厚德、至善”的价值观，以“提供健康守护、培养医学精英、创新临床研究、追求卓越管理”为使命，坚持创新（innovation）、整合（integration）、国际化（internationalization）、特色（identity）的“4I”发展战略，努力建设成为国际一流的医学中心。

（三）医院的使命、价值与愿景

（1）使命：提供健康守护、培养医学精英、创新临床研究、追求卓越管理。

（2）价值：人本、济世、厚德、至善。

（3）愿景：国际一流医学中心。

三、台北市立万芳医院的应用案例

（一）医院发展历史

台北市立万芳医院于1989年动工兴建，台北市政府为减少每年新台币五亿元的公务预算支出，以及借助民间机构运营效率，决定将台北市立万芳医院委托民间运营。历经多次审慎的公告招标，1996年7月起该医院被委托给台北医学大学运营，在委托运营期间视同台北医学大学附属医院，其与两所附属医院——北医附设医院、双和医院在临床教学研究、人力资源、医疗服务及其他资源上均可相互支援。台北市立万芳医院于1997年2月15日正式开业服务市民，成为台北市第一家公办民营的市立医院。

（二）医院规模与特色

1. 规模 台北市立万芳医院为有726张床的医学中心，建筑物分为第一大楼与第二大楼两栋，第一大楼地上13层、地下3层，地下2层、3层有200余个停车位；第二大楼共7层，可提供单身医护行政职工住宿。医院所处的文山区为一典型的住宅文教区，因应人口老化的趋势发展，医院特将小区医疗设定为发展重点之一，期待成为一所服务、质量、效率俱优的公办民营医学中心，担负公共卫生责任，服务人群范围由台北市南区、新北市周边拓展至医疗偏远、医疗资源较不足的地区和国家。

2. 服务特色 医院具有急重症病患医疗能力与质量，2010年、2014年通过癌症诊疗质量认证；2011年、2013年通过国家级重度急救责任医院，医院外伤医疗已达美国一级外伤中心的规格。除此之外，医院更积极丰富多项紧急救治医疗资源：针对急性脑卒中的患者，提供黄金3小时内完成血栓溶解剂治疗，有助于抢救急性脑卒中患者；

90分钟内紧急执行急性心肌梗死患者的心导管手术。此外，医院不断积极延揽医疗精英，强化医疗阵容，设立结核病中心、癌症中心、中风中心、计算机刀中心、高压氧中心、中西医整合疼痛治疗中心、烧伤及困难伤口全人照护中心、生殖医学中心、激光美容中心、用药咨询中心、干细胞研究中心等发展多元且具有特色的医疗发展中心。

3. 国际医疗　台北市立万芳医院与全球接轨，积极参与国际医疗事务，发挥医疗无国界的社会责任。医院以小型医疗团的形式，在最少的资源、最简单的设备、最有限的人力之下，用最大的热忱为国际医疗尽力。医院于2005年起开始进行国际医疗交流事务，对巴拿马、危地马拉、马绍尔、帕劳、海地等国家，提供医、护、医技、行政等人员的短期行动医疗团，并接受当地医疗人员来院培训。

4. 质量战略　医院于开院起谨守“质量是万芳的尊严”，率先引进质量管理工具。医院的发展史，就像是一部质量的推展史。医院借由TQM的四大支柱——卓越领导、顾客导向、持续改善及全员参与的导引，投入了多重品管工具理念、滚球理念、小区三部曲等创新的战略，历年间通过了各种评鉴、绩效评比、医疗质量奖、四度医学中心及国际医院评鉴（JCI）等，以“质量是竞争最佳利器”为圭臬，重视医疗质量成为医院的特色，并成为各个医院的标杆。

5. 教学特色　医院全力投入医师、牙医、中医及各医疗人员的临床教育，积极推动实习学生、毕业后一般医学学员、专科住院医师及临床医疗人员培训，以培养医院临床医疗人员皆能具备患者照顾、医学知识、临床工作中学习与改善、人际关系与沟通技巧、医学专业素养及制度下临床学习六大核心能力。同时，医院推动跨领域的团队训练，落实全人照顾的理念。医院不断改善临床教育质量，为所有医疗专业人员提供最好的训练环境，为医院患者提供最佳的全人医疗照顾质量。

6. 未来展望　接办台北市第一所公办民营的医院是件意义深远的任务，台北医学大学将持续以优良的传统与团队资源，并本着戒慎戒惧的心情，共负台北市医疗责任，服务市民以患者为尊，并致力于教学、研究、服务与小区医疗的提升，坚持不断成长，建立服务质量、运营绩效俱优的公办民营的医学中心。

（三）医院的使命、核心价值、愿景及目标

（1）使命：深耕小区、创新研究、培育人才，提供以患者为中心的高质量医疗服务。

（2）核心价值：①卓越：永远追求质量第一。②创新：相信创意思考是高质量照护与教学研究发展的基石。③社会责任：致力促进小区健康。④同理关怀：视病犹亲，待人如己。⑤诚信当责：经由领导凝聚互信，并诚实、主动、齐心履行承诺。

（3）愿景：达成最高质量的国际一流大学医院。

（4）目标：①服务：以患者为中心的全人照护。②小区：引领区域整合的服务网

络。③教学：持续培育精英的大学医院。④研究：建立卓越创新的研究重镇。⑤品质：成为国际水平的医疗团队。

四、台北医旅：北投健康管理医院的应用案例

（一）医院简介

“台北医旅”由台北市政府耗时6年缜密筹备，委托台北市北投健康管理医院与北投老爷酒店共同运营，是华人地区第一家结合“温泉酒店、健康管理、美容医学”三合一的创新服务体。自2014年12月20日正式开幕已来，已吸引全球华人世界高度注意，其医旅整合式创新服务，打造医疗观光级健康管理高度水平，也树立起“健康管理”服务机构的标杆。

北投健康管理医院是世界华人地区首家以医疗旅游与健康管理合而为一的医院。全球前七大医疗旅游，除欧美先进国家外，泰国、印度、新加坡、马来西亚就占了4家。面对发展迅速的亚洲医疗旅游，台北市不仅以北投温泉产业发展结合保健旅游，打造北投温泉特色生活计划，通过生活、产业、文化、观光的整合，催生“台北医旅”的诞生。20多年前，瑞士等欧洲国家就已开始提供健康检查服务，虽然没有蔚为流行，但当时西方世界注重健康的人士，就能将工作与休闲结合起来，如开会时可以同时旅游，并利用空档时间进行医疗检查照护。鉴于台北市有好山、好水、好人情，再加上医疗资源及技术备受国际肯定，2014年底便推出全新品牌“台北医旅”，从全球医疗旅游市场出发，开幕至今，已替医疗旅游产业开启成长远景；从“人本关怀、关怀健康”的角度守护健康，将“推广健康生活”的初衷放眼全球。

（二）医院特色

（1）具有专业人才、成熟技术，设备新颖齐全：台北医旅癌症筛查率高，与国际医疗水平并驾齐驱；拥有医学中心所具有的优势，医师团队延揽三甲医院各大医疗中心主任级医师，提供高阶影像医学健康检查，领先全球创新开发“MRI全身判读模块”，引进磁共振成像（MRI）、高分辨率低剂量计算机体层摄影（LDCT）等高阶影像先进设备，并结合拥有12万例以上高端影像判读经验，所有仪器专属健检客户使用，彻底达到医检分离，具有其他医学中心无法做到的舒适环境。目前，欧洲、美国、日本等健检已走向无侵入式、零辐射的高端影像时代，但碍于人才及技术门槛，多数健检方式仍停留在20年前的观念与技术，所做的健康检查，癌症筛查率约只有0.3%~0.5%，对于疾病诊治帮助有限。为更早揪出病变，台北医旅引进MRI、LDCT等先进影像设备，并集结拥有高端影像判读经验的三甲医院医学中心主任级医师，大幅提高癌症筛查率至3.1%。如果身体检查出现问题，台北医旅也可通过绿

色通道为客人转介到三甲医院主任级医师。

（2）观光旅游、健康守护一站满足，健康检查、五星度假兼具个人隐私：台北医旅以兼具自然、人文的北投为据点，兴建地上12层，地下3层的医旅综合建筑，并善用当地资源，除在12层的空间中设置医学影像中心，内视镜检查中心，美容医学中心，健康管理、健康促进中心，体适能、泉疗与温泉客房，以及专为女性朋友打造兼具安全、隐私的妇女健康中心外，更结合高阶健检、欧法健康养生餐、北投温泉疗愈、山林秘境行程与五星级饭店住宿，打造高度水平的健检环境。台北医旅更提供顶级酒店式的环境，由国际知名荷兰建筑师Mecanoo精心打造，融合北投当地元素，舒适恬静、风格独具服务至上、隐秘性高，无论健检或者医美咨询，都有健康秘书专人服务，尊荣享受，电梯直达，私密行程不被打扰。

（3）高质量的医疗服务，精进的设备与技术：北投健康管理医院面对许多国家，包括日本、新加坡、泰国、韩国、印度等国家，坚持高质量的医疗服务，在设备与技术上追求精进，逐渐在亚洲观光医疗市场取得后发先至的利基；秉持着医疗专业与友善的态度，为来自全球各地的贵宾提供最优质的健检及健康管理服务。

（4）人文、健康、休闲创新的医疗形态：北投健康管理医院以“全人健康”的理念，打造兼具人文、健康与休闲的假期，健检中心提供专业身体健康检查、美容医学、健康饮食及结合五星温泉酒店住宿服务，融入当地的深度文化及生态景观等旅游资源，全方位照顾顾客及家人的身心健康。

（三）医院的使命、核心价值与愿景（图13-3）

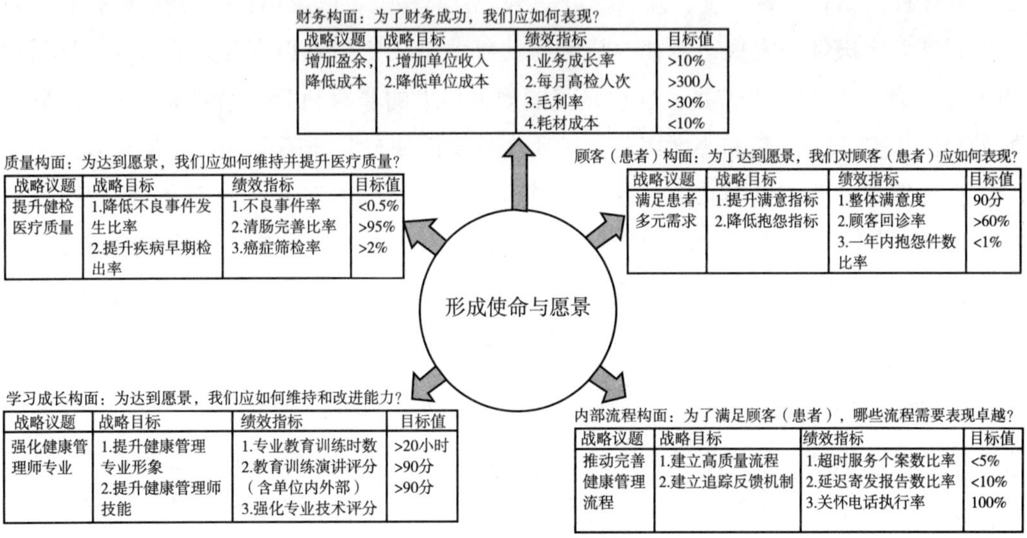

图13-3　健康管理医院实施平衡计分卡概念

（1）使命：人本关怀、关怀健康。

（2）核心价值：您与家人可长期信赖的健康伙伴。

（3）愿景：成为华人第一的健康管理中心，提供优质的健康检查，成为人民健康的守护者。

第四节　国外医院应用战略管理的案例

一、克里夫兰诊所的应用案例

（一）诊所简介

克利夫兰诊所（Cleveland Clinic，又称克利夫兰医学中心）是世界最著名医疗机构之一，是集合医疗、研究和教育三位一体，提供专业医疗和最新治疗方案的非营利性机构。克利夫兰诊所始建于1921年2月28日，隶属于美国俄亥俄州一家非营利性医院——克利夫兰临床基金会，并由其运营。克利夫兰诊所本部位于美国俄亥俄州，克利夫兰市，在美国佛罗里达洲、内华达州，加拿大和阿布扎比酋长国开设有分院。克利夫兰诊所本部共有超过1400个床位，整个医院体系拥有4400个床位。克里夫兰诊所在1921年成立第一家诊所，长久以来，一直是美国极具声誉的医疗中心之一。它曾开创许多疗程，如心导管检查、开心绕道手术、脸部移植，以及精神病患脑深层电刺激；它也有许多突破性的发现，例如，找到与幼年黄斑病变和冠心病有关的基因。诊所在20世纪90年代晚期积极扩张，现在是美国规模最大的非营利医疗保健院所之一。除了拥有1400张病床的总院和小区医院，诊所在俄亥俄州东北部还有18所家庭医疗保健中心，在佛罗里达州威斯顿市有一家重症医院，在拉斯维加斯有一家脑疾病医疗中心，在加拿大、阿布扎比酋长国和沙特阿拉伯也都设有院所。2012年，克里夫兰诊所共治疗了130万人，包括在总院区的五万多名住院病患。

（二）诊所特色

1. 五星级服务　克里夫兰诊所做了哪些改变使在病患满意度调查中名列前茅？首先，让职工认识到“患者不满意”是一项严重缺失。其次，深入探究患者不满意的原因。最后，让人人成为照护者。总之，运营以患者为中心的组织，不是执行项目，而是建构一种生态。

多年来，克里夫兰诊所以卓越的医疗质量，以及善于撙节成本，而享有盛名。但在2009年，执行长德洛斯·科斯格罗夫（Delos Cosgrove）在比较克里夫兰诊所与其他医院的营运绩效之后发现，住院病患对该诊所的旗舰医疗中心，或是所属8家小区医院的评价不太好，因此，认为必须采取行动。接下来的3年，克里夫兰诊所脱胎换骨。在医疗照护及救助服务中心（Centers for Medicare & Medicaid Services，CMS）针对约4600家医疗院所进行的病患满意度调查里，克里夫兰诊所的整体排名从中间跃升至前8%。现在，世界各地的医院高级主管纷纷前往克里夫兰，研究克里夫兰诊所的执业状况，了解它是如何改头换面的。

至于医疗保健业以外的组织，在体验克里夫兰诊所的改造之旅以后，对它们也能有所启发，尤其是过去从不需要靠提供优质顾客体验来竞争，而现在却需要这么做的组织。这类组织/企业招募的人力，通常不注重顾客满意度。他们能在无损传统优势的同时，也提升顾客体验吗？克里夫兰诊所的成就告诉我们，答案是肯定的。

克里夫兰诊所为转型而采取的行动，适用于任何组织。科斯格罗夫把提升病患体验列为优先战略（Find the right Mission and right Strategy to right Goals），最后指派直结肠外科名医，詹姆斯·梅里诺（James Merlino）主持名为“Find the right people to do the right thing right”的项目。梅里诺持续用系统化的方式来阐述问题，让医院全体成员，包括只重视医疗成效的医生在内，认识到患者的不满意是重大议题，而且，所有的职工，甚至连行政主管和工友，都应该是“照护者”，一起来改善这个问题。克里夫兰诊所进行调查和研究、征询病患意见，借此深入了解病患的需求。梅里诺因此得到专职的团队和充裕的预算，以改变组织心态、规划并执行过程、制订评量指针、追踪绩效，让组织得以不断改进。该项目也与潜在顾客密集沟通，针对他们留院期间的状况，建立务实的期望。

2. 质量与成本两全　这些战略管理步骤不是什么高深的科学，却能让组织迅速改头换面。此外，有些医生担心，新的转型项目可能会与一些做法相冲突，这些做法包括维持高质量与安全标准、进一步缩减成本，但事实证明，这些担心是多余的。在大学医疗体系联盟（University Health System Consortium）针对97家学术医疗中心的评鉴里，克里夫兰诊所在转型期间的质量和安全排名都大幅提升，提供医疗服务的效率也有改善。

在克里夫兰诊所的大半过往历史里，提供患者优质的整体经验，并不是优先要务，这类经验包括约诊、营造愉悦的实体环境、处理患者留院期间的恐惧和顾虑、提供明确的出院指示等。就像大部分医疗院所，尤其是负盛名的院所一样，克里夫兰诊所几乎只注重医疗成效。它很自豪的是，在《美国新闻与世界报道》（*U.S. News and World Report*）所做的美国医院整体医疗照护质量调查中，其多次名列前五名，心脏治疗计划更是荣登榜首。

3. 新的医疗照护模式 2007年，克里夫兰诊所实行新的医疗照护模式，希望能改善协同合作，借此提升质量和效率，并降低成本。传统上，医院以内科部掌管各个专科，包括心脏科、胸腔科、肠胃科等，另外由外科部负责普通外科，还有心脏、移植和其他专科疗程。但克里夫兰诊所摒弃这种传统的医院架构，改为设置由多种科别组成的团队，来治疗影响某一器官系统的所有状况。例如，它的心脏血管团队，就包括所有心脏及血管系统的医疗工作，如心脏手术、心脏医学、血管手术和血管医学等，让心脏内科医生和外科医生一起看诊。这个新模式不但能提升质量、降低成本，也可对病患体验产生正面的效益。

当时克里夫兰诊所的领导人认识到这些变革和成就是不够的。2008年，CMS为了让消费者能在信息充分下做选择，鼓励医疗院所提升疗护质量，而开始在网络上公布满意度调查及疗护质量评鉴数据。CMS的满意度评分，是依据病患出院后的问卷调查，它们随机挑选病患回答问题，如医生及护士与他们的互动是否良好、照护者对待他们是否有礼貌且态度尊重、工作人员对呼叫铃的回应是否理想、他们的疼痛控制状况、病房和卫浴的清洁程度等。问卷里也要求病患对医院进行整体评分，询问他们是否愿意向亲友推荐这家医院。CMS宣布，从2013年起，大约有十亿美元的医疗照护给付经费，将根据这些领域的绩效表现来发放给医院（pay-for-performance incentive），到了2017年，依此办法发放的金额增加1倍。

2013年，克里夫兰诊所的整体得分平平，其中某些领域的成绩则很糟糕：在工作人员响应度及房间清洁程度方面，其排名落在垫底的4%；在病房周边区域的夜间宁静度方面，排名是倒数5%；医师的沟通技巧方面排名是倒数14%；护士的沟通技巧方面排名则是倒数16%。科斯格罗夫说，“病患来我们这里就医是为了优质诊疗，但他们并不是很喜欢我们”。科斯格罗夫根据病患和病患家属所说的亲身经验，以及他所阅读的报告，他明白诊所不能靠着优质诊疗来持续吸引病患，因为许多病患在挑选医院时，预期病患体验的重要性胜过优质诊疗。他决定把改善病患体验当成整体组织的优先要务。

4. 领导变革 科斯格罗夫了解，要达成“改善患者体验”的目标，克里夫兰诊所必须大幅转变营运方式。但是要职工调整心态和行为，并不是件容易的事。近年来，即使医疗的复杂度和法规要求增高，但医院在成本压力下，仍然不得不缩编支持人员。推动一项会加重负担的项目，极具挑战性。尤其要说服医师接纳“改善患者体验”的方案，更是困难。克里夫兰诊所跟许多医院的不同之处在于，医生虽然是职工，却比一般职工拥有更多权力。许多医生是他们专科领域的翘楚；他们是患者选择克里夫兰诊所的主要原因，也许是唯一的原因。科斯格罗夫不能奢望颁布一道命令，他们就会遵守。

由于这种种原因，他决定创设一个新职务——体验长（chief experience officer）。原本，他指派一名本身并非执业医师的外部人士担任这项职务，但这个人在两年后离职。于是，他决定从组织内部找一位资深医生来继任；这个人选必须非常了解这项方案，在提供优质病患体验的同时，也强调医疗成效，会遇到哪些挑战，他还必须是已经拥有威信的人。他选中了梅里诺。

当时，梅里诺才从克里夫兰大型郡立医院“都会健康医疗中心”（Metro Health Medical Center）辞职到克里夫兰诊所不久，他在职业生涯刚开始时，曾在这里担任研究人员。他曾推动改造一家消化疾病医疗机构，成为“以患者为中心”的组织。在成为外科医生之前，梅里诺曾任职于政府行政机关，也曾从事政治公众意见研究，还在一家小区医院的董事会任职。

在与科斯格罗夫的面谈中，梅里诺提到他父亲的一个故事。他父亲在几年前，曾到克里夫兰诊所看病。那次的经验很糟糕，其中有一点就是，他父亲觉得护士对他不理不睬，他的医师没有每天探视他。他父亲在医院过世时，认为这是全世界最糟的地方。“不应该再有人抱着这种想法去世”梅里诺说。梅里诺与科斯格罗夫都坦承，不知道要如何达成这个目标。“我们必须一起想办法”梅里诺告诉执行长。面谈后20分钟，科斯格罗夫的幕僚长联络梅里诺，希望他担任体验长，并且把一半的工作时间投入这项项目；而他现在投入的时间，已占了八成。

（三）诊所的使命、价值及愿景

（1）使命：关爱生命，研究健康，教学卓越（Caring for life，researching for health，educating those who serve）。

（2）价值观：质量与安全（quality & safety）；同情（empathy）；包容（inclusion）；正直（integrity）；团队合作（teamwork）；创新（innovation）；承诺（commitment）。

（3）愿景：①成为患者的最佳医疗照护机构与医疗照护者的最佳工作场所（To be the best place for care anywhere and the best place to work in healthcare.）。②患者优先照护（Care Priorities）。③视病犹亲（Care for the patient as if they are your own family）。

二、梅奥医学中心的应用案例

（一）中心简介

梅奥医学中心（Mayo Clinic）于1863年在美国明尼苏达州罗切斯特创立，它是以不断创新的医学教育和世界领先的医学研究为基础，建立起来的全美规模最大、设备最先进的综合性医疗体系。在2022年《美国新闻与世界报道》全美医院排名中，梅奥医学中心排名第一。如今，梅奥医学中心在美国佛罗里达州和亚利桑那州另设有分所，同时拥有自己的医学院和涵盖周边几个州的数十家医疗诊所，其临床专家及科学家已达2700多名。2018年12月，世界品牌实验室发布《2018世界品牌500强》榜单，梅奥医学中心排名第341。梅奥医学中心的雏形是梅奥诊所，其始建于19世纪末。

在美国南北战争时期，有一个叫梅奥（Mayo）的英国医生在部队行医，内战结束后，他开始在罗切斯特建立自己的私人诊所——梅奥诊所。后来他的两个儿子从医学院毕业也加入到诊所行医，他们陆续又聚集了很多医生、护士等医疗人员，实行大家合作、优势互补、知识技能和经验共享的行医方法。1889年，梅奥父子与圣弗朗西斯修女合作创办的圣玛丽医院开业。此后，越来越多的医生加入其中，使之发展成为世界上最早的多学科综合性医院。1915年，梅奥诊所于世界上最早建立了医学研究生训练项目。1972年，梅奥医学院正式成立。1986年，罗切斯特梅奥诊所与圣玛丽医院（Saint Marys Hospital，SMH）、罗切斯特卫理公会医院（Rochester Methodist Hospital，RMH）正式合并，终于发展成为今天的梅奥医学中心暨基金会。早期尤以心脏科著称于世的梅奥诊所，如今已经成为集医疗、科研、教育为一体的机构，它包括位于罗切斯特市的梅奥门诊部、圣玛丽医院、罗切斯特卫理公会医院以及医学院和研究生院。它还在亚利桑那州的斯科茨代尔（Scottsdale，Arizona）和佛罗里达州的杰克逊维尔（Jacksonville，Florida）建有两个新的校区。其中以罗切斯特为中心，该市的十万人口中，梅奥医学中心的员工占有3万多人口。

（二）中心特色

1. 优质医疗服务 《美国新闻与世界报道》梅奥医学中心于2021—2022年度再次荣登综合排名第一，且在14个科室排名中名列前茅。其世界排名第一的专科有糖尿病和内分泌学、消化内外科、妇科、肾脏科、呼吸和肺外科、泌尿科；排名第二的专科有心脏内科和心脏外科、骨科；排名第三的专科有癌症、老年病学及风湿科等。治疗复杂疾病往往需要多个科室之间紧密配合，在医疗国际不同科室的顶级专家通力合作，为来自世界各地的患者提供无微不至的医疗服务和无与伦比的医疗体验。对于每一位渴望疾病确诊、寻求第二诊疗意见、希冀收获健康希望的患者来说，梅奥医学中心将是他们的归宿。

2. 患者优先的价值观 梅奥医学中心在医院环境、医生诊断和技术服务的每一个接触点，让患者都充分体验和认知梅奥医学中心的品牌价值。梅奥医学中心设立了一个新的实验室，取名为“SPARC”。这个名字来源于五个英文单词的首个字母缩写：see（观察）、plan（计划）、act（行动）、refine（提炼）和communicate（沟通）。作为“设计者”的医生，必须明确地了解患者的真正需求是什么，才能更好地服务和帮助患者。

为了找到这些需求，梅奥医学中心强调医生要与患者进行沟通，聆听患者的需求，和患者共同探讨临床检查。为了让其他患者体验和感知整个服务过程，梅奥医学中心将这个实验室“透明化”——患者透过玻璃墙，可以看到SPARC内部的办公室和前台的工作人员，能看到研究员在观看研究项目短片，还能看到里面的休闲室和会议室。这改变了传统医疗服务方式和医疗过程，将患者融入整个服务过程中，从感觉上与医生拉近了距离。

3. 教育、科研及临床服务完整结合 教育、科研及临床服务三者的完整结合，使得梅奥医学中心经过多年的发展，成为全球知名的医疗中心。而梅奥医学中心的三个盾牌的标志就代表了其核心价值，也是其得以发展的基础，即通过医、教、研的发展，为每个患者提供最佳的医疗服务。

4. 关怀备至季度奖，弘扬医院的价值观 罗切斯特分院设立了Karis（希腊语，意指关怀备至）季度奖，专门表彰为患者提供良好服务的职工，全院所有职工均有资格角逐这一奖项，可以由同事、患者或家属提名，而且对提名者的身份保密，以避免政治因素影响评选过程。1999年的一位获奖者是世界著名的结肠直肠外科医生，取得过多项科研大奖。在颁奖午宴上，他告诉在座的人，在他取得的所有奖项中，他最珍视的就是Karis奖，他说：“这是我有生以来第一次作为一个真正的好医生获得大奖。”

在其他医院，医生可能不太愿意承认自己在知识结构方面有缺陷，而在梅奥医学中心，情况则完全不同。为了给患者治好病，梅奥医学中心会组织所需的各种专家和资源。如果某位医生在诊治过程中遇到了难题，需要其他医生参与治疗，他会坦率地把这一情况告诉患者。这样，参与诊治的医生就能相互交流，并与患者沟通，让患者实实在在地感到医生们是在相互协作为自己诊治，而不是把自己从一个医生推向另一个医生。梅奥医学中心不鼓励明星制度，而是始终淡化个人成就，突出医院的集体成就。

5. 高端医疗服务品牌 医生是梅奥医学中心最重要的患者接触点。没有全体医护人员同患者建立起紧密的关系，医院仅仅是一座建筑。每一位在梅奥医学中心工作的人员，都以梅奥为自豪，他们都致力于把梅奥医学中心创建成一个医治人们肉体、灵魂和情感疾病的地方，而不仅仅是一个治病的地方。创立于1863年的美国梅奥医学中心被称之为当今最负盛名、最具有竞争力和生命力的医疗服务品牌，是以医学教育和科研为基础建设起来的世界顶级综合性高端医疗服务品牌。美国84%的民众知道梅奥医学中心，有五分之一的人表示他们愿意选择梅奥医学中心作为他们的医疗服务的提供者，现如今，每年通过梅奥医学中心接受医疗服务的人数达到50万。从梅奥医学中心最初成立开始已有超过600万患者在此接受过治疗，包括欧洲王室、中东富豪、欧美政要、社会名流等。

（三）中心的使命、价值、价值观及愿景

（1）使命：通过综合临床实践、教育和研究激发希望并促进健康（Inspiring hope and promoting health through integrated clinical practice，education and research.）。

（2）主要价值：满足患者的需求是第一优先。The needs of the patient come first.

（3）价值观：尊重（respect）；正直（integrity）；同情（compassion）；治愈（healing）；团队合作（teamwork）；创新（innovation）；卓越（excellence）；管理（stewardship）。

（4）愿景：作为治疗重症或复杂疾病的全球权威，将医学转化为连接和治疗（Transforming medicine to connect and cure as the global authority in the care of serious or complex disease.）。

三、南方保健医疗集团的应用案例

南方保健医疗集团（Encompass Health Corporation）前身为南方保健公司（Health South Corporation），于2018年1月更名为南方保健医疗集团。南方保健医疗集团成立于1983年，总部位于北国亚拉巴马州的伯明翰，提供基于设施和家庭的急性后期保健服务。该医院通过两个部门运作：住院康复，家庭健康和临终关怀。住院患者康复部门为住院患者和门诊患者提供专门的康复治疗，以治疗从中风和其他神经系统疾病、心脏和肺部疾病、脑和脊髓损伤、复杂的整形外科疾病和截肢等疾病中恢复的患者。家庭健康和临终关怀部门主要在东南部和德克萨斯州提供家庭健康和临终关怀服务，其家庭健康服务包括为需要护理的成年患者提供一系列美国医保（Medicare）认证的家庭护理服务，包括专业护理、医疗社会工作和家庭健康辅助服务，以及身体、职业、言语治疗等。该部门的临终关怀服务包括为绝症患者及其家人提供家庭服务，以满足患者的身体需求，包括疼痛控制和症状管理，并提供情感和精神支持。截至2019年2月21日，南方保健医疗集团在36个州和波多黎各自治邦各运营着130家医院和278家家庭健康和临终关怀机构。

本章小结

特色医疗指医疗健康产业在市场竞争的推力以及民众需求的拉力下，除传统医疗照护服务外，各自发展的具有特色的医疗技术服务。本章学习并掌握特色医疗战略管理的概论、定义与目的了解特色医疗蓝海战略的发展轨迹，通过国内外的医疗健康产业的蓝海战略的应用与案例讨论，学习并了解战略管理是一种完整

的学科，综合应用了包含管理学、领导学、市场学、财务管理、质量管理等学科，未来因应时代的快速变迁，医疗健康产业将越趋复杂化、精细化及专业化，不论是在医疗健康产业或是医院，战略管理都将扮演越来越重要的角色。

（王炳龙）

References
参考文献

［1］彼得·德鲁克.管理的实践［M］.齐若兰，译.北京：机械工业出版社，2019.

［2］蔡黛莎，高胜寒，傅兰.企业战略管理：理论与实践［M］.北京：国家行政学院出版社，2018.

［3］陈多，李芬，王常颖，等.日本整合型医疗服务体系的构建及对我国的启示［J］.卫生软科学，2019，33（10）：64-69.

［4］邓廿庆，马颖，顾秀平，等.大型公立医院科技创新的环境分析及实施策略研究［J］.2021（2010-3）：180-181.

［5］费峰.医院绩效激励机制设计指南［M］.北京：经济科学出版社，2020.

［6］冯丽萍，梁峰.供应链管理思想在医院后勤保障体系中的应用研究［J］.中国卫生质量管理，2020（2）：102-103.

［7］龚荒.战略管理理论、方法与案例［M］.北京：人民邮电出版社，2020.

［8］韩斌斌，张建功.公立医院战略管理［M］.郑州：郑州大学出版社，2021.

［9］郝宏恕，张丹，管吉鹏.改善医疗服务，聚焦“患者体验”［J］.清华管理评论，2020（Z1）：112-117.

［10］亨利·明茨伯格，布鲁斯·阿尔斯特兰德，约瑟夫·兰佩尔.战略历程［M］.魏江，译.北京：机械工业出版社，2020.

［11］侯俊平，陈玉国.聚焦“四新”打造核心竞争力［N］.健康报,2021-08-30（006）.

［12］胡善联.购买有价值的医疗卫生服务［J］.卫生经济研究，2019，36（2）：3-6.

［13］蒋海泥，王留明，杜杏利，等.新形势下我国价值导向型医疗服务体系构建［J］.中国医院，2018，22（4）：19-21.

［14］杰弗里·S.哈里森，史蒂文·M.汤普森.医疗机构的战略管理：利益相关者管理方法［M］.吴国安，王君丽，陈琳，译.北京：机械工业出版社，2020.

［15］雷丽蓉，刘志远，伍林生.论价值医疗助推公立医院公益性的实现［J］.卫生经济研究，2019，36（10）：22-24.

［16］李欢，张城彬.国际大健康产业发展路径研究［J］.卫生经济研究，2021，38（3）：

9-13.
［17］李庆瑜，张惠琴，方浩明，等.以目标管理为核心的公立医院绩效考核制度建设探究［J］.办公室业务，2021，（13）：61-62.
［18］李源，彭丽娟，范时容.基于整体供应链模式下对医院公共事件紧急采购管理的探讨［J］.医疗管理与信息，2020（48）：276.
［19］廖志超.供应链金融在各行业中的应用——以医疗行业为例［J］.中国商贸，2018（26）：37-38.
［20］马丁·里维斯，纳特·汉拿斯，詹美贾亚·辛哈.战略的本质：复杂商业环境中的最优竞争战略［M］.北京：中信出版社，2016.
［21］马浩.战略管理学说史：英雄榜与里程碑［M］.北京：北京大学出版社，2018.
［22］迈克尔·波特.竞争优势［M］.北京：华夏出版社，1997.
［23］莫海晖.多措并举推进横琴粤澳深度合作区大健康产业发展［N］.珠海特区报，2021-09-22（4）.
［24］石晶金，晏学鸣，王淼，等.价值医疗推动我国医疗服务模式转型［J］.中国医院，2021，25（1）：32-34.
［25］唐尚锋，张慧林，唐东锋.医养结合服务内容界定与新模式研究［J］.中国卫生事业管理，2021，38（9）：650-652，686.
［26］滕珊珊.城市型国际健康医疗中心交通优化策略研究——以南京江北新区国际健康城为例［J］.智能城市，2020（23）：5-6.
［27］王宁，苗瑞，宋雨沁，等.我国公立医院医疗服务多维价值评估研究［J］.中国医院管理，2017，37（4）：32-34.
［28］王诺贝.医疗行业价值链理论及其政策应用研究进展［J］.解放军医院管理杂志，2021，28（7）：612-614.
［29］王太喜.从零关税看海南大健康产业的发展优势［J］.养生大界，2020（11）：10-13.
［30］王兴鹏，万国华，钟力炜.医院全质量管理：理论与实践［M］.上海：上海交通大学出版社，2016：77-78.
［31］王兴鹏.现代医院SPD管理实践［M］.上海：上海科学技术出版社，2019：4-5.
［32］吴迪.基于供应链管理环境下的采购和库存管理研究［J］.商展经济，2021（15）：58-59.
［33］肖智润.企业战略管理方法、案例与实践［M］.北京：机械工业出版社，2020.
［34］姚国章.英国医疗健康大数据Care.data的前车之鉴［J］.南京邮电大学学报（社会科学版），2017，19（3）：38-50.

[35] 张飞.建设海南自贸港背景下健康服务业发展的思考[J].今日海南，2021(5)：45-46.

[36] 张琰，张海涛，葛建一.大健康时代背景下县级公立医院的定位与发展[J].江苏卫生事业管理，2017，28(3)：4-7.

[37] 赵明，鲁冰，王爱荣，等.上海市级公立医院战略规划体系的构建与应用[J].中国医院，2021，25(2)：17-20.

[38] 赵娜，王吉善，王圣友，等.公立医院党建与业务工作宏观环境分析及对策探讨[J].中国医疗管理科学，2021，11(1)：19-22.

[39] 中国心血管健康与疾病报告2019概要[J].中国循环杂志，2020，35(9)：833-854.

[40] 周子琦，丁齐敏.供应链管理中的信息化问题研究[J].中国市场,2020(26): 1-2.

[41] 邹大进，张征，纪立农.缓解2型糖尿病中国专家共识[J].中国糖尿病杂志，2021，29(9)：641-652.

[42] Ambi M G，Isaac C. Strategic Brand Management，5th edition，Pearson Education Publisher，2020.

[43] Big Data Trends：Our Predictions for 2020 PLUS What Happened in 2019. https：//www.penta-marketing.net/services.

[44] Brian Martin. Strategic Planning in Healthcare：An Introduction for Health Professionals [M]. Berlin：Springer Publisher，2018.

[45] Charles W. L. Hill，Melissa A. Schilling，Gareth R. Jones. Strategic Management：An Integrated Approach Theory [M]. Stamford：Cengage Learning Publisher，2020.

[46] Duncan W J，Ginter P M，Swayne L E. The Strategic Management of Health Care Organizations，Wiley Publisher.2018.

[47] Ginter Peter，M. Duncan，W. Jack. Swayne，Linda E. The Strategic Management of Health Care Organizations [M]. New Jersey：Wiley Publisher，2018.

[48] Ginter P M，Duncan J，Swayne L E. The Strategic Management of Healthcare Organizations. [M] 8th Edition. London：Blackwell Publishing，2018.

[49] Hill C W，Schilling M A Jones G R. Strategic Management：An Integrated Approach：Theory 13e.Cengage Learning，2019.

[50] Jay B. Barney，William & S. Hesterly. Strategic Management and Competitive Advantage [M]. London：Pearson Publisher，2018.

[51] Robert M. Grant. Contemporary Strategy Analysis [M]. Hoboken：John Wiley & Sons Publisher，2019.

[52] Snowdon AW.Rocchio BJ.Case study：Supply chain transformation in the Mercy Health System［J］. Healthc Q，2018，21（3）：28-33.
[53] Stephen Walston. Strategic Healthcare Management：Planning and Execution，Second Edition［M］. Chicago：Health Administration Press，2018.